2017 中国网络借贷行业蓝皮书

China's Online Lending Industry in 2017

王家卓 徐红伟 / 主 编
马 骏 张叶霞 / 副主编

清華大学出版社
北 京

内容简介

中国网络借贷行业在2017年迎来了规范化的发展，“1+3”监管体系制度框架基本搭建完成，行业发展更加理性和趋于成熟。本书涵盖了网络借贷的所有重要领域，系统、全面地阐述了网络借贷的本质、发展现状及特征，并通过技术创新与赋能实体产业案例分析具体反映了网络借贷行业的最新发展，是一部理论与实践相结合、宏观与微观分析相结合，具有前瞻性、实用性的研究成果。本书可以为行业参与者、政府监管机构、教育机构以及新闻媒体提供有益的参考。

图书在版编目 (CIP) 数据

2017中国网络借贷行业蓝皮书 / 王家卓, 徐红伟主编. — 北京：清华大学出版社，2018
ISBN 978-7-302-50095-7

Ⅰ. ①2… Ⅱ. ①王… ②徐… Ⅲ. ①互联网络—应用—借贷—商业服务—研究报告—中国—2017 Ⅳ. ①F832.4-39

中国版本图书馆 CIP 数据核字（2018）第 088641 号

责任编辑： 陆浥晨
封面设计： 傅瑞学
版式设计： 方加青
责任校对： 王荣静
责任印制： 杨 艳

出版发行： 清华大学出版社
网 址： http://www.tup.com.cn，http://www.wqbook.com
地 址： 北京清华大学学研大厦 A 座 **邮 编：** 100084
社 总 机： 010-62770175 **邮 购：** 010-62786544
投稿与读者服务： 010-62776969，c-service@tup.tsinghua.edu.cn
质 量 反 馈： 010-62772015，zhiliang@tup.tsinghua.edu.cn
印 装 者： 北京嘉实印刷有限公司
经 销： 全国新华书店
开 本： 185mm×260mm **印 张：** 14.25 **字 数：** 228 千字
版 次： 2018 年 5 月第 1 版 **印 次：** 2018 年 5 月第 1 次印刷
定 价： 69.00 元

产品编号：079674-01

前　言

随着2018农历新年伊始，一年一度的中国网络借贷行业蓝皮书又到了与读者见面的时候。蓝皮书对中国网络借贷行业在过去一年中经历与挑战的回顾和总结，对政府政策与市场重大事件对行业发展深远影响的分析与探索，以及对中国网络借贷行业未来发展的展望，已成为众多互联网金融行业参与者和关注者在新一年的共同期待。北京大学汇丰商学院中小企业研究中心与网贷之家和盈灿咨询的研究人员再度联手，合力推出《2017中国网络借贷行业蓝皮书》，与关注互联网金融行业的读者们共同分享我们最新的研究成果。

2017年，对于网络借贷行业而言，可被视为行业监管制度和规范框架基本建立的年份，从而在网络借贷行业发展的历史上留下其特殊的印记。从2016年下半年至2017年8月，中国银监会（或会同国务院其他有关部局办）先后发布了《网络借贷信息中介机构备案登记管理指引》①《网络借贷资金存管业务指引》② 和《网络借贷信息中介机构业务活动信息披露指引》③（以下简称“三个指引”），对从事网络借贷信息中介的平台资质、平台涉及资金的存管方法，以及从业机构的信息披露要求做出了严格、具体的规定，对网络借贷行业可能会出现重大风险的环节和领域，做出了制度层面的系统回应。随着“三个指引”的

① 网贷之家．银监会等三部委发布P2P备案登记指引．2016-11-28，http://www.wdzj.com/news/zhengce/43043.html.

② 中国银监会办公厅．网络借贷资金存管业务指引．2017-02-22，http://www.cbrc.gov.cn/govView_4201EF03472544038242EED1878597CB.html.

③ 中国银监会办公厅．网络借贷信息中介机构业务活动信息披露指引．2017-08-24，http://www.cbrc.gov.cn/govView_C8D68D4C980A4410B9F4E21BA593B4F2.html.

发布，关于中国网络借贷行业的基本规范应可视为已全部出台。“三个指引”与中国银监会会同国家工业和信息化部、国家公安部和国家互联网信息办公室在 2016 年 8 月 24 日联合发布的《网络借贷信息中介机构业务活动管理暂行办法》（以下简称为《暂行办法》）[①]，共同组成了网络借贷行业的“一个办法、三个指引”（亦称“1+3”）的基本监管制度或体系。随着上海市、北京市、深圳市、广东省等网络借贷平台聚集的地区也先后出台了相应的监管政策，一个全国范围的网络借贷行业监管制度和规范体系已经初步形成。此外，作为对政府监管的重要补充，网络借贷行业的自律组织——中国互联网金融协会，作为互联网金融领域的全国性行业协会，已在 2016 年 3 月份正式成立，并相继发布了《中国互联网金融协会团体标准管理办法》[②]《互联网金融信息披露个体网络借贷》标准（T/NIFA 1—2016）[③] 和《中国互联网金融协会信息披露自律管理规范》[④] 等标准，与“一个办法、三个指引”一起，共同推进了网络借贷行业健康、规范的发展。

与政府主导发展的产业不同，由民间自发形成的产业发展需要解决“两个定位”问题。首先是“法律定位”，即产业的合法性问题。其次才是其他产业也会同样面对的“市场定位”问题。作为一个融合了互联网与传统的民间借贷、完全由市场自下而上产生的融资方式，网络借贷在最初几年的发展远远超出了许多人最初的预期和想象。作为资金借贷双方通过网络借贷公司在互联网上设立的平台进行资金融通的一种借贷方式，它不但使传统的商业银行不能覆盖和惠及的众多的中小企业，特别是小微企业，以及需要小额贷款的普通消费群体获得了融资的渠道和机会，促进了消费、生产和科技创新机会的实现，也为广大的中小投资

① 中国银行业监督管理委员会、中华人民共和国工业和信息化部、中华人民共和国公安部、国家互联网信息办公室．网络借贷信息中介机构业务活动管理暂行办法．2016-08-24，http://www.cbrc.gov.cn/govView_37D312933F1A4CECBC18F9A96293F450.html.

② 中国互联网金融协会．中国互联网金融协会团体标准管理办法．2017-04-07，http:// www.nifa.org.cn/nifa/2955689/2955725/2963066/index.html.

③ 网贷之家．互金协会 96 项 P2P 信息披露指标公开．2016-10-29，http://osscdn.wdzj.com/pdf/fj1zghjhwd.pdf.

④ 中国互联网金融协会．关于印发互联网金融信息披露标准和配套自律制度的通知．2016-10-28，http://www.nifa.org.cn/nifa/2955675/2955763/2961143/index.html.

人在股市动荡、房地产市场风险增大、银行储蓄利率过低和缺乏足够的投资理财机会的情况下，提供了另类的投资选择。然而，网络借贷产生的自发性和“草根性”，在缺乏监管的情况下，不可避免地会导致出现众多的包括非法集资和诈骗“跑路”在内的引起全社会关注的热点问题。这使得网络借贷的合法性成为行业发展初期首先有待澄清和确认的问题。随着近年来国家监管部门对网络借贷行业监管机构归属的确定、监管规则的发布以及监管细则的落地，网络借贷行业的法律地位已得到了全面的确认。

早在 2015 年 7 月 18 日，中国人民银行就曾联合国家十部委发布了《关于促进互联网金融健康发展的指导意见》（以下简称为《指导意见》）①，对网络借贷行业的“市场定位”做出了初步规范，确定网络借贷平台将只作为网络借贷市场的信息中介，不得进行非法集资和平台增信，并被要求选择符合条件的银行业金融机构作为资金存管机构，进行充分的信息披露和风险提示。此外，网络借贷行业还被要求建立合格投资者制度，构建消费者权益保护机制，以及进行电信部门备案和提升技术水平。中国银监会会同国家其他有关部门在 2016 年发布的《网络借贷信息中介机构业务活动管理暂行办法》则对中国网络借贷行业的市场定位做出了进一步的规范。除了《指导意见》已提出的禁止非法集资和平台增信外，《暂行办法》进一步量化了小额、分散的原则，确定了对自然人和机构法人的网络借贷融资交易的上限，使网络借贷行业在整个金融市场的定位更加明确、清晰。作为对现有商业银行体系的补充而非替代，既覆盖了现有商业银行体系无法全面覆盖的一部分中小微企业和中低收入消费群体的融资需求，小额、分散的要求也完全符合网络借贷这种融资方式产生的缘由和其本质的特征。在 2017 年，网络借贷行业的贷款余额已经达到了 12 245.87 亿元，超过了小额贷款行业的贷款余额 9 799 亿元。② 从 2011 年网络借贷行业的贷款余额不及小额贷款余额的 1%，到 2017 年对小额贷款的全面超出，不仅反映了网络借贷行业的快速发展，也反映了网络借贷行业小额分散的市

① 中国人民银行等十部委．关于促进互联网金融健康发展的指导意见．2015-07-18，http://www.gov.cn/xinwen/2015-07/18/content_2899360.htm.

② 详见本书第 3 章。

场定位是十分恰当的。

此外，网络借贷行业在 2017 年的一些其他变化也是非常值得关注的。首先，网络借贷行业的综合收益率延续了过去几年的下降趋势。从 2013 年的高峰点 21.5% 逐年降低，2014 年为 17.86%，2015 年为 13.29%，2016 年为 10.45%，到 2017 年，进一步下降为 9.45%。[①]这一方面反映了网络借贷行业参与平台结构的变化和监管政策对行业综合收益率的影响，另一方面，也从收益率的层面反映了网络借贷行业向其应有的市场定位的回归。一般而言，在一个比较充分市场化的条件下，网络借贷行业的收益率作为风险较高的债务融资的收益率，应高于风险较低的债务融资的收益率，但应低于风险更高的股权融资的收益率。网络借贷行业早年的高收益率和行业发展初期的非规范、无监管的“野蛮增长”是高度相关的。它有可能碰触和超出债务借贷行业法定保护收益率的上限，本身也是不可持续的，因此，网络借贷行业的综合收益率的逐年下降充分反映了整个行业向其合理的市场定位的均衡点的理性回归。当然，这个均衡点是动态的，会随着整个经济周期和宏观货币政策的变化而变化。

其次，网络借贷行业的平台借款期限延续了过去几年的上升趋势。从 2013 年的低谷点 4.73 月逐年走高，2014 年为 6.12 月，2015 年为 6.81 月，2016 年为 7.89 月，到 2017 年，进一步上升为 9.16 月，其中，在 2017 年 12 月，达到了峰值 10.02 月。[②]由于市场行为而产生的平台借款期限的延长应被视为行业发展的利好。从借款人的角度看，在符合小额、分散规范的前提下，借款人的较长时期的贷款需求如今也可以通过网络借贷得以实现，从而使网络借贷行业可以在更大的范围内满足资金需求者的需要，促进行业的业务发展，更充分地实现法律赋予网络借贷行业的市场定位，改变网络借贷行业不仅小额，而且只能满足短期或超短期贷款需求的状况。毫无疑问，这种局限于短期或超短期贷款的状况会极大地限制网络借贷行业的未来发展。从出借人的角度看，平台借款期限的延长既反映了投资人对网络借贷行业信心的增强，也反

① 详见本书第 3 章。

② 同上。

映了理性投资的理念越来越主导网络借贷行业。网络借贷行业将被更多地视为“投资”而非“投机”的领域。投资人愿意让更多的资金被投放在网络借贷行业，或让同量的资金在更长的时间内被配置在网络借贷行业。充分的资金投入和借款项目的更多的选择是网络借贷行业健康发展的基本保障。

再次，网络借贷行业的平台数量自2015年后逐年下降，截至2017年12月底，P2P网贷行业正常运营平台数量达到了1 931家，但相比2016年底减少了517家。2016年全年新上线平台756家，2017年全年新上线平台仅93家。[①] 但是，平台数量的下降不应被视为是网络借贷行业的发展停滞，甚至倒退。作为一个受到监管、需要资质的行业，其发展是不能仅仅以企业数量来评估的。对于任何一个行业来说，由于规模效益和行业特点，企业的数量不可能是无限发展的。有些行业由于具有自然垄断的性质，客观上，只能有一家或少数几家企业存在。但这并不妨碍这些行业的快速发展，并不妨碍这些行业会成为一个经济体的核心或领军行业。例如，美国的电信业，在前移动通信时代，由于固定通信的线路铺设的成本巨大，规模效益的要求使得长期以来美国的电信业仅有一家具有垄断地位，但受到政府监管的企业，即AT&T，为全美的商业和住户提供通信服务。但企业数量的微小并不妨碍美国电信业成为美国经济的核心行业之一，并成为全球新一代信息技术革命的最重要的发源地之一。类似地，中国的网络借贷行业，在企业数量上同样会受监管要求、平台资质和规模效益的制约，不可能无限增长。具体的企业数量的确定，是一个受监管和竞争影响的、动态的市场过程。而同样，如同我们所预期的，平台数量的减少并不会妨碍网络借贷行业的发展。2017年，网络借贷行业的成交量和贷款余额都始终保持了过去几年来的上升趋势。2017年网络借贷行业全年成交量达到了28 048.49亿元，相比2016年全年成交量（20 638.72亿元）增长了35.9%。单月成交量均在2 000亿元以上。网络借贷行业的总体贷款余额，截至2017年年底，已经达到了12 245.87亿元，同比2016年增长了50%。[②] 所

① 详见本书第3章。

② 同上。

以，这些数据再一次表明，一个行业的发展是由行业的财务数据，而非企业的数量来表征的。

此外，网络借贷平台在资产端的发展，也是网络借贷行业在 2017 年的一个重要特征。其中，尤以汽车贷款、供应链金融和“三农”金融等领域更为突出。2017 年网络借贷行业涉及车贷业务的平台数量达到了 945 家，总成交量 2 639.43 亿元，同比 2016 年上涨 40.4%，2017 年车贷业务成交量已占整个网络借贷行业业务成交量的 9.41%。供应链金融业务在 2017 年的累计成交量达到了 964.15 亿元，占同期网络借贷行业累计成交量的比例为 3.44%。同时，截至 2017 年年底，我国网络借贷行业的“三农”业务累计成交量也持续了过去几年的高速增长，达到了 1 107.44 亿元。① 网络借贷行业在资产端的这些发展，反映了网络借贷行业在新建立的监管体系下，逐步找到了最适合行业发展的“利基市场”（niche market）或细分领域。这些细分领域的一个重要特点，就是网络借贷业务都是或有实物抵押背景，或有专业公司进行担保的。因此，作为一个具有相对较高风险的融资行业，网络借贷行业在这些细分领域的发展，不仅符合国家政策要求资金流向“脱虚向实”、支持实体经济发展的方向，而且会极大地降低网络借贷业务的风险。如我们所反复强调的，风险控制是促进网络借贷行业可持续发展的关键因素。

时至今日，网络借贷行业的发展对于中国经济发展的意义已为越来越多的人所理解和知晓。网络借贷行业的发展不仅对于普惠金融，而且对于中国经济增长模式的转变和可持续发展都具有重要的意义。首先，转变中国的经济增长模式，需要增加国内居民消费在促进经济增长中的作用或比例，增加国内居民实际购买力的水平。虽然在国内消费领域存在着供给侧有效供给不足的问题，但同时，在中国目前社会保障体系的发展尚不完善，住房、医保、教育的高额费用会基本用尽普通消费群体，特别是低收入消费群体的可支配收入的情况下，国内消费仍然需要足够的来自最大多数的普通消费群体的实际购买力。而消费金融具有帮助消费者连接其当前消费与未来收入的功能，可以有效地帮助消费者，

① 详见本书第 5 章。

特别是当期的低收入消费者，能够不局限于消费者的当前收入进行其消费规划和支出。因此，消费金融会极大地增加普通消费者，特别是低收入消费者的实际购买力，从而提高整个社会的有效需求。而在传统的金融体系中，在满足低收入群体的融资需求方面存在着严重的不足。

其次，中小微企业的发展是事关中国经济增长模式转型的另一个重要议题。由于占比全社会企业总数的99%以上，中小企业对中国GDP增长的贡献已超过60%，对税利的贡献已超过50%。它们提供了近70%的进出口贸易额，占新产品开发、生产的75%，发明专利的65%，对新增就业的贡献达到85%。[①] 在向创新发展模式的转型方面，中小企业不仅在创新范围上覆盖了占比不到企业总数1%的少数大型企业无法全面覆盖的众多领域，而且在实施科技创新方面，与大型企业，尤其是居于市场垄断地位的大型企业相比，更具有强烈的创新动机。因为创新通常是对市场现有状况的改变或根本改变，而大型企业通常是现有状况的最大受益者。美国著名的柯达公司就是曾具有垄断地位的大型跨国公司因担心损害其传统胶片技术的传统利益而不愿开发采纳新型的数字技术，最终导致破产保护申请的典型案例。

然而，尽管中小微企业在科技创新和经济增长中的作用不可或缺，但由于其规模的限制，中小微企业通常会缺乏获得银行贷款所需要的足够的抵押资产、以往的信用历史、规范的财务报表，以及充分的信息披露。更由于大型商业银行在规模效益方面的考量，使得融资艰难成为中小微企业在全世界范围内所面对的挑战。在中国，由于传统的金融体制对民营资本的限入，使得可贷资金市场供求不平衡的程度更为严重。这种不平衡会极大地制约中小微企业的健康发展，阻碍中国经济增长模式的成功转型。因此，网络借贷发展的价值和重要意义在于，通过网络平台，使中小微企业和中低收入的消费群体可以及时、有效地从丰裕的民间资本中获得所迫切需要的资金，填补传统的金融体系对中小企业和中低收入的消费群体的覆盖不足，提高金融市场资源配置的效率，支持与促进中国经济增长模式的转变和长期可持续发展。

---

① 中国中小企业协会会长李子彬．新华网．http://news.xinhuanet.com/fortune/2010-05; 国务院发展研究中心企业所副所长马骏．新浪财经．http://finance.sina.com.cn/hy/2012-04-26.

如同任何其他行业，网络借贷在中国的未来发展既存在着重大的机遇，也面临着严峻的挑战。在互联网和无线通信的时代，通过互联网和有线及无线网络进行交易，正逐渐成为商业，特别是服务业交易方式的主流。“任何时间、任何地点、任何方式和消费体验”将成为决定商业交易方式的基本原则。因此，网络借贷的出现完全是“应运而生”。通过使用互联网技术，公开化、合法化、规范化了一个已存在经年累月、规模巨大的民间借贷市场，满足了一部分确确实实存在，但在传统体制下无法得到充分满足的合理需求，网络借贷的未来发展应具有广阔的发展前景。但同时，网络借贷行业的发展所面临的挑战也是十分艰巨的。网络借贷的市场定位决定了网络借贷的需求方是风险相对较高的借款人群体，网络借贷平台的盈利模式和风险控制技术仍然有待于进一步的开发与完善。此外，在新的监管规则下，如何建立网络借贷平台与其他金融机构的合作关系，也是网络借贷行业的进一步发展需要探索的重要课题。

因此，在互联网时代和新的监管规则下，如何能够充分地发掘和发挥网络借贷以最能便利客户的方式满足中小微企业和普通消费群体的融资需求，为普通出借人或投资人提供新的投资渠道，以及促进金融市场资源配置效率方面的积极作用；同时，深入地分析网络借贷风险产生的根源，寻找相应的防范措施，是保障网络借贷行业健康发展的必要条件。对于网络借贷行业进行比较全面的梳理和分析，是实现这一目的的基本前提。本书就是北大汇丰中小企业研究中心与网贷之家和盈灿咨询的研究人员对这一重要议题进行系统分析研究的最新成果。2017 年蓝皮书的内容基本涵盖了网络借贷行业的所有重要领域，它包括网络借贷的定义和特征、网络借贷的发展历史、网络借贷市场的规模与结构、网络借贷平台的基本盈利模式和风险分析、问题网络借贷平台产生的原因分析、网络借贷行业风险的系统性分析、对网络借贷平台的综合评级分析，以及网络借贷行业的市场前景分析，等等。和前几年的蓝皮书相比，2017 年蓝皮书又增加了监管政策分析、资产端分析、资本市场分析和技术创新与赋能实体产业案例分析等反映网络借贷行业最新发展的内容。所有的章节都配有具体的网络借贷平台的案例分析。本书是融合了理论分析、框架构建、概念探讨和网络借贷行业最佳实践探索的系统性、综合性的研究成果。

有鉴于网络借贷行业在中国的发展现状，本书具有广泛的读者群。他们包括但不局限于：

（1）已参与或潜在的网络借贷借款人。因为网络借贷多为小额贷款，入门门槛较低，可参与者人数众多。根据网贷之家的数据统计，2017 年网络借贷行业借款人数达到了 2 243 万人，较 2016 年增加 156.05%。[①] 对于这一快速发展、创新不断的新兴行业，已参与或潜在的借款人会迫切地希望能够对这一行业有更多、更深入、最新、最全面的了解。而本书的出版无疑会满足这部分读者的需要。

（2）已参与或潜在的网络借贷出借人。基于同上的原因，已参与或潜在的出借人同样人数众多。根据网贷之家的数据统计，2017 年网络借贷行业出借人数达到了 1 713 万人，较 2016 年增加 24.58%。[②] 尤其是在中国股市动荡，房地产市场风险增大，短期前景不明，银行储蓄利率过低，缺乏足够的投资理财机会的情况下，网络借贷为广大的中小投资人提供了一个另类的投资选择。这些中小投资人也同样迫切地希望对这一行业有更多、更深入、最新、最全面的了解。本书的出版也无疑将会满足这部分读者的要求。

（3）网络借贷行业的从业人员。网络借贷的出现不仅为从事网络借贷这一行业的人员提供了一个创新、创业的机会；同时，和金融行业的其他领域类似，也为从事这一行业的人员带来了其特有的风险。如何创造盈利、规避风险，需要网络借贷行业的从业人员对这一行业的特点有全面、深入的了解。显而易见，本书的出版会为从事网络借贷行业的从业人员提供一份重要的参考书目。

（4）网络借贷平台的投资人。大批具有上市公司、国资企业、银行和风投背景的资本从 2014 年起开始大举进入网络借贷行业，反映了投资界普遍看好网络借贷行业的发展前景，希望能够在整个行业的大发展下尽早布局，“分食一杯羹”。股权资本的加入在使得 P2P 网贷平台发展多元化的同时，投资人也需要清楚地意识到网络借贷行业所存在

① 详见本书第 3 章。

② 同上。

的风险，以及“外来”资本在平台运营经验、网络借贷专业人才、风险控制能力以及盈利率等方面的缺失。本书的出版无疑会为网络借贷行业的投资人更深入地了解网络借贷行业，优化投资决策提供有益的启示。

（5）传统金融行业的从业人员。网络借贷，对传统的商业银行体系既是一个巨大的挑战，同时也是一个重要的机遇。金融和互联网结合、商业银行与网络借贷互补已是大势所趋。尤其是《网络借贷资金存管业务指引》的发布，使传统的商业银行体系和网络借贷行业已经不可分割地联系在一起。如何履行好存管银行的责任，支持网络借贷行业的发展，既为传统的商业银行体系带来新的风险，也为其带来新的机遇。而对于网络借贷行业的全面分析和了解，是传统商业银行进行重大战略性决策之前必做的一份家庭作业。而本书的出版，对身处传统商业银行体系的相关人员也具有相应的参考价值。

（6）相关的新闻媒体从业人员。网络借贷行业的高速发展已经引起了包括网络新闻媒体、报刊、财经类网站、传统门户网站和网贷行业门户网站的新闻频道在内的新闻媒体的广泛关注。舆论信息已成为影响网贷出借人的投资决策、网贷平台的经营状况，以及监管机构、行业研究观察人员把握行业动态的重要因素。舆情分析也已成为网络借贷行业分析的重要内容。为了更确切地了解被报道的相关事件的性质和更准确地评论相关事件的影响，更加深入系统地了解网络借贷这一行业本身无疑具有基础性的作用。本书的出版，对相关的新闻媒体从业人员应会具有重要的参考价值。

（7）学术教育机构研究和教学人员。随着央行《指导意见》和“一个办法、三个指引”的发布和实施，网络借贷作为中国金融市场一个不可或缺的组成部分，已经成为中国金融行业的新事实、“新常态”，而非昙花一现、转瞬即逝的金融现象。相应的，作为探索金融现实的金融研究和传授金融知识的金融教学同样需要对这一确认的金融创新做出及时、全面的反映和更新。本书的出版应对于从事金融领域的教学研究人员在基本数据、模式比较、风险分析和对互联网金融的未来发展方面提供重要的参考价值。

（8）政府监管部门人员。自 2016 年起，网络借贷行业的一些监管细则已经陆续出台。但随着行业的发展以及新的商业模式和新的风险因素的出现，政府的监管也需要随之做出及时的反应和调整。政府监管的一个重要问题是政府监管的程度。过，则可能会不必要地抑制经济发展所需要的金融创新；不及，则可能会无法控制同样是经济发展所需要控制的风险，从而失去了监管的意义。因此，对行业的全面分析和了解，也是政府监管部门进行科学决策的前提。本书的出版会对此提供有益的参考。

我们衷心希望，本书能够成为一部及时满足社会各界需要的出版物，为广大的普通读者提供了解这一不断发展的新型行业的基本知识，为可能的网络借贷参与者提供网络借贷的融资方式及其赢利与风险的全面分析，为传统的金融机构和互联网的结合提供有价值的借鉴，为研究教育机构和新闻媒体提供一份反映行业最新发展的参考书目，为政府监管机构的政策及规章制度的建立提供有益的参考。

2017中国网络借贷
行业蓝皮书

目 录/CONTENTS

第1章 行业综述

第2章 监管政策与合规进程

第 3 章 行业数据分析

第 4 章 平台评级与排名

第 5 章 资产端多元化

第 6 章 资本市场与融资

第 7 章 技术创新与赋能实体产业案例

第 8 章 网络借贷发展前瞻

第 1 章

行 业 综 述

1.1 网络借贷行业概况

1.1.1 网络借贷定义

网络借贷，又称个体网络借贷或 P2P 网络借贷，简称 P2P 网贷、P2P 或网贷。根据中国银监会会同工业和信息化部、公安部、国家互联网信息办公室等部门于 2016 年 8 月发布的《网络借贷信息中介机构业务活动管理暂行办法》（以下简称《暂行办法》）中的定义，“网络借贷是指个体和个体之间通过互联网平台实现的直接借贷。个体包含自然人、法人及其他组织”。[①] 在中国，P2P 网贷行业服务群体主要是工薪阶层和小微企业主，满足其短期资金融通的需求。与传统金融相比，P2P 网贷具有互联网的属性，突破了传统金融的地域限制，成为更为广泛意义上的个体对个体的借贷，具有明显的普惠金融特性。

根据《暂行办法》的规定，P2P 网贷平台是指依法设立，专门从事网络借贷信息中介业务活动的金融信息中介公司。该类机构以互联网为主要渠道，为借款人与出借人（即投资人）实现直接借贷提供信息搜集、信息公布、资信评估、信息交互、借贷撮合等服务。政府监管部门对 P2P 网贷平台信息中介性质的定性十分明确，在 2015 年 7 月中国人民银行联合十部委发布的《关于促进互联网金融健康发展的指导意见》中明确提出：个体网络借贷机构要明确信息中介性质，主要为借贷双方的直接借贷提供信息服务，不得提供增信服务，不得非法集资。[②] 同年 8 月发布的《最高人民法院关于审理

---

① 中国银行业监督管理委员会、中华人民共和国工业和信息化部、中华人民共和国公安部、国家互联网信息办公室．网络借贷信息中介机构业务活动管理暂行办法．2016-08-24，http://www.cbrc.gov.cn/govView_37D312933F1A4CECBC18F9A96293F450.html.

② 中国人民银行等十部委．关于促进互联网金融健康发展的指导意见．2015-07-18，http://www.gov.cn/xinwen/2015-07/18/content_2899360.htm.

民间借贷案件适用法律若干问题的规定》同时规定“借贷双方通过网络贷款平台形成借贷关系，网络贷款平台的提供者仅提供媒介服务，当事人请求其承担担保责任的，人民法院不予支持”。[①]

1.1.2 网络借贷的特征

P2P 网贷行业在我国迅速发展，并逐渐成为传统金融的有益补充。相对于传统借贷模式，P2P 网贷的主要特征如下。

P2P 网贷金融服务趋向于“长尾”市场。与商业银行金融服务的“二八定律”不同，P2P 网贷行业更趋向于服务 80% 的“长尾”小微客户，这些“长尾”客户投融资需求金额相对较小，需求频率较高、周期性比较短，在传统的金融体系中很难得到满足。但由于我国中小微企业数量庞大，“长尾”效应明显，无数的“长尾”叠加，则形成了巨大的市场，而 P2P 网贷行业在服务小微客户方面有着先天的优势。此外，P2P 网贷行业还可以满足一部分未达到商业银行理财门槛的中小储户的理财需求。

P2P 网贷服务更加高效、便捷。P2P 网贷通过先寻找借款人，再通过 P2P 网贷平台对接出借人，无须资金池，即可以实现社会的闲置资金对接他人的融资需求，或流入实体经济，实现资金在全社会范围的融通，这种直接融资的效率大大高于间接融资。P2P 网贷的借贷过程、合同、资料、资金等全部通过网络实现，借贷双方可以利用网络渠道快速达成借贷关系，便捷性较高。此外，借贷双方资金将由存管银行根据指令进行划拨，安全性得到了很大的提升。

P2P 网贷服务低成本化。P2P 网贷借助互联网的优势，不仅更加高效快捷，还具有低成本化的特点。与传统银行相比，P2P 网贷不需要物理网点，通过互联网、手机等获得融资、理财服务，成本支出明显下降；P2P 网贷平台通过对大数据进行挖掘分析，能够较准确地衡量中小微企业以及个人的信用等级，从而降低信息收集、线下审核和风险管理的成本。

---

① 最高人民法院．关于审理民间借贷案件适用法律若干问题的规定．2015-08-06，http://www.court.gov.cn/zixun-xiangqing-15146.html.

1.1.3 网络借贷的模式

P2P 网贷在中国经过了几年的发展，在原有传统网贷模式基础上，逐步创新出许多不同的具有中国特色的商业模式。为了适应我国的征信环境以及更好地服务于出借人，P2P 网贷平台会直接采用线下信用审核，即在线下开展信用信息采集及核实、贷后跟踪、抵质押管理等业务，但是平台不能自行或委托、授权第三方在互联网、固定电话、移动电话等电子渠道以外的物理场所进行宣传或推介融资项目，即不能在线下开展理财端的业务。此外，平台还会引入第三方担保机构或者保险，以降低出借人可能遭受的借款资金损失的风险。

随着行业监管细则的落地，“中国化”的 P2P 网贷商业模式已经初步形成，涉及线上和线下的信息流和资金流的流动，具体结构如图 1-1 所示。由于借款余额限额的影响，目前平台资产端类别出现一定程度的变化，资产端业务主要集中在消费信贷、车抵 / 质押贷、“三农”贷款、小微企业融资等小额分散的金融业务。

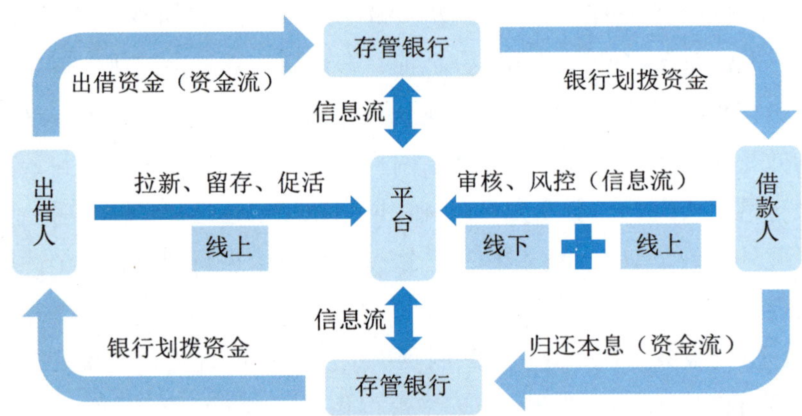

图 1-1 P2P 网贷平台信息中介模式

资料来源：网贷之家、盈灿咨询。

1.1.4 网络借贷行业市场分析

2017 年，我国社会融资规模稳步增长，P2P 网贷行业贷款余额已经超过小额贷款公司的贷款余额。根据中国人民银行公布的社会融资规模存量统计数据报告①，截至 2017 年 12 月底，我国社会融资规模存量为 174.64 万亿元，同比上年增幅为 12.0%。近十年来，在社会融资规模中，人民币贷款的占比一直最高，均在 65% 以上，如图 1-2 所示。

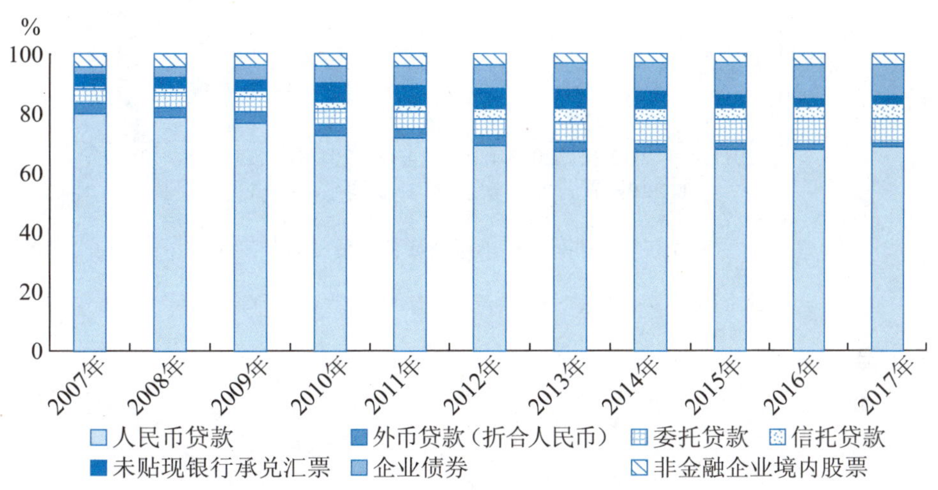

图 1-2　2007—2017 年我国社会融资规模存量

资料来源：中国人民银行、网贷之家、盈灿咨询。

根据央行 2017 年小额贷款公司统计数据报告②，截至 2017 年年末，全国共有小额贷款公司 8 551 家，较 2016 年年底减少 122 家；贷款余额 9 799 亿元，全年增加 504 亿元。相比之下，我国 P2P 网贷行业市场继续保持了较快增长，整个市场竞争越发规范有序。2017 年，P2P 网贷行业成交量达到了 28 048.49 亿元，同比增长了 35.9%；P2P 网贷行业正常运营平台数量达到了 1 931 家，相比 2016 年年底减少了 517 家，P2P 网贷行业已经从“野蛮发展”迈向了“规范发展”新阶段。而与我国小贷公司相比，2011 年 P2P 网贷的贷款余额不到小贷公司贷款余额的 1%，2017 年其贷款余额已经超过了小贷公司贷款余额，达到了 12 245.87 亿元，如图 1-3 所示。

① 中国人民银行．社会融资规模存量统计表．2017 年 12 月，http://www.pbc.gov.cn/diaochatongjisi/resource/cms/2018/01/2018011515173983247.htm.

② 中国人民银行．2017 年季度小额贷款公司统计数据报告．http://www.pbc.gov.cn/goutongjiaoliu/113456/113469/3470011/index.html.

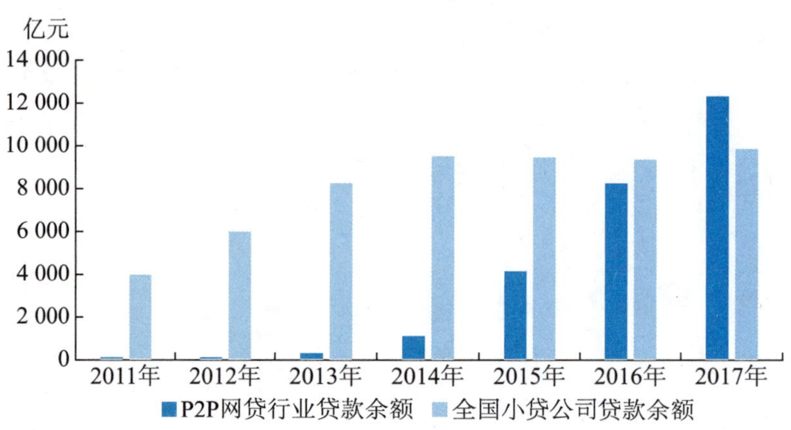

图 1-3　P2P 网贷和小额贷款公司贷款余额对比

资料来源：网贷之家、盈灿咨询。

1.2　网络借贷十年发展历程

追根溯源，P2P 网贷属于“舶来品”。在过去的几年中，大众对 P2P 网贷从陌生到熟悉，从追捧到质疑，行业经历了高速发展的鼎盛，也遭遇了问题频发的低谷，如图 1-4 所示。随着互联网金融监管时代的开启，P2P 网贷行业的发展越来越规范，大众对待这一行业的态度也越来越理性。在市场需求和政府监管的双重驱动下，P2P 网贷行业势必会迎来理性、合规的发展时代。

1.2.1　初始发展阶段（2007—2012 年）

2007 年 6 月，国内第一家 P2P 网贷平台——拍拍贷上线，中国 P2P 网贷行业迈出了第一步。最初国内 P2P 网贷平台沿用了海外传统的 P2P 网贷模式，即纯线上“点对点”的模式，平台只是信息中介方，借款人通过平台提交借款需求，平台方做线上审核，然后发布借款标，出借人投标。由于我国个人征信体系建设的不完善，建立在高度个人信用基础上的传统 P2P 网贷模

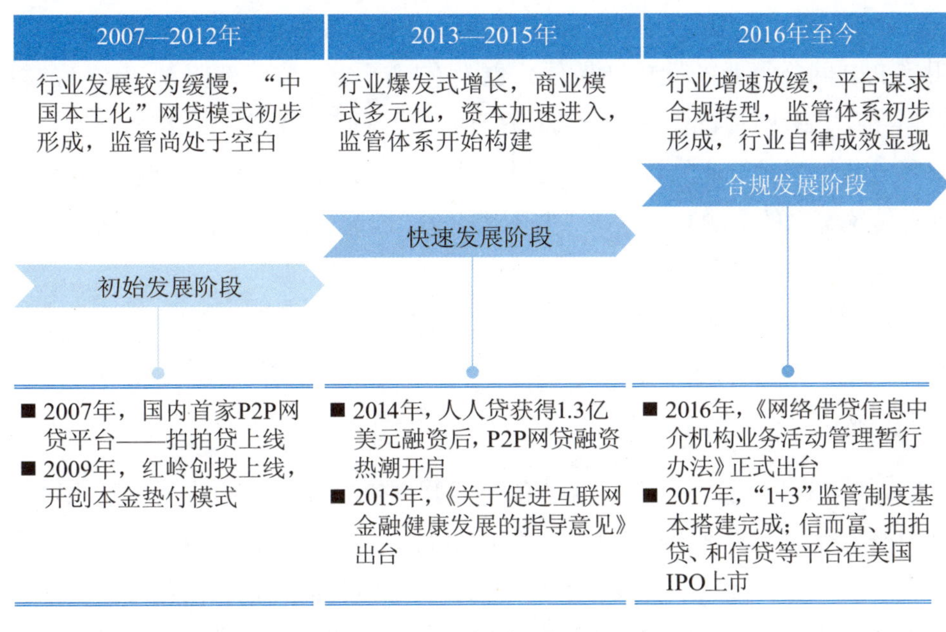

图 1-4 P2P 网贷行业发展历程

资料来源：网贷之家、盈灿咨询。

式在引入中国后遭遇了高违约率等一系列问题，出借人也面临较高的成本损失风险，这些因素导致 P2P 网贷行业在引入之初发展缓慢，长期处于不温不火的状态。

直到 2009 年红岭创投上线提出了“本金垫付”，出借人对于本金安全的担忧才得到了很大的改善，P2P 网贷行业发展得以加快。2011 年陆金所在上海上线，成为中国第一家有银行背景的 P2P 网贷平台；2012 年宜信公司推出宜人贷平台，民间信贷机构以及金融机构开始尝试开设 P2P 网贷平台。截至 2012 年年底，P2P 网贷平台的数量仅有 150 家左右，历史累计成交量为 250 多亿元，出借人数在 5 万人左右，平台主要分布在北京、上海、深圳等金融发达的地区。

行业发展初期，为了适应国内的征信环境，P2P 网贷行业的“中国本土化”趋势很明显，逐渐出现了通过引入资金垫付、担保制度、风险准备金等方法来保障出借人利益的模式。至此，中国的 P2P 网贷模式开始分化成有垫付和无垫付两种模式：在无垫付模式下，一旦借款人发生违约，由此产生的损失由出借人自己承担全部的风险；而有垫付模式则对出借人的本金提供了一定的保障措施。

在这一阶段，国内对P2P网贷平台的金融监管完全空白，法律上并没有明确P2P网贷行业的性质和地位，也没有赋予金融监管部门对其监管的权限，导致P2P网贷行业一直游离在法律边缘。同时，P2P网贷作为新型金融创新，监管层对行业的认知尚处于起步阶段，监管存在一定的难度。此外，针对传统金融的金融监管方式，并不完全适用于互联网金融的监管。

1.2.2　快速发展阶段（2013—2015年）

1. 发展概况

到2013年，受益于余额宝及各类互联网宝宝类产品的成功，互联网金融的概念被广大投资人所知晓，P2P网贷行业借此东风迅猛发展，正式进入发展的超车道。行业平台数量不断增长，成交量持续开创新的纪录，出借人数量越来越多。截至2015年年底，P2P网贷行业的正常运营的平台已经达到2 595家，相比2012年增加了2 400多家，年平均增长率为210%；历史累计成交量达到了1.37万亿元，年平均增速为275.5%；贷款余额为4 061亿元，与2012年相比增长了72倍；活跃出借人数和活跃借款人数分别达到了441万人和116万人。

为了提高人气，高息、秒标是众多平台在快速发展阶段的主要营销策略之一，这也导致这一阶段行业整体综合收益率较高，2013年行业的综合收益率甚至达到了21.25%。随后，监管层开始加强对P2P网贷行业的监管，再加上我国经济下行压力较大，2014—2015年P2P网贷行业的收益率一直呈下降的趋势，到2015年行业的综合收益率已经降到13.29%。

从2014年开始，资本加速进入P2P网贷行业，风投机构、国资企业、银行、上市公司或入股P2P网贷平台或全资成立P2P网贷平台。根据盈灿咨询的数据统计，截至2015年年末，约有159.75亿元人民币的风投资金进入P2P网贷行业，其中2013年及之前有4.6亿元，2014年有34.15亿元，2015年有121亿元，这些资本的进入在推动行业发展的同时加剧了行业的竞争。在行业内出借人数和人均投资金额增幅有限的情况下，人均获客成本快速上升至百元以上，部分推广渠道甚至上千元，而平台之间挖角不断，人才薪酬出现轻微泡沫化，这些都增加了平台的运营成本，加速了中小平台的淘汰，行业集中度开始提升。

随着 P2P 网贷行业的快速发展，这一阶段行业出现了资金归集化、服务多样化、资产端多元化的特点。随着平台数量的不断增加和风险的逐步释放，出借端开始引入机构服务方，改变了以往单一的个人对个人，或者个人对企业的业务流程模式。同时，专门服务于 P2P 网贷行业的资讯服务、垂直搜索服务、IT 技术服务、认证服务、贷后管理、征信服务等外围服务机构也相继出现。业务类型从最初的个人信用贷款扩充到个人 / 企业抵押类贷款，并逐步细分出车辆抵押贷款、房屋抵押贷款、应收账款抵押贷款等。进入 2015 年，资产端又衍生出了各种不同的业务模式，如融资租赁、商业保理、票据、股票配资、信托质押、私募基金、供应链金融以及资管计划收益权转让，等等。其中，部分业务偏离了普惠金融的初衷，如股票配资、类资产证券化等业务，相继被监管层叫停。

另一方面，由于发展初期 P2P 网贷行业法律地位模糊、准入门槛低、行业监管和自律缺乏等诸多的问题，使得行业乱象丛生，诈骗、“跑路”、提现困难等问题频繁发生。截至 2015 年年底，累计爆出 1688 家停业及问题平台。问题平台的产生一定程度上阻碍了行业的健康发展，同时监管层也开始加强对互联网金融行业的监管。2015 年 7 月 18 号中国人民银行等十部委联合发布了《关于促进互联网金融健康发展的指导意见》，明确了网络借贷行业由银监会负责监管，并且受《合同法》《民法通则》等法律法规以及最高人民法院相关司法解释规范。截至 2015 年年底，我国已经成立 20 多家互联网金融协会。从整体上说，这一阶段 P2P 网贷行业的监管体系已经开始构建，行业逐渐进入有序化发展的轨道。

2. 本阶段重大新闻事件（按发生时间排序）

■ 上海资信试水 P2P 网贷资信平台

2013 年 6 月 28 日，上海资信有限公司宣布全国首个基于互联网提供服务的征信系统——网络金融征信系统（NFCS）正式上线，目标是将数量众多的 P2P 网贷企业征信数据纳入该系统，从而达到网络借贷企业征信共享。[①]

---

① 上海资信有限公司．网络借贷风险控制的新支撑——上海资信推出网络金融信息共享系统．2013-06-28，http://www.shanghai-cis.com.cn/cisdetail1_3_145.aspx.

■ **浙江禁止融资性担保公司涉足 P2P 网贷**

2013 年 12 月 2 日，浙江省经济和信息化委员会发布《关于加强融资性担保公司参与 P2P 网贷平台相关业务监管的通知》，明确规定严禁融资性担保机构从事 P2P 网络贷款业务或为关联方的 P2P 网贷平台进行担保，强调只允许为非关联平台进行担保。[①]

■ **人人贷融资 1.3 亿美元**

2014 年 1 月 9 日，人人贷所属的人人友信集团宣布已完成总额为 1.3 亿美元的 A 轮融资，[②] 领投方为挚信资本，这是当时互联网金融行业最大单笔融资，也是当时世界上最大的一笔 P2P 网贷行业风险投资。人人友信表示，这笔融资将主要用于企业内部运营建设和优化产品等方面，未来或许在业务的纵向拓展方面做一些收购和战略布局。

■ **P2P 网贷平台不得突破四条红线**

2014 年 4 月 21 日，中国银监会举行新闻发布会，公布《关于办理非法集资刑事案件适用法律若干问题的意见》[③]，处置非法集资部际联席会议办公室主任刘张君介绍 P2P 网贷非法集资情况，并表示 P2P 网络借贷平台要明确四条红线：一是要明确平台的中介性质，二是要明确平台本身不得提供担保，三是不得归集资金搞资金池，四是不得非法吸收公众资金。

■ **东方创投案一审终定 首例 P2P 网贷自融判非法吸存**

2014 年 7 月 15 日，深圳市罗湖区人民法院对 P2P 网贷平台东方创投涉嫌非法吸收公众存款一案进行了一审判决，根据判决书，该平台合伙人邓某及李某以非法吸收公众存款罪分别被判处有期徒刑 3 年和有期徒刑 2 年缓刑 3 年，这也是首例 P2P 网贷自融被判非法吸存的案例。[④]

■ **股权配资遭清理整顿**

2015 年 7 月 12 日，证监会发布了《关于清理整顿违法从事证券业务活

① 人民网．浙江明令禁止融资性担保机构从事 P2P 网贷业务．2013-12-19，http://media.people.com.cn/n/2013/1220/c40733-23897465.html.

② 网贷之家．人人贷新一轮融资收获 1.3 亿美元．2014-01-06，http://www.wdzj.com/news/guonei/8276.html.

③ 网贷之家．P2P 网络借贷平台不得突破四条红线．2014-04-22，http://www.wdzj.com/news/guonei/10690.html.

④ 扬子晚报．东方创投吸金 1.26 亿 涉非法集资两人获刑．2014-08-12，http://epaper.yzwb.net/html_t/2014-08/13/content_180368.htm?div=-1.

动的意见》，严禁账户持有人通过证券账户下设子账户、分账户、虚拟账户等方式违规进行证券交易。同时，国家互联网信息办公室向各地网信办和网站下发通知，通知指出，部分机构及个人利用互联网、社交媒体、即时通信工具等大量发布“配资炒股”广告，为投资者买卖证券提供融资、配资服务，并通过信息系统开立虚拟证券账户或借用证券账户，为投资者代理买卖证券。上述行为违反了《证券法》和《证券公司监督管理条例》关于未经批准不得从事证券业务以及禁止从事非法证券业务的规定，并存在夸大宣传、误导投资者等不当情形，损害了投资者合法权益，扰乱了证券市场秩序。①

■　**央行发布《互联网金融指导意见》**

2015 年 7 月 18 日，中国人民银行等十部委联合发布了《关于促进互联网金融健康发展的指导意见》②，互联网金融监管政策尘埃落定，该指导意见也被认为是互联网金融“基本法”，P2P 网贷行业告别“无监管”时代。《指导意见》指出，P2P 网贷为信息中介，主要为借贷双方的直接借贷提供信息服务，不得提供增信服务，不得非法集资。同时提出，网络借贷业务由银监会负责监管。除另有规定外，从业机构应当选择符合条件的银行业金融机构作为资金存管机构，对客户资金进行管理和监督，实现客户资金与从业机构自身资金分账管理。

■　**e 租宝涉嫌违法经营事件爆发**

2015 年的 12 月 3 日，e 租宝深圳分公司突然被经侦突查，40 余人被警方带走调查。12 月 8 日，新华社称其涉嫌违法经营正接受调查。12 月 9 日，e 租宝位于东莞、佛山、安徽、上海等地的多处办公地点接连被警方查封，e 租宝母公司安徽钰城集团被拆牌。随后，因涉嫌非法吸存，e 租宝多地负责人相继被捕。③ 据网贷之家及盈灿咨询数据统计，截至 2015 年 12 月 8 日，e 租宝总成交量 745.68 亿元，总出借人数 90.95 万人，待收总额 703.97 亿元。

■　**宜人贷成功登陆纽交所**

2015 年 12 月 18 日，宜人贷在美国纽交所宣布上市，公开发行 750 万股

① 中国证券报 . P2P 配资偏离普惠金融　监管或将明令禁止 . 2015-07-14，http://www.wdzj.com/news/hangye/21132.html.

② 网贷之家 . 央行正式发布《互联网金融指导意见》. 2015-07-18，http://www.wdzj.com/news/zhengce/21317.html.

③ 网贷之家 . e 租宝涉嫌违规经营 . 2015-12-10，http://www.wdzj.com/news/pingtai/25089.html.

美国存托股（ADS），发行价 10 美元。[①] 若承销商不行使其超额配售权，则本次募资总额为 7 500 万美元（计划发行 750 万份 ADS 股份，每股 ADS 相当于公司 2 股普通股），市值接近 6 亿美元。

■ **P2P 网贷管理暂行办法（征求意见稿）发布**

2015 年 12 月 28 日，银监会会同工业和信息化部、公安部、国家互联网信息办公室等部门研究起草的《网络借贷信息中介机构业务活动管理暂行办法（征求意见稿）》[②] 正式发布，并向社会公开征求意见。

1.2.3 合规发展阶段（2016 年至今）

1. 发展概况

2016 年之后，我国 P2P 网贷行业仍然延续了较快的发展态势，但发展增速有所放缓。行业成交量和贷款余额在经历了 2013—2015 年超过 200% 的爆发式增长后，2016 年增速分别回归到 110% 和 100%。进入 2017 年行业成交量和贷款余额增速继续放缓，分别为 35.9% 和 50%。这一阶段，“马太效应”开始显现，优质的平台凭借其优势及品牌得以扩张，一些综合实力较弱、经营不善、不符合监管要求的平台，则开始良性退出 P2P 网贷行业。2017 年停业及问题平台数量为 645 家，其中问题平台数量仅占比 33.49%，66.51% 的平台选择良性退出。2017 年成交量排名前 10 的平台成交量约为 8 050.9 亿元，占行业总成交量的 27.8%，前 50 合计占比则高达 51.2%。

在行业发展增速放缓、加速洗牌的情况下，P2P 网贷行业仍然受到资本的青睐。2016—2017 年，共发生了 115 例融资，融资金额高达 270.34 亿元。这一阶段，海外上市的平台数量明显增多，2017 年信而富、和信贷、拍拍贷均在美国上市，此外还有不少平台向美国 SEC 递交了招股说明书。相比于国内资本市场，海外资本市场对 P2P 网贷业态认可度更高，上市门槛也相对宽松。

---

① 网贷之家．宜人贷成功登陆纽交所　百度成为其“基石投资者”. 2015-12-19，http://www.wdzj.com/news/pingtai/25295.html.

② 网贷之家．P2P 监管细则暂行办法（征求意见稿）全文．2015-12-28，http://www.wdzj.com/news/zhengce/25454.html.

从 2016 年开始，受监管政策、战略规划、运营成本等内外部环境因素的影响，平台纷纷转型以谋求发展。一些初具互联网综合理财雏形的 P2P 网贷平台，选择进行集团化战略升级，横向扩充投资品类；一些平台为了满足限额的要求，逐渐向小额业务转型，如消费金融、车贷、“三农”贷款等资产。期间还有不少平台选择与金交所等机构合作开展大额业务，但是在 2017 年 7 月，互联网金融风险专项整治工作领导小组办公室对平台与金交所合作业务开始清理整顿，停止平台与各类交易所合作开展涉嫌突破政策红线的违法违规业务的增量。2017 年 12 月，P2P 网贷风险专项整治工作领导小组办公室发布的《关于做好 P2P 网络借贷风险专项整治整改验收工作的通知》[①]，要求 P2P 网贷平台应停止与各类地方金融交易所合作。另外，“首付贷”“校园贷”“现金贷”等负面舆情比较严重或者影响金融市场稳定的产品也受到监管层的清理整顿。

近两年，合规性整改一直是 P2P 网贷行业的主旋律。2016 年 4 月，国务院在全国范围内启动有关互联网金融领域的专项整治。2016 年 8 月，《网络借贷信息中介机构业务活动管理暂行办法》（以下简称《暂行办法》）正式出台，标志着行业正式进入了监管时代。随后在一年多的时间内，银监会先后发布了《网络借贷信息中介机构备案登记管理指引》《网络借贷资金存管业务指引》《网络借贷信息中介机构业务活动信息披露指引》，与《暂行办法》共同组成 P2P 网贷行业“1+3”（“一个办法、三个指引”）制度体系。上海市、北京市、深圳市、广东省等 P2P 网贷平台聚集的地区，也先后出台了相应的监管政策。从银监会到各地金融监管部门的职责一步步落实，已经初步形成较为完善的制度政策体系。

此外，我国 P2P 网贷行业自律组织发展取得突破，互联网金融领域的全国性行业协会——中国互联网金融协会在 2016 年 3 月份正式成立，与政府监管形成有效的互补，相继发布了《中国互联网金融协会团体标准管理办法》《互联网金融信息披露　个体网络借贷》标准（T/NIFA 1—2016）和《中国互联网金融协会信息披露自律管理规范》等标准，共同推进了 P2P 网贷行业的规范健康的发展。

---

① 网贷之家．P2P 风险专项整治整改验收通知发布（附解读）．2017-12-13，https://www.wdzj.com/news/yc/1616733.html.

2. 本阶段重大新闻事件（按发生时间排序）

■ 中国互联网金融协会正式成立

2016 年 3 月 25 日，中国互联网金融协会成立大会暨第一次会员代表大会在上海召开。作为首个国家级别的互联网金融行业协会，备受瞩目。会上，原央行副行长李东荣高票当选为会长，央行科技司陆书春副司长被选为秘书长。现场会议材料显示，第一次会员代表大会会员代表共计 437 名。会上还召开了第一届理事会第一次会议，理事单位共 142 家。①

■ 全国范围内互联网金融专项整治启动

2016 年 4 月 14 日，国务院组织 14 个部委召开电视会议，在全国范围内启动有关互联网金融领域的专项整治，为期一年。当日，国务院批复并印发与整治工作配套的相关文件。据悉，文件由央行牵头、十余个部委参与起草。在这份统领性文件之下，共有七个分项整治子方案，涉及多个部委，其中央行、银监会、证监会、保监会分别发布网络支付、网络借贷、股权众筹和互联网保险等领域的专项整治细则，个别部委负责两个分项整治方案。由于此次整治涉及打击非法集资等各类违法犯罪活动，公安机关也密切配合参与其中。②

■ 《网络借贷信息中介机构业务活动管理暂行办法》正式出台

2016 年 8 月 24 日，银监会、公安部、工信部、互联网信息办公室四部委联合发布《网络借贷信息中介机构业务活动管理暂行办法》（以下简称《暂行办法》），全文包含八章，共计四十七条。《暂行办法》自公布之日起施行。③ 据悉，为避免《暂行办法》出台对行业造成较大冲击，《暂行办法》作出了 12 个月过渡期的安排，在过渡期内通过采取自查自纠、清理整顿、分类处置等措施，进一步净化市场环境，促进机构规范发展。

■ 银监会正式发布 P2P 银行存管指引

2017 年 2 月 23 日下午，银监会官网正式对外公布《网络借贷资金存管

---

① 网贷之家．中国互联网金融协会成员入会要求曝光．2016-03-25，http://www.wdzj.com/news/zhengce/27382.html.

② 网贷之家．国务院组织 14 部委开启互金专项整治为期一年．2016-04-16，http://www.wdzj.com/news/hangye/28079.html.

③ 网贷之家．网贷机构业务活动管理暂行办法发布．2016-08-24，http://www.wdzj.com/news/zhengce/32920.html.

业务指引》（以下简称《存管指引》）。全文内容共计五章二十九条。《存管指引》所称网络借贷资金存管业务，是指商业银行作为存管人接受委托人的委托，按照法律法规规定和合同约定，履行网络借贷资金存管专用账户的开立与销户、资金保管、资金清算、账务核对、提供信息报告等职责的业务。存管人开展网络借贷资金存管业务，不对网络借贷交易行为提供保证或担保，不承担借贷违约责任。[①]

■ 三部门联合印发《关于进一步加强校园贷规范管理工作的通知》

2017 年 6 月 28 日，中国银监会、教育部、人力资源和社会保障部联合印发《关于进一步加强校园贷规范管理工作的通知》（以下简称《通知》），进一步加大校园贷监管整治力度，从源头上治理乱象，防范和化解校园贷风险。[②] 通知要求现阶段，一律暂停网贷机构开展在校大学生网贷业务，逐步消化存量业务。督促网贷机构按照分类处置工作要求，对于存量校园网贷业务，根据违法违规情节轻重、业务规模等状况，制订整改计划，确定整改完成期限，明确退出时间表。

■ 信息披露指引出台 网贷行业"1+3"制度体系完成

按照 P2P 网贷行业"1+3"（"一个办法、三个指引"）制度框架设计，《信息披露指引》主要明确了网络借贷信息中介业务活动中应当披露的具体事项、披露时间、披露频次及披露对象等，为参与 P2P 网贷业务活动的各当事方进行信息披露提供了规范的标准和依据。[③]

■ 拍拍贷正式挂牌美国纽交所　总市值达 40 亿美元

美国东部时间 2017 年 11 月 10 日，中国第一家 P2P 网贷平台拍拍贷（NYSE: PPDF）正式宣布，公司成功在美国纽约证券交易所（NYSE）上市，股票代码为 PPDF。PPDF 发行价为 13 美元，总市值 40 亿美元，本次融资总额达 2.7 亿美元，其中包括公开发行股票融资 2.2 亿美元和向新鸿基私募融资 5 000 万美元。此次拍拍贷共对外公开发行 1 700 万股 ADS，即 8 500 万股 A

---

① 网贷之家．银监会正式发布 P2P 银行存管指引．2017-02-23，http://www.wdzj.com/news/zhengce/69963.html.

② 中国政府网．三部门联合印发《关于进一步加强校园贷规范管理工作的通知》．2017-06-28，http://www.gov.cn/xinwen/2017-06/28/content_5206542.htm.

③ 网贷之家．信息披露指引出台 网贷行业"1+3"制度体系完成．2017-08-25，http://www.wdzj.com/ news/zhengce/727901.html.

级普通股。[①]

■ **e 租宝案二审维持原判　将着手清退资金**

2017 年 11 月 29 日，北京市高级人民法院依法对安徽钰诚控股集团、钰诚国际控股集团有限公司以及丁宁、丁甸、张敏等 26 人集资诈骗、非法吸收公众存款上诉一案二审公开宣判，裁定驳回上诉，维持原判。[②] 一审判决对安徽钰诚控股集团以集资诈骗罪判处罚金人民币 1 亿元；钰诚国际控股集团有限公司以集资诈骗罪、走私贵重金属罪数罪并罚，判处罚金人民币 18.03 亿元；丁宁以集资诈骗罪、走私贵重金属罪、非法持有枪支罪、偷越国境罪数罪并罚，判处无期徒刑，剥夺政治权利终身，并处没收个人财产人民币 50 万元，罚金人民币 1 亿元；丁甸以集资诈骗罪判处无期徒刑，剥夺政治权利终身，并处罚金人民币 7 000 万元。同时，分别以集资诈骗罪、非法吸收公众存款罪、走私贵重金属罪、偷越国境罪，对张敏等 24 人判处有期徒刑 15 年至 3 年不等刑罚，并判处剥夺政治权利及罚金。

■ **央行、银监会发布整顿“现金贷”新规**

2017 年 12 月 1 日，互联网金融风险专项整治、P2P 网贷风险专项整治工作领导小组办公室正式下发《关于规范整顿“现金贷”业务的通知》（下文简称《通知》）。[③] 根据《通知》要求，统筹监管，开展对网络小额贷款清理整顿工作。小额贷款公司监管部门暂停新批设网络（互联网）小额贷款公司，暂停新增批小额贷款公司跨省（区、市）开展小额贷款业务；已经批准筹建的，暂停批准开业；对于不符合相关规定的已批设机构，要重新核查业务资质。

■ **P2P 风险专项整治整改验收通知发布**

2017 年 12 月 8 日，P2P 网络借贷风险专项整治工作领导小组办公室（下文简称“整改办”）下发《关于做好 P2P 网络借贷风险专项整治整改验收工作的通知》（下文简称《通知》）。[④]《通知》要求，各地应在 2018 年 4 月

① 网贷之家 . 拍拍贷正式挂牌美国纽交所　总市值达 40 亿美元 . 2017-11-10，http://www.wdzj.com/news/pingtai/1437642.html.

② 网贷之家 . e 租宝案二审维持原判　将着手清退资金 . 2017-11-29，http://www.wdzj.com/news/pingtai/1540900.html.

③ 网贷之家 . 央行、银监会发布整顿“现金贷”新规 . 2017-12-01，http://www.wdzj.com/news/yc/1552274.html.

④ 网贷之家 . P2P 风险专项整治整改验收通知发布 . 2017-12-13，http://www.wdzj.com/news/yc/1616733.html.

底前完成辖内主要 P2P 机构的备案登记工作，6 月底之前全部完成；并对债权转让、风险备付金、资金存管等关键性问题做出进一步的解释说明。《通知》指出，各地整治办应指定官方网站对拟备案网贷机构的整改验收情况进行公示，公示时间不得少于两周。

1.3　海外网络借贷发展介绍

1.3.1　海外网络借贷市场

2017 年，海外 P2P 网贷市场在成交规模上继续保持增长态势。

在美国市场，经历了 2016 年短暂的低迷之后，投资人的投资欲望复苏明显。主要的 P2P 网贷平台的成交量如 Lending Club、Prosper、SoFi，均有不同程度的增长。

其中，Lending Club 和 Prosper 作为两大允许非认证投资人（non-accredited investor）公开投资的平台，占总成交量超过一半的比例。2017 年前三季度，Lending Club 累计实现成交量 65.49 亿美元，同比增长 31.65%，贷款笔数 55.57 万笔，较 2016 年同期减少 1.74%。另外，Lending Club 在 2017 年前三季度借款项目的借款期限和借款利率分别达到 45.19 个月和 13.83%。而 Prosper 在个人贷款需求的持续刺激之下，同期累计成交量达到了 24.05 亿美元。以 2017 年三季度为例，Prosper 共发行贷款 8.22 亿美元，环比增长 164%，同比增长 6%，交易费用和服务费用分别达到了 3 725 万美元和 698 万美元。①

综合来看，美国 P2P 网贷市场最主要的两家 P2P 网贷平台在 2017 年前三季度共达成成交金额 89.54 亿美元，较 2016 年全年增长 4.58%，如图 1-5 所示。一方面是个人贷款产品的大受欢迎，另一方面是“借新还旧”需求的扩大，预计 2018 年美国 P2P 网贷市场规模还将继续扩大。

① Nsrplatform. Marketplace Summary. https://www.nsrplatform.com/app/#!/.

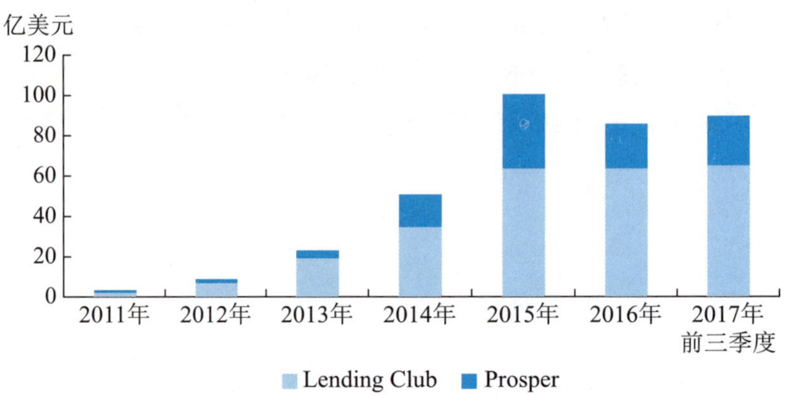

图 1-5　美国核心 P2P 网贷平台 Lending Club 和 Prosper 历年成交统计

资料来源：Lending Club 官网、Prosper 官网、Nsrinvest、盈灿咨询。

在英国，根据 P2Pmoney 的调查结果显示，2017 年前三季度新上线 P2P 网贷平台 7 家，较 2016 年同期减少 41.67%，如图 1-6 所示。从历史数据看，新上线平台数量在 2014 年以后整体呈下降趋势。一方面是监管政策趋严，大大提高了新平台上线的门槛，另一方面是英国国内的 P2P 网贷市场竞争加剧，包括获客、资金、人事等在内，新平台的潜在生存空间被不断压缩。截至 2017 年 6 月底，英国国内正常运营 P2P 网贷平台（含跨境平台）数量约为 92 家，累计停业平台数量为 20 家。相比于 2013 年平台停业高发期，2017 年前三季度未发现有平台停止运营。①

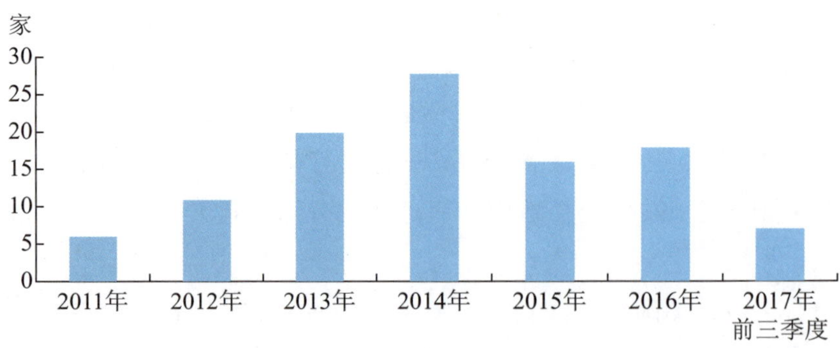

图 1-6　英国 P2P 网贷市场新上线平台数量（含跨境平台）

资料来源：P2Pmoney、盈灿咨询。

① P2Pmoney. Companies. http://www.p2pmoney.co.uk/companies.htm.

在成交量方面，根据英国 P2P 网贷金融协会（P2PFA）披露的会员数据显示，其会员平台在 2017 年前三季度的新增贷款金额达到 21.02 亿英镑，详见图 1-7。其中，个人贷款 7.63 亿英镑，占总金额的 36.30%，企业贷款 13.39 亿英镑，占 63.70%。从变化趋势看，各个季度成交量均较为稳定。另外，截至 2017 年 9 月底，上述会员平台的贷款余额为 29.58 亿英镑，累计投资人数 13.47 万人，累计借款人数 24.68 万人。①

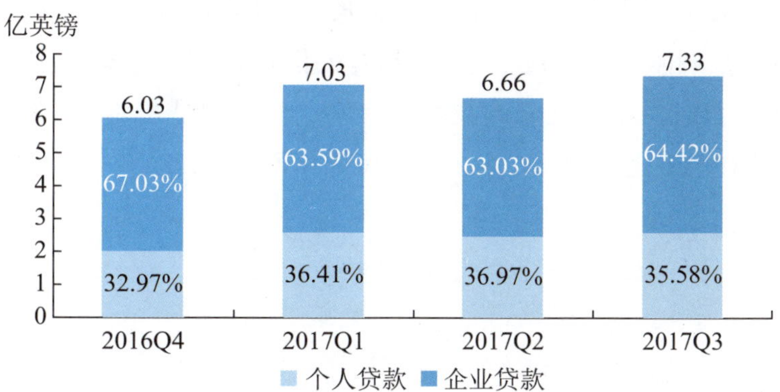

图 1-7　英国主要网贷平台近四个季度贷款金额统计

资料来源：P2PFA、盈灿咨询。

如图 1-8 所示，从平台层面来看，Funding Circle 和 Zopa 在 2017 年前三季度分别实现新增贷款 9.17 亿英镑和 7.31 亿英镑。

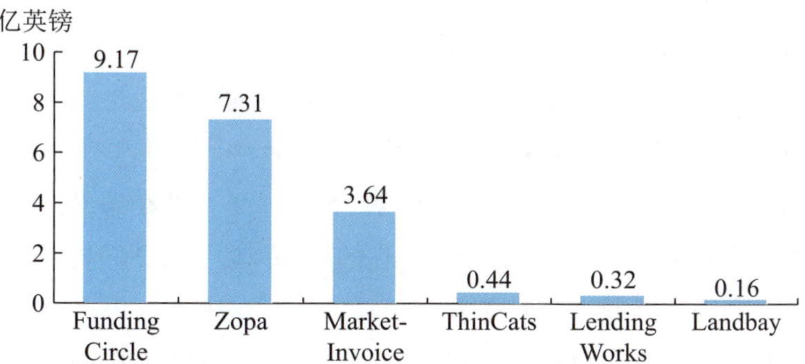

图 1-8　P2PFA 部分会员平台 2017 年前三季度新增贷款金额统计②

资料来源：P2PFA、盈灿咨询。

① P2PFA. Data.https://p2pfa.org.uk/data/.

② P2PFA. P2PFA data confirms further steady growth. 2017-10-23，https://p2pfa.org.uk/p2pfa-data-confirms-further-steady-growth/.

从欧洲其他地区的 P2P 网贷市场看，2017 年上半年，欧元区国家实现新增贷款金额 5.88 亿欧元，同比增长 30%，根据 AltFi 的预测，2017 年全年成交量将超过 12 亿欧元。[①] 其中，主要的 P2P 网贷平台有德国的 Auxmoney、法国的 Younited Credit、意大利的 Smartika 等。

在亚洲（不包括中国大陆及港澳台地区）市场，P2P 网贷平台主要集中在印度、新加坡、日本、韩国、印度尼西亚（以下简称“印尼”）等国家。其中，印度是亚洲地区除中国以外最大的 P2P 网贷市场。作为一个人口大国，印度的金融体系尚不成熟，传统银行的借贷业务相对笨重，且有计划经济的痕迹残留。但印度互联网技术较为发达，特别是智能手机的普及。而 P2P 网贷能在小微企业融资、个人消费信贷等领域为其助力。

1.3.2 海外网络借贷行业的变化与趋势

1. 监管与行业发展同行，指导性文件陆续出台

海外市场，各个国家及地区对 P2P 网贷行业的监管在有条不紊地进行中。

2013 年 4 月 1 日，英国金融市场行为管理局（Financial Conduct Authority，FCA）正式开始运作，这意味着 P2P 网贷的监管职能从金融服务管理局转移至了金融市场行为管理局。随后，FCA 出台了《关于网络众筹和通过其他方式发行不易变现证券的监管规则》（The FCA’s regulatory approach to crowdfunding over the internet，and the promotion of non-readily realisable securities by other media，PS14/4）。文件对 P2P 网贷平台作了明确的资本适足要求。其中，在 2014 年 4 月 1 日至 2017 年 3 月 31 日期间，平台静态最低资本需达到 2 万英镑，在 2017 年 4 月 1 日以后为 5 万英镑。另外，平台的动态最低资本与平台自身贷款规模有关。[②] 为了应对未来潜在的金融风险，P2P 网贷平台的资金资源在任何时候都不得低于最低资本要求。

在美国，对 P2P 网贷采取多部门分头监管，州与联邦政府共同管理

① AltFiData. Marketplace Lending Volumes Update. 2017-07-01，https://www.altfidata.com/commentary/marketplace-lending-volumes-update/.

② FCA. The FCA’s regulatory approach to crowdfunding over the internet，and the promotion of non-readily realisable securities by other media. 2014-03-06，https://www.fca.org.uk/publication/policy/ps14-04.pdf.

的监管体系。与国内相比，美国的 P2P 网贷属于证券经纪业务，因此平台需持有经纪人执照，并在联邦证券交易委员会（Securities and Exchange Commission，SEC）注册登记，同时每日向其披露贷款信息。在政策上，禁止向投资人披露借款人信息；投资人无法获得担保，需根据自身风险偏好水平购买相应产品；良性退出由第三方机构来接管平台运营。

在国内互联网金融公司的海外业务布局重点地——印度尼西亚，面对 P2P 网贷模式的快速发展，印度尼西亚金融服务管理局（Financial Services Authority，OJK）在 2016 年年底出台了相关监管文件 No.77/POJK.01/2016，并对 P2P 网贷服务及 P2P 网贷服务提供者即 P2P 网贷平台给出了明确的定义。从文件内容看，P2P 网贷平台的注册法人必须为当地有限责任公司和部分特定形式的股份制企业。对于有限责任公司，海外投资人最多可以持有其 85% 的股份。另外，文件还要求 P2P 网贷平台分步完成注册和申请牌照两个阶段。其中，在文件出台前运营的平台需在 2017 年 6 月 29 日之前在 OJK 完成注册，并于注册后一年内获得相应牌照。[①]

2. 风投资本汇集，新兴市场更受青睐

P2P 网贷已经有了超过 10 年的发展。由于成长性较强，期间涌现出的一大批优质平台，成为风投资本的汇集之地。结合表 1-1[②]，包括 Lending Club 等在内的 10 家各个国家及地区有代表性的 P2P 网贷平台累计融资金额达到 44.58 亿美元。其中，SoFi、Janalakshmi、Prosper、Lending Club 均有超过 10 轮融资。从 2017 年的情况看，Prosper 在 2017 年 9 月 22 日完成了由 FinEX Asia 领投，LPG Capital 跟投的 5 000 万美元 G 轮融资。[③] 2017 年 2 月 24 日，SoFi 宣布获得了由 Silver Lake Partners 领投，SoftBank 等 5 家机构跟投的 5 亿美元 F 轮融资。[④]

① White&Case. Peer-to-Peer Lending Regulation Released by OJK. 2017-01-20，https://www.whitecase.com/publications/alert/peer-peer-lending-regulation-released-ojk.

② Crunchbase. Companies. https://www.crunchbase.com/search/organization.companies.

③ Prosper. Prosper Announces ＄50 Million Series G Investment. 2017-09-21，https://www.prosper.com/about-us/media/2017/09/22/prosper-50-million-series-g-investment/.

④ SoFi. SoFi Announces $500 Million Strategic Growth Investment Led by Silver Lake. 2017-02-24，https://www.sofi.com/press/sofi-announces-500-million-strategic-growth-investment-led-silver-lake/.

表 1-1　不同国家主要 P2P 网贷平台融资情况

平　　台	国家（地区）	融资轮次	累计融资金额
SoFi	美国	12	US$2 156 426 891
Janalakshmi	印度	11	US$594 035 352
Prosper	美国	14	US$419 513 895
Funding Circle	英国	8	US$413 235 731
Lending Club	美国	14	US$392 230 000
Auxmoney	德国	4	US$198 105 249
Younited Credit	法国	7	US$122 050 672
Zopa	英国	8	US$111 976 630
RateSetter	英国	3	US$43 000 000
Funding Societies	印度尼西亚	2	US$7 551 165

资料来源：Crunchbase、盈灿咨询。

尽管风投机构对 P2P 网贷平台的投资热情依然不减，但根据美国知名创投研究机构 CB Insights 的数据显示[①]，2017 年一季度有风投注资的初创型金融科技公司累计融资 11 亿美元，环比下降 8%，同比下降 39%，累计融资轮次 90，环比下降 9%。而在相同条件下，欧洲地区的融资金额为 6.67 亿美元，较上一季度增长 250%，较 2016 年同期上涨 133%。这主要是因为在欧洲大多数国家和地区，对包括 P2P 网贷在内的金融科技企业缺乏成熟完善的监管体系，适合初创型企业挖掘成长机遇。而在美国 P2P 网贷市场，行业准入门槛较高，信息披露要求严苛，而且行业内已经存在的一些巨头平台垄断了绝大多数优质资源，导致新平台的生存空间被进一步压缩，失败率较高。

3. 兼并与收购，不断扩大业务版图

随着规模的不断扩大，P2P 网贷平台渐渐积累了大量的资源，特别是互联网属性为其带来了巨大的流量优势，而与此同时，平台的贷款规模上行通道收窄，愈加严苛的监管政策明显压缩了平台的利润空间。上述形势导致

① Bussiness Insider. Venture capital enthusiasm for fintech startups is shifting to Europe. 2017-04-26, http://www.businessinsider.com/r-venture-capital-enthusiasm-for-fintech-startups-shifts-to-europe-2017-4.

P2P 网贷平台不断寻求扩大业务版图。如表 1-2 所示，对于这些平台而言，一方面是向传统金融业务渗透，另一方面是向其他国家和地区拓展。而无论哪一种途径，兼并与收购都成为最有效的途径之一。

表 1-2　P2P 网贷平台对外收购记录[①]

收购平台	被收购企业	声明时间	被收购方所从事业务	被收购方业务主要覆盖地区
SoFi	Zenbanx	2017/2/1	移动银行业务	美国
Funding Circle	Zencap	2015/10/20	数字化信用服务	德国、法国
Prosper	BillGuard	2015/9/23	个人理财助手 App	美国
Prosper	American HealthCare Lending	2015/1/27	向病残人士提供金融服务	美国
Funding Circle	LeapPay	2014/8/26	应收账款质押借款	美国
Lending Club	Springstone	2014/4/17	个人教育培训及医疗贷款	美国
Funding Circle	Endurance Lending Network	2013/10/25	小微企业贷款	美国

资料来源：Crunchbase、盈灿咨询。

以 SoFi 为例，作为一家以学生贷款和个人贷款为主要业务的 P2P 网贷平台，SoFi 累计贷款金额已经超过 250 亿美元，并且在过去的一段时间内，已将业务拓展到了抵押贷款及抵押贷款再融资等领域。继获得保险代销牌照之后，2017 年 2 月 1 日，SoFi 对外声称已经收购了 Zenbanx，一家从事移动银行业务的金融科技企业。[②] 随后，据 SoFi 的前首席执行官 Mike Cagney 透露，其正在申请美国行业银行的专项牌照，希望在美国犹他州设立 SoFi 银行，并提供完全数字化和在线化的银行服务。一直以来，SoFi 的自有资金是其放贷的重要来源。充足的自身资本以及犹他州独有的法律规则大大提高了 SoFi 的申请成功率。[③]

---

① Crunchbase. Companies. https://www.crunchbase.com/search/organization.companies.

② The Paypers. SoFi acquires Zenbanx for about USD 100 mln. 2017-02-02，https://www.thepaypers.com/online-mobile-banking/sofi-acquires-zenbanx-for-about-usd-100-mln/767825-12.

③ North Bay Business Journal: SoFi moving into traditional banking. 2017-06-14，http://www.northbaybusinessjournal.com/northbay/sonomacounty/7099479-181/sofi-moving-into-traditional-banking?ref=tsm&artslide=0.

英国平台 Funding Circle 于 2010 年上线，其业务主要为面向小微商户提供的贷款服务。为了扩大业务布局，从 2013 年 10 月起，Funding Circle 依次收购了 Endurance Lending Network、LeapPay、Zencap 三家平台，其业务也从英国本土延伸到了美国以及欧洲大陆地区。①

4. 机构投资越发重要，ABS 成为常规资金来源

P2P 网贷平台的贷款资金来源主要有三类：自有资金、个人投资者出借、机构投资者投资。其中，机构投资资金以其投资金额较大、风险承受能力更强、投资组合更为科学的特点越发受到 P2P 网贷平台的重视。特别是在美国市场，即使是 Lending Club 和 Prosper 两大允许非认证投资人参与公开投资的平台，其主要资金来源也是机构投资者。此外，Lending Club 在 2017 年 5 月宣布将首次投资的个人投资者的最低存款要求提高到 1 000 美元。② 这一举措，进一步提高了个人投资者的参与门槛。2017 年 2 月，Prosper 对外声称将在未来两年内获得来自 New Residential Investment Corp. 附属子公司等多个机构投资人的累计 50 亿美元投资。③ 2017 年 3 月，宜信海外投资基金（Offshore Private Credit Fund，OPCF）参与了对 P2P 网贷平台 OnDeck 和 LendingHome 的总计 3 000 万美元的借款项目投资。这是继 Avant 和 Prosper 之后，OPCF 再一次投资的美国平台。④ 由此可见，在资本全球化运作的大趋势下，海外机构投资者对当地 P2P 网贷的参与度正在上升。

除了上述渠道，资产证券化（asset-backed securities，ABS）正逐渐成为海外 P2P 网贷平台的常规融资方式。根据 SoFi 对外公布的数据显示，2017 年其累计完成 12 笔资产证券化交易，包括 6 笔学生贷款再融资资产和 6 笔消费贷款资产，累计金额达到 69 亿美元，较 2016 年的 42 亿美元提高了 64%。与此同时，SoFi 也是第一家拿到标准普尔 AAA 评级的学生贷款再融资

① Crunchbase. SoFi. https://www.crunchbase.com/organization/social-finance.

② Crowdfund Insider. LendingClub Increases Retail Investor Minimums. 2017-05-18，https://www.crowdfundinsider.com/2017/05/100595-lendingclub-increases-retail-investor-minimums/amp/.

③ AltFiNews. Marketplace lender Prosper closes $5bn funding deal. 2017-02-27，http://www.altfi.com/article/2719_marketplace_lender_prosper_closes_5bn_funding_deal.

④ Crowdfund Insider. CreditEase Wealth Management's Fund Invests $30 Million in Two Transactions With OnDeck & LendingHome. 2017-03-27，https://www.crowdfundinsider.com/2017/03/97864-creditease-wealth-managements-fund-invests-30-million-two-transactions-ondeck-lendinghome/.

平台。[①] 除了 SoFi，Prosper 在 2017 年完成了 3 笔共约 15 亿美元的 ABS 融资。[②] 另外，Lending Club 在 2017 年 6 月也有一笔约 2.8 亿美元的以消费贷款为基础资产的 ABS 交易，并且获得了包括保险公司等在内的 20 个新投资人及机构的参与。[③]

5. 合作与共赢，外力助推平台成长

自诞生始，P2P 网贷平台就保持着与外界合作共赢的美好愿景。同时，P2P 网贷平台本身业务的局限性也在客观层面迫使其寻求外部合作渠道。而随着近些年金融科技以及 P2P 网贷的影响力不断扩大，不少其他领域的企业更愿意接受甚至主动请求与 P2P 网贷平台开展合作。

例如 dv01，是一家从事金融科技行业第三方研究的美国企业，通过与 SoFi、Lending Club、Prosper、Marlette Funding、Avant 等 P2P 网贷平台的合作，dv01 获得了大批量的贷款数据。依靠这些数据，dv01 在 2017 年 2 月推出了一款名为“证券化探索者”的在线网页产品，用于辅助投资人对以消费贷款为基础资产打包的资产证券化产品进行分析。通过这款产品，投资人能快速找到适合自身的 ABS 项目。对于合作的 P2P 网贷平台而言，dv01 的这项服务为其带来了不小的流量，提高了其 ABS 项目的透明度，缩短了募集时间，有效地降低了宣传及销售成本。[④]

6. 丑闻再起，加强公司治理迫在眉睫

继 2016 年 Lending Club 被曝出 2 200 万美元贷款违规出售之后，在 2017 年，又有新的平台被卷入舆论风波。8 月份，SoFi 前高级运营经理向法院提

① SoFi. SoFi Announces Completion of ＄769 Million Student Loan Securitization，Bringing Total ABS Issuance in 2017 to＄6.9 billion. 2017-12-08，https://www.sofi.com/press/sofi-announces-completion-769-million-student-loan-securitization-bringing-total-abs-issuance-2017-6-9-billion/.

② Bussiness Wire. Prosper Reports Third Quarter Growth; Closes $1.5 Billion of Securitizations in 2017. 2017-11-13，https://www.businesswire.com/news/home/20171113005994/en.

③ Crowdfund Insider. Lending Club Closes $279.4 Million Self Sponsored Securitization. 2017-06-22，https://www.crowdfundinsider.com/2017/06/102513-lendingclub-closes-279-4-million-self-sponsored-securitization/.

④ Crowdfund Insider. Fintech Analytics Platform dv01 Unveils New Portal Dedicated to Securitizations. 2017-02-24，https://www.crowdfundinsider.com/2017/02/96556-fintech-analytics-platform-dv01-unveils-new-portal-dedicated-securitizations/.

起诉讼，控告公司部分中层管理者对其女性下属实施性骚扰。随后，又有5位SoFi前职员控告平台未按照加利福尼亚当地法律给予他们相匹配的休假和薪资。[①]不断的丑闻对平台形象造成了巨大的冲击，甚至可能引发公司的管理层动荡。究其原因，是企业规模的不断扩大引发企业人事结构的复杂化，最终导致权职分配不清。因此，P2P网贷平台在向外扩张的同时，也应该持续加强公司治理，完善内部控制机制。

① TechCrunch. SoFi responds to sexual harassment and wage lawsuits. 2017-09-01，https://techcrunch.com/2017/09/01/sofi-responds-to-sexual-harassment-and-wage-lawsuits/.

第2章

监管政策与合规进程

2.1 “1+3”监管体系

2.1.1 P2P 网贷的监管政策

2017 年是 P2P 网贷行业“规范年”，各类重磅监管文件密集出台。尤其是银监会在 2017 年 2 月和 8 月分别下发的《网络借贷资金存管业务指引》和《网络借贷信息中介机构业务活动信息披露指引》，明确了 P2P 网贷平台与银行进行资金存管的具体相关细则，以及明确了 P2P 网贷业务活动中应当披露的具体事项、披露时间、披露频次及披露对象等，为参与 P2P 网贷业务活动的各当事方进行信息披露提供了规范的标准和依据，同时这也标志着 P2P 网贷行业备案、银行存管、信息披露三大主要合规政策已悉数落地，并与 2016 年 8 月 24 日银监会发布的《网络借贷信息中介机构业务活动管理暂行办法》共同组成 P2P 网贷行业“1+3”监管制度体系。表 2-1 梳理了 2017 年 P2P 网贷行业出台的监管政策。

2017 年随着“校园贷”“现金贷”“裸贷”等负面消息持续发酵，监管层正式出手整顿“现金贷”和“校园贷”，分别下发了《关于开展“现金贷”业务活动清理整顿工作的通知》《关于进一步加强校园贷规范管理工作的通知》以及《关于规范整顿“现金贷”业务的通知》等文件，叫停 P2P 网贷平台开展校园贷业务，并大力整顿“现金贷”。而被视为 P2P 网贷平台消化大额标的途径之一的金交所也在 2017 年迎来清理整顿，互联网金融风险专项整治工作领导小组办公室于 2017 年 7 月下发《关于对互联网平台与各类交易场所合作从事违法违规业务开展清理整顿的通知》，要求清理整顿互联网平台与各类交易场所合作开展的违法违规业务。

另外，2017 年 12 月，P2P 网络借贷风险专项整治工作领导小组办公室下发的《关于做好 P2P 网络借贷风险专项整治整改验收工作的通知》对下一步的整改验收作出具体、详细部署，明确了具体的整改和备案时间表，要求各地应在 2018 年 4 月底前完成辖内主要 P2P 网贷机构的备案登记工作，6 月底之前全部完成。这意味着 P2P 网贷行业整改即将收官，P2P 网贷平台合规化将于 2018 年完成，监管将成常态化，不合格的平台将面临淘汰的命运，P2P 网贷行业将步入正规的发展轨道，也将再次迎来蓬勃发展的春天。

表 2-1　P2P 网贷行业监管政策

发布时间	法律规范	发布机构	具体内容
2017 年 2 月	《网络借贷资金存管业务指引》①	中国银监会	全文共五章二十九条，给出了资金存管的定义、明确了银行业金融机构作为存管人和网贷平台作为委托人的资质、业务规范和职责
2017 年 4 月	《关于银行业风险防控工作的指导意见》②	中国银监会	稳妥推进互联网金融风险治理；持续推进网络借贷平台风险专项整治；重点做好校园网贷的清理整顿工作；做好“现金贷”业务活动的清理整顿工作
2017 年 4 月	《关于开展“现金贷”业务活动清理整顿工作的通知》③	互联网金融风险专项整治工作领导小组办公室	“现金贷”纳入互联网金融风险专项整治工作；按照情节轻重对“现金贷”P2P 网贷平台进行分类处置
2017 年 6 月	《关于进一步加强校园贷规范管理工作的通知》④	中国银监会、教育部、人力资源和社会保障部	暂停网贷机构开展在校大学生网贷业务，逐步消化存量业务
2017 年 7 月	《关于对互联网平台与各类交易场所合作从事违法违规业务开展清理整顿的通知》⑤	互联网金融风险专项整治工作领导小组办公室	清理整顿互联网平台与各类交易场所合作开展违法违规业务，2017 年 7 月 15 日前，停止与各类交易场所合作开展涉嫌突破政策红线的违法违规业务的增量

① 中国银监会办公厅 . 关于印发《网络借贷资金存管业务指引》的通知 . 2017-02-22，http://www.cbrc.gov.cn/govView_4201EF03472544038242EED1878597CB.html.

② 中国银监会 . 关于银行业风险防控工作的指导意见 . 2017-04-10，http://www.cbrc.gov.cn/chinese/home/docDOC_ReadView/717B009106CB42BBBD9D6422BD67DC29.html.

③ 网贷之家 . “现金贷”迎来整治 已查出部分平台名单（附政策）. 2017-04-15，https://www.wdzj.com/news/zhengce/87845.html.

④ 中国银监会、教育部、人力资源和社会保障部 . 关于进一步加强校园贷规范管理工作的通知 . 2017-05-27，http://www.cbrc.gov.cn/govView_597C8FD3115A4E0FBE730E25009E18D1.html.

⑤ 网贷之家 . 关于对互联网平台与各类交易场所合作从事违法违规业务开展清理整顿的通知 . 2017-07-06，https://www.wdzj.com/news/zhengce/212095.html.

续表

发布时间	法律规范	发布机构	具体内容
2017 年 8 月	《网络借贷信息中介机构业务活动信息披露指引》①	中国银监会	全文共四章二十八条，定义和规范了 68 条披露项，其中平台需披露信息共计 63 项
2017 年 11 月	《关于开展网络借贷资金存管测评工作的通知》②	P2P 网络借贷风险专项整治工作领导小组办公室、中国互联网金融协会	对已开展网贷资金存管业务且已存在上线网贷机构的银行进行测评，明确了测评的原则、流程和范围
2017 年 12 月	《关于规范整顿"现金贷"业务的通知》③	互联网金融风险专项整治工作领导小组办公室、P2P 网贷风险专项整治工作领导小组办公室	禁止 P2P 网贷平台从借贷本金中先行扣除利息、手续费、管理费、保证金以及设定高额逾期利息、滞纳金、罚息等；不得撮合银行业金融机构资金参与 P2P 网贷；不得提供"首付贷"、房地产场外配资等购房融资借贷撮合服务；不得提供无指定用途的借贷撮合业务
2017 年 12 月	《关于做好 P2P 网络借贷风险专项整治整改验收工作的通知》④	P2P 网络借贷风险专项整治工作领导小组办公室	各地应在 2018 年 4 月底前完成辖内主要 P2P 机构的备案登记工作、6 月底之前全部完成；并对债权转让、风险备付金、资金存管等关键性问题作出进一步的解释说明

资料来源：网贷之家。

2.1.2 P2P 网贷行业地方性政策

随着互联网金融专项整治的持续开展和国家密集出台相关政策，各地方政府也积极响应国家监管层要求，陆续出台相关监管政策，规范当地 P2P 网贷平台发展。厦门金融办于 2017 年 2 月 4 日率先出台《网络借贷信息中介机构备

① 银监会．关于印发《P2P 网络借贷风险专项整治工作实施方案》的通知．2016-10-13，http://www.cbrc.gov.cn/chinese/home/docDOC_ReadView/D81B52D3D20A49A99522C48FA8F1C752.html.

② P2P 网络借贷风险专项整治领导小组办公室、中国互联网金融协会．《关于开展网络借贷资金存管测评工作的通知》．2017-11-28，http://www.nifa.org.cn/nifa/2955675/2955763/2969479/index.html.

③ 网贷之家．央行、银监会发布整顿"现金贷"新规（全文）．2017-12-01，https://www.wdzj.com/news/yc/1552274.html.

④ 网贷之家．P2P 风险专项整治整改验收通知发布（附解读）．2017-12-13，https://www.wdzj.com/news/yc/1616733.html.

案登记管理暂行办法》，提出了不少创新监管机制和亮点，如要求平台接入厦门市金融风险防控预警平台，将合同信息以及资金信息上传至该平台进行匹配对比。随后 P2P 网贷平台聚集的地区广东、上海、北京等地也根据监管要求出台了当地备案登记办法和整改细则，为当地 P2P 网贷平台整改和备案指明了方向。表 2-2 梳理了 2017 年各地出台的 P2P 网贷相关政策法规。

表 2-2　P2P 网贷行业地方性政策

发布时间	法律规范	发布机构
2017 年 2 月	《厦门市网络借贷信息中介机构备案登记管理暂行办法》①	厦门市金融办
2017 年 2 月	《广东省〈网络借贷信息中介机构业务活动管理暂行办法〉实施细则》（征求意见稿）②	广东省金融办
2017 年 2 月	《广东省网络借贷信息中介机构备案登记管理实施细则》（征求意见稿）③	广东省金融办
2017 年 3 月	《厦门市网络借贷信息中介机构备案登记法律意见书指引》④	厦门市金融办
2017 年 3 月	《厦门市网络借贷信息中介机构专项审计报告指引》⑤	厦门市金融办
2017 年 3 月	《厦门市网络借贷信息中介机构专项审计——IT 检查表》⑥	厦门市金融办
2017 年 5 月	《〈网络借贷信息中介机构业务活动管理暂行办法〉广西壮族自治区实施细则》（征求意见稿）⑦	广西壮族自治区金融办

① 厦门市金融工作办公室．关于印发《厦门市网络借贷信息中介机构备案登记管理暂行办法》的通知．2017-02-04，http://xxgk.xm.gov.cn/jrbzfxxgk/zfxxgkml/gfxwj/201702/t20170209_1531289.htm.

② 广东省人民政府金融工作办公室．公开征求对《广东省〈网络借贷信息中介机构业务活动管理暂行办法〉实施细则》的意见．2017-02-13，http://zwgk.gd.gov.cn/759214127/201702/t20170213_692592.html.

③ 广东省人民政府金融工作办公室：公开征求对《广东省网络借贷信息中介机构备案登记管理实施细则》的意见，2017-02-14，http://zwgk.gd.gov.cn/759214127/201702/t20170214_692898.html.

④ 厦门市金融工作办公室．厦门市网络借贷信息中介机构备案登记法律意见书指引．2017-03-29，http://www.xmjr.gov.cn/tzgg/bmtz/201703/t20170329_1599407.htm.

⑤ 厦门市金融工作办公室．厦门市网络借贷信息中介机构专项审计报告指引．2017-03-29，http://www.xmjr.gov.cn/tzgg/bmtz/201703/t20170329_1599408.htm.

⑥ 厦门市金融工作办公室．厦门市网络借贷信息中介机构专项审计——IT 检查表．2017-03-29，http://www.xmjr.gov.cn/tzgg/bmtz/201703/t20170329_1599409.htm.

⑦ 广西壮族自治区金融工作办公室．公开征求对《〈网络借贷信息中介机构业务活动管理暂行办法〉广西壮族自治区实施细则》的意见．2017-05-12，http://www.gxjrb.gov.cn/html/2017/tg_0512/1124.html.

续表

发布时间	法律规范	发布机构
2017 年 5 月	《广西壮族自治区网络借贷信息中介机构备案登记管理实施细则》（征求意见稿）①	广西壮族自治区金融办
2017 年 5 月	《上海市网络借贷信息中介机构业务管理实施办法（征求意见稿）》②	上海市金融办
2017 年 7 月	《深圳市网络借贷信息中介机构备案登记管理办法（征求意见稿）》③	深圳市金融办
2017 年 7 月	《北京市网络借贷信息中介机构备案登记管理办法（试行）（征求意见稿）》④	北京市金融工作局
2017 年 7 月	《关于互联网平台与各类交易场所合作金融业务相关情况的通知》⑤	深圳市金融办
2017 年 11 月	厦门市金融工作办公室关于厦门市网络借贷信息中介机构备案登记管理暂行办法的补充通知⑥	厦门市金融办
2017 年 12 月	《浙江省网络借贷信息中介机构备案登记管理实施细则（试行）（征求意见稿）》《浙江省网络借贷信息中介机构业务活动管理实施办法（试行）（征求意见稿）》⑦	浙江省金融办
2017 年 12 月	《江苏省网络借贷信息中介机构备案登记管理暂行办法（征求意见稿）》⑧	江苏省金融办

资料来源：网贷之家。

① 广西壮族自治区金融工作办公室．公开征求对《广西壮族自治区网络借贷信息中介机构备案登记管理实施细则》的意见．2017-05-12，http://www.gxjrb.gov.cn/html/2017/tg_0512/1123.html.

② 上海市金融服务办公室．关于公开征求对《上海市网络借贷信息中介机构业务管理实施办法（征求意见稿）》意见的通知．2017-06-01，http://sjr.sh.gov.cn/ZhengWuDaTing/Detail?informationid =149502.

③ 深圳市金融办．关于公开征求《深圳市网络借贷信息中介机构备案登记管理办法（征求意见稿）》意见的公告．2017-07-03，http://www.sz.gov.cn/jrb/sjrb/tzgg/201707/t20170703_7470250.htm.

④ 北京市金融工作局．关于《北京市网络借贷信息中介机构备案登记管理办法（试行）（征求意见稿）》公开征求意见的通知．2017-07-07，http://www.bjjrj.gov.cn/tztg/c44-a1889.html.

⑤ 深圳市金融办．关于互联网平台与各类交易场所合作金融业务相关情况的通知．2017-07-12，http://www.sz.gov.cn/jrb/sjrb/tzgg/201707/t20170712_7842722.htm.

⑥ 厦门市金融工作办公室．关于厦门市网络借贷信息中介机构备案登记管理暂行办法的补充通知．2017-11-03，http://xxgk.xm.gov.cn/jrbzfxxgk/zfxxgkml/tzgg/bmtz/201711/t20171103_1821210.htm.

⑦ 浙江省金融办．关于公开征求《浙江省网络借贷信息中介机构业务活动管理实施办法（试行）》（征求意见稿）和《浙江省网络借贷信息中介机构备案登记管理实施细则（试行）》（征求意见稿）意见的公告．2017-12-18，http://zfxxgk.zj.gov.cn/xxgk/jcms_files/jcms1/web59/site/art/2017/12/18/art_5755_1982464.html.

⑧ 江苏省人民政府金融工作办公室．关于公开征求《江苏省网络借贷信息中介机构备案登记管理暂行办法》意见的公告．2017-12-29，http://jsjrb.jiangsu.gov.cn/art/2017/12/29/art_4664_7204142.html.

2.1.3　P2P 网贷行业协会组织

中国互联网金融协会的正式成立，标志着我国互联网金融行业在行业自律方面迈出了重要一步。对在各省市地区民政局备案登记的互联网金融自律组织进行归纳分析，根据不完全统计，截至 2017 年 12 月底，与 P2P 网贷行业有关的行业协会数量共计 23 家，其中国家级互联网金融行业自律组织中国互联网金融协会的会员最多，有 482 家。

从各地行业自律组织来看，据不完全统计，目前已经成立互联网金融自律组织的省市地区分布在北京市、广东省、江苏省、上海市等 12 个省市，其中广东省内的协会组织数量较多，省级的协会有广东互联网金融协会，市级的协会有深圳市互联网金融协会、广州互联网金融协会、东莞市互联网金融协会 3 家；上海市互联网金融行业协会的会员单位最多，有 214 家。

目前，不少协会已经出台了各项规章制度，规范 P2P 网贷平台的行为，保护出借人利益和行业健康发展，如中国互联网金融协会下发了《中国互联网金融协会团体标准管理办法》《互联网金融信息披露个体网络借贷》《互联网金融个体网络借贷资金存管业务规范》《互联网金融个体网络借贷资金存管系统规范》等文件，深圳市互联网金融协会下发了《深圳市网络借贷信息中介机构催收行为规范》（征求意见稿）、《网络借贷信息中介机构常用合同指引（征求意见稿）》等文件，如表 2-3 所示。可以看出，协会对平台的运营规范主要体现在对于会员平台运营、信息披露、业务要求等方面，各种规范标准越来越细化和严格。自律组织的建立是对监管的有益补充和有力支撑，有助于行业标准和规范的形成，能弥补法律监管的空白，有利于促进行业有序规范的发展。

表 2-3　部分 P2P 网贷行业协会组织会员及规章制度情况

批准时间	组 织 名 称	会员数	规 章 制 度
2014/05	广东互联网金融协会	95 家	《关于规范校园网络借贷业务的通知》[①]
2014/06	东莞市互联网金融协会	62 家	—
2014/12	北京市互联网金融行业协会	52 家	—

① 广东互联网金融协会 .《关于规范校园网络借贷业务的通知》. 2017-04-14, http://www.gifa.com.cn/uncategorized/8009.html.

续表

批准时间	组织名称	会员数	规章制度
2014/12	江苏省互联网金融协会	—	《关于加强对互联网金融消费者权益保护的指导意见》[①]《江苏省互联网金融协会关于网络借贷平台机构发布社会责任报告指引（征求意见稿）》[②]《江苏省网络借贷信息中介机构规范与指引文件汇编（讨论稿）》[③]等
2015/04	广州互联网金融协会	106 家	—
2015/07	深圳市互联网金融协会	—	《关于规范深圳市校园网络借贷业务的通知》[④]《深圳市网络借贷信息中介机构催收行为规范》（征求意见稿）[⑤]《深圳市网络借贷信息中介机构业务退出指引（征求意见稿）》[⑥]等
2015/10	上海市互联网金融行业协会	199 家	《上海个体网络借贷行业 (P2P) 平台信息披露指引》[⑦]《上海市网络借贷电子合同存证业务指引》[⑧]
2016/02	福建省互联网金融协会	50 家	—
2016/03	江西省互联网金融协会	26 家	—
2016/05	临沂市互联网金融协会	30 家	—

① 网贷之家．江苏出台十大意见　保护互联网金融消费者权益．2016-03-07, https://www.wdzj.com/news/zhengce/26801.html.

② 江苏省互联网金融协会．江苏省互联网金融协会关于网络借贷平台机构发布社会责任报告指引（征求意见稿）．2017-03-07, http://www.jsifa.org.cn/_s6/2017/0307/c88a4606/page.psp.

③ 江苏省互联网金融协会．江苏省网络借贷信息中介机构规范与指引文件汇编（讨论稿）．2017-08-10, http://www.jsifa.org.cn/_s6/2017/0810/c89a4578/page.psp.

④ 深圳市互联网金融协会．关于规范深圳市校园网络借贷业务的通知．2016-08-30, http://www.szifa.org.cn/enrollment_view.aspx?TypeId=93&Id=613&Fid=t27:93:27.

⑤ 深圳市互联网金融协会．关于印发《深圳市网络借贷信息中介机构催收行为规范》（征求意见稿）的通知．2017-05-04, http://www.szifa.org.cn/news_view.aspx?TypeId=4&Id=709&Fid=t2:4:2.

⑥ 深圳市互联网金融协会．深圳市互联网金融协会关于发布《深圳市网络借贷信息中介机构业务退出指引（征求意见稿）的通知．2017-09-29, http://www.szifa.org.cn/news_view.aspx?TypeId=4&Id=797&Fid=t2:4:2.

⑦ 网贷之家．上海 P2P 信息披露指引：须公布逾期情况．2015-08-07, https://www.wdzj.com/news/hangye/22062-all.html.

⑧ 上海市互联网金融行业协会．上海市网络借贷电子合同存证业务指引．2017-06-10, http://www.asifi.com.cn/index.php?m=content&c=index&a=show&catid=27&id=771.

续表

批准时间	组织名称	会员数	规章制度
2016/06	中国互联网金融协会	482 家	《中国互联网金融协会团体标准管理办法》[①]《互联网金融 个体网络借贷 资金存管业务规范》[②]《互联网金融个体网络借贷 资金存管系统规范》[③]《互联网金融 信息披露 个体网络借贷》[④]《关于开展网络借贷资金存管测评工作的通知》[⑤]《互联网金融 个体网络借贷 借贷合同要素》[⑥]等
2017/07	浙江互联网金融联合会	60 家	—
2017/07	济南市互联网金融协会	29 家	—

资料来源：网贷之家。

2.2 平台备案

2.2.1 P2P 网贷平台备案流程

自从 2016 年 8 月 24 日 P2P 网贷行业的监管细则正式下发，配套文件也随之陆续出台。其中《网络借贷信息中介机构备案登记管理指引》（下文简

① 中国互联网金融协会 . 中国互联网金融协会团体标准管理办法 . 2017-04-07, http://www.nifa.org.cn/nifa/2955689/2955725/2963066/index.html.

② 网贷之家 . 中国互金协会发 P2P 存管规范征求意见稿（全文）. 2017-09-05, https://www.wdzj.com/news/zhengce/842848.html.

③ 网贷之家 . 中国互金协会发 P2P 存管规范征求意见稿（全文）. 2017-09-05, https://www.wdzj.com/news/zhengce/842848.html.

④ 网贷之家 . 重磅！中国互金协会发布最新版网贷信披标准 . 2017-10-17, https://www.wdzj.com/news/yc/1271320.html.

⑤ 中国互联网金融协会 . 关于开展网络借贷资金存管测评工作的通知 . 2017-11-28, http://www.nifa.org.cn/nifa/2955675/2955763/2969479/index.html.

⑥ 网贷之家 . 中国互金协会发布 P2P 借贷合同要素标准（全文）. 2017-12-29, https://www.wdzj.com/news/yc/1703831.html.

称为《备案登记管理指引》）的出台促使 P2P 网贷行业趋向合规化，合规工作方向更加明朗化，同时也意味着合规工作正式全面开启。《备案登记管理指引》对新老 P2P 网贷平台进行区分管理，并明确备案登记申请流程。

1. 新设机构备案登记申请流程

《备案登记管理指引》对新设机构的备案登记申请给出了详细说明，具体流程如图 2-1 所示。

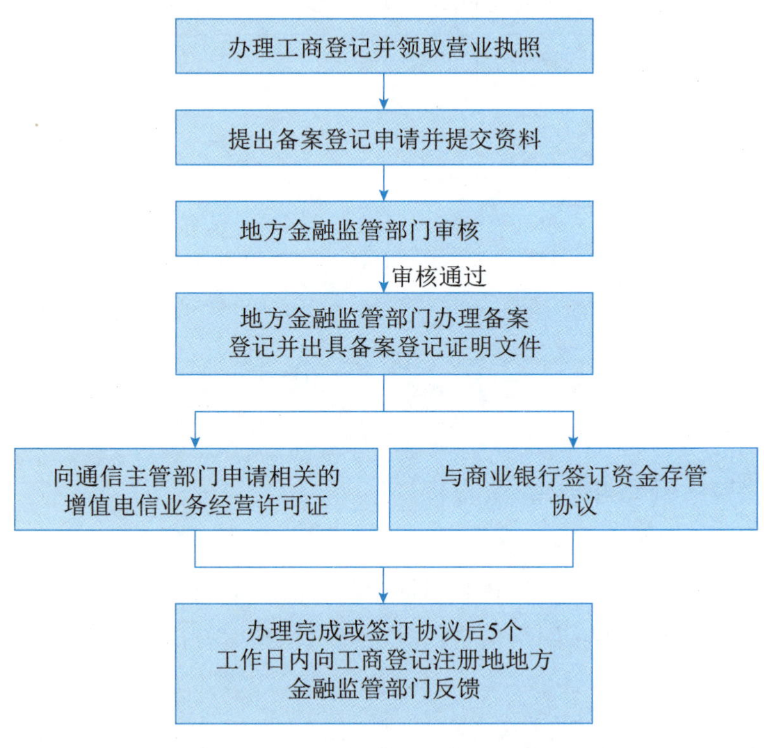

图 2-1　新设机构备案登记申请流程

资料来源：网贷之家。

（1）P2P 网贷平台需先办理工商登记注册并领取营业执照，并在经营范围中明确网络借贷信息中介等相关内容。

（2）P2P 网贷平台在完成工商登记并领取营业执照后 10 个工作日内向注册地地方金融监管部门提出备案登记申请并提交相关资料，要求提交的资料有平台基本信息、股东或出资人名册及其出资额、股东结构、经营发展战略、合规经营承诺书、营业执照正副本复印件、法人代表以及董事、监事、高级管理人员基本信息资料、分支结构名册及其所在地、平台官方网址及APP 名称、地方金融办要求提交的其他文件资料九项。

（3）地方金融监管部门采用多方数据对比、网上核验、实体认证、现场勘查、高管约谈等方式进行审核，并在文件材料齐备、形式合规的情况下，办理备案登记，并向申请备案登记的 P2P 网贷平台出具备案登记证明文件，具体时限由地方金融监管部门根据情况具体规定，但不得超过 40 个工作日。

（4）备案完成后，P2P 网贷平台应持地方金融监管部门出具的备案登记证明，向通信主管部门申请相关的增值电信业务经营许可证以及与银行业金融机构签订资金存管协议，并且在办理完成或签订协议后 5 个工作日内将结果反馈到地方金融监管部门。

2. 已存续机构备案登记管理流程

已存续机构需在各地完成分类处置后再行申请备案登记，管理机构应根据风险专项整治中的分类处置工作将已存续机构分为合规类机构和整改类机构两类，并仅对合规类机构的备案登记申请予以受理，而整改类机构需在其完成整改并经有关部门认定后才受理其备案登记申请。已存续机构的备案登记申请流程与新设机构的申请流程相似，简单概括为：到工商管理局修改经营范围→提出备案登记申请并提交资料→地方金融监管部门审核→地方金融监管部门办理登记并出具备案登记证明文件，具体流程如图 2-2 所示。

（1）已存续的 P2P 网贷平台先到工商登记部门修改经营范围，明确网络借贷信息中介等内容。

（2）P2P 网贷平台向注册地地方金融监管部门提出备案登记申请并提交相关资料，要求的资料除新设机构要求的九项资料外还需提供机构经营总体情况、产品信息以及违法违规整改情况说明等。

（3）地方金融监管部门采用多方数据对比、网上核验、实体认证、现场勘查、高管约谈等方式进行审核，并在文件材料齐备、形式合规的情况下，办理备案登记，并向申请备案登记的 P2P 网贷平台出具备案登记证明文件，具体时限由地方金融监管部门根据情况具体规定，但不得超过 50 个工作日。

（4）备案完成后，P2P 网贷平台应持地方金融监管部门出具的备案登记证明，向通信主管部门申请相关的增值电信业务经营许可证以及与银行业金融机构签订资金存管协议，并且在办理完成或签订协议后 5 个工作日内将结果反馈到地方金融监管部门。

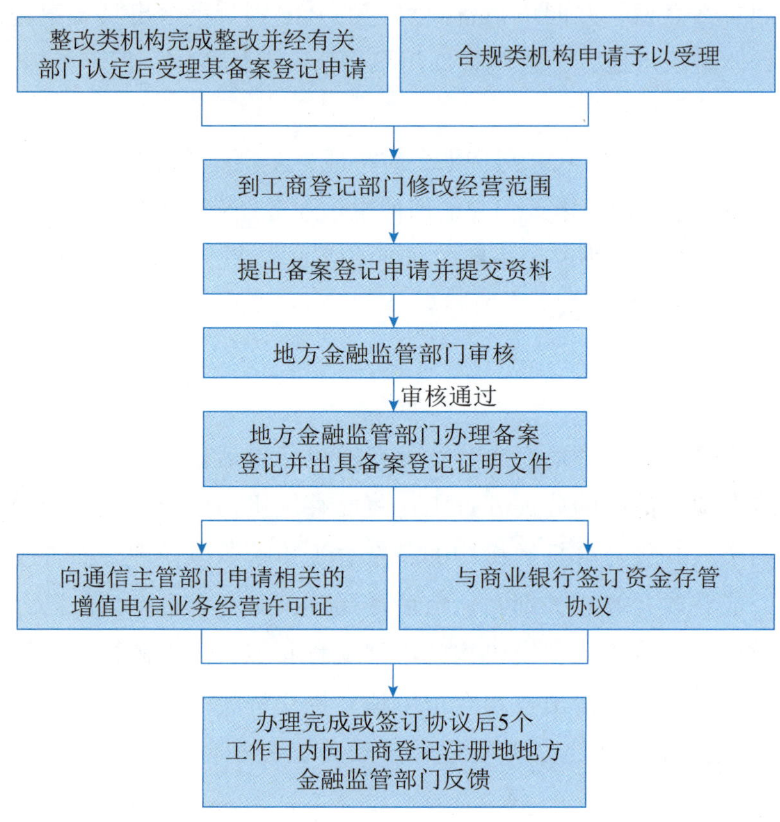

图 2-2　已存续机构备案登记申请流程

资料来源：网贷之家。

2.2.2　各地网贷平台备案登记细则对比

自银监会联合工信部、工商总局联合出台《网络借贷信息中介机构备案登记管理指引》以来，全国已有多个省市陆续下发了 P2P 网贷备案登记相关的监管办法，如北京、上海、广东、厦门、深圳、浙江、江苏等地均发布了备案登记管理细则。从各地 P2P 网贷备案登记管理细则来看，与此前银监会等三部委出台的《网络借贷信息中介机构备案登记管理指引》步调基本一致，但更为细化和具体，并有不少创新监管机制和亮点，同时各地监管也存在一定差异。从备案材料、备案时长、银行存管等方面具体分析不同省市地区监管的差异，表 2-4 梳理了各地备案登记管理细则对比。

1. 备案申请材料

从备案申请材料来看，不同地区的备案申请材料大同小异，新老平台均需提交的资料主要包括平台基本情况、股东信息、管理层信息、经营发展战略和规划、营业执照、合规经营承诺书等。但部分地区的备案申请材料也具有其独特性，如仅上海要求提交本市公安局网络安全部门出具的“信息系统安全审核回执”，深圳要求不论新设机构还是已存续机构均需要提供银行资金存管意向协议书。

已存续机构需提交的备案补充资料主要包括平台运营状况、整改报告或整改情况说明、财务审计报告、专项审计报告、合规法律意见书等。其中专项审计报告和合规经营情况的法律意见书分别由会计事务所和律师事务所出具，成为平台的备案标配。

2. 备案时长

江苏省 P2P 网贷平台备案登记审核耗时最短，新设机构和已存续机构备案登记审核时间一样，均不超过 30 个工作日；广东、浙江、深圳、广西、厦门新设机构备案登记不超过 40 个工作日，已存续机构则不超过 50 个工作日；北京、上海新设机构备案登记不超过 80 个工作日，已存续机构则不超过 100 个工作日，可见上海、北京登记备案时间明显要长于其他省市地区，同时这两个地区的平台数量也较多。

3. 银行存管

目前出台备案登记管理细则的各地中，上海、深圳以及浙江省三地有存管属地化要求，即要求 P2P 网贷平台与在本地设有分支机构或设有分行以上（含）级别机构的商业银行进行资金存管合作，而北京则要求平台选择由本市监管部门认可的银行业金融机构进行资金存管合作。其他地区暂未有此要求。

表 2-4 各地备案登记管理细则对比

地区	机构备案材料	已存续机构补充材料	备案时长
北京	基本信息、股东信息、经营发展战略和规划、合规经营承诺书、营业执照、股东决议、管理层信息、分支机构、合作机构、风控信息等	平台运营数据以及整改情况说明等	新设机构：不超过 80 个工作日 已存续机构：不超过 100 个工作日
上海	基本信息、营业执照、公司章程、经营发展战略规划、股东信息、管理层信息、营业场所证明材料、分支机构、合规经营承诺书、信息系统安全审核回执、合同存证协议、备案登记法律意见书等	平台运营数据、整改情况说明、公司信用报告、合规经营情况的法律意见书、财务审计报告、专项审计报告等	新设机构：不超过 80 个工作日 已存续机构：不超过 100 个工作日
深圳	基本信息、营业执照、股东信息、管理层信息、经营发展战略规划、风控信息、股东会决议、合规经营承诺书、法律意见书、分支机构、合作机构、公司对公账户、资金存管协议、合同存证协议等	平台运营数据、整改情况说明、公司信用报告、合规经营情况的法律意见书、财务审计报告、专项审计报告等	新设机构：不超过 40 个工作日 已存续机构：不超过 50 个工作日
广东	基本信息、营业执照、股东信息、管理层信息、经营发展战略规划、合规经营承诺书、分支机构、业务类别、内控制度、备案登记法律意见书、合同存证协议等	平台运营数据、整改报告、银行资金存管合同（如有）、待偿余额前三大借款人尽职调查报告、出借人和借款人的用户画像、信息安全测评认证机构安全测评报告、人行征信系统信用报告、第三方征信等机构专项评估报告、审计报告、专项审计报告等	新设机构：不超过 40 个工作日 已存续机构：不超过 50 个工作日
浙江	基本信息、营业执照、股东信息、经营发展战略规划、业务模式、合规经营承诺书、公司章程及内部控制、风险管理、网络信息安全保障、客户保护、财务管理等相关制度、信息网络安全等级保护备案证明、管理层信息、营业场所证明文件、分支机构、备案登记法律意见书、合同存证协议	平台运营数据、违法违规整改情况说明、专项审计报告、法律意见书等	新设机构：不超过 40 个工作日 已存续机构：不超过 50 个工作日

续表

地区	机构备案材料	已存续机构补充材料	备案时长
江苏	基本信息、营业执照、股东信息、经营发展战略规划、管理层信息、备案登记法律意见书、已接入或正在接入“江苏省网络信息中介机构监管系统”的证明材料、合规经营承诺书	平台运营数据、违法违规整改情况说明、专项审计报告、银行存管协议、分支机构等	新设机构：不超过30个工作日 已存续机构：不超过30个工作日
厦门	基本信息、股东信息、经营发展战略和规划、合规经营承诺书、营业执照、业务模式、管理层信息、分支机构、合同存证协议、备案登记法律意见书等	平台运营数据、违法违规整改情况说明、专项审计报告、每个标的种类的相关合同范本、资金流转图等	新设机构：不超过40个工作日已存续机构：不超过50个工作日
广西	基本信息、股东信息、经营发展战略规划、合规经营承诺书、营业执照、管理层信息、分支机构、主要业务类型、内控管理	平台运营数据、违法违规整改情况说明、整改报告、银行存管协议、信息安全测评认证机构安全测评报告、审计报告等	新设机构：不超过40个工作日 已存续机构：不超过50个工作日

资料来源：网贷之家。

2.2.3　总结

完成备案是 P2P 网贷平台能够正常开展网贷业务的前提条件，也是平台走向合规至关重要的一步。2017 年 12 月下发的《关于做好 P2P 网络借贷风险专项整治整改验收工作的通知》要求各地应在 2018 年 4 月底前完成辖内主要 P2P 机构的备案登记工作、6 月底之前全部完成，并明确表示 2016 年 8 月 24 日后新设立的网贷机构或新从事网络借贷业务的网贷机构，在 P2P 网贷风险专项整治期间，原则上不予备案登记。从目前来看，预计 2018 年上半年已存续机构将掀起备案热潮。合规仍是各家平台发展的主基调，越早拿到入场券，越有先机优势，越易获得出借人的信任。

2.3 资金存管

2.3.1 资金存管总体概况

2017年2月，银监会正式下发《网络借贷资金存管业务指引》，对资金存管的定义、存管人和平台的资质、业务规范和职责作了进一步的解释，明确存管行必须为商业银行，并进一步规范了银行资金存管的基本模式和业务流程。P2P网贷行业也在2017年迎来了“存管潮”，银行存管由原来的高门槛，仅有少数平台对接银行存管到如今呈爆发性增长。

据不完全统计，截至2017年12月底，已有广东华兴银行、江西银行、上海银行和新网银行等51家银行布局P2P网贷平台资金存管业务，共有911家正常运营平台宣布与银行签订资金存管协议（含已完成资金存管系统对接并上线的平台），约占同期P2P网贷行业正常运营平台总数量的47.18%。其中698家正常运营平台与银行完成资金存管系统对接并上线（含上线存管系统但未发存管标的平台），占P2P网贷行业正常运营平台总数量的36.15%。

1. 开展P2P网贷存管业务的银行分布

在与平台签订资金存管协议的银行中，广东华兴银行与97家平台签订资金存管协议，位居榜首，占签约总数的10.74%；其次是江西银行，签约89家；上海银行签约数排名第三，已签约82家；重庆富民银行和海口联合农商银行分别排名第四和第五，分别签约71家和62家，这五家银行签约平台数占签约总数的44.02%；其余银行分别签约1～52家，如图2-3所示。可见2017年随着存管指引的正式落地，越来越多的银行参与其中。

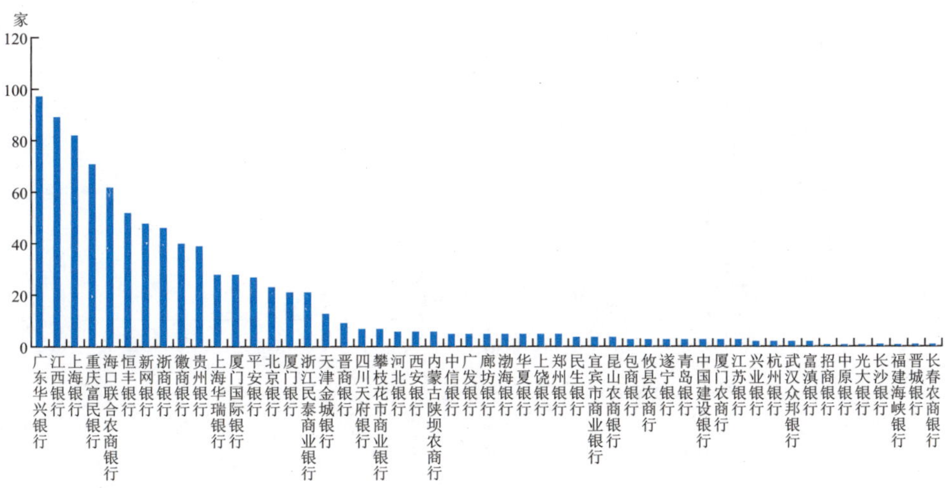

图 2-3　已与平台签订资金存管协议的银行情况

资料来源：网贷之家。

2. 银行类型分布

根据银监会公布的银行业金融机构法人名单（截至 2017 年 6 月底）[①] 分类，从已与 P2P 网贷平台签订资金存管协议的银行类型分布来看，城商行签约的平台最多，有 519 家，占签约总数的 56.97%；民营银行排名第二，与 162 家平台签订资金存管协议；全国性股份制商业银行紧随其后，签约 148 家；农商行和国有大行分别签约 79 家和 3 家，如图 2-4 所示。从中可以看出，城商行态度最为活跃，是目前开展 P2P 网贷存管业务的主力军，国有大行态度最为谨慎，目前鲜有平台与国有大行开展 P2P 网贷存管业务，不过国有大行资金存管业务也于 2017 年正式破冰，如中国建设银行于 2017 年正式涉足 P2P 网贷资金存管业务。

① 中国银监会办公厅 . 银行业金融机构法人名单（截至 2017 年 6 月底）. 2017-09-11，http://www.cbrc.gov.cn/govView_97A2236F09D84AC9B82046CE8B705716.html.

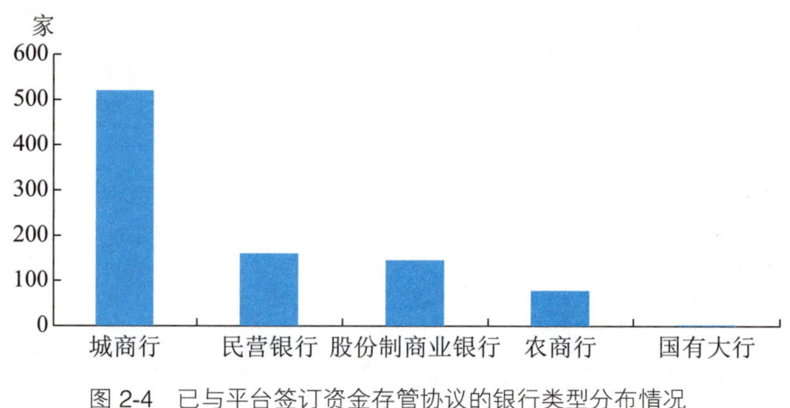

图 2-4　已与平台签订资金存管协议的银行类型分布情况

资料来源：网贷之家。

3. 地域分布

地域分布方面，全国已与银行签订资金存管协议的平台分布在 29 个省市，其中有 4 个地区已与银行签订存管协议的平台数超 100 家，具体如图 2-5 所示。北京签订资金存管协议的平台数位居第一，有 214 家；其次是广东，有 210 家；上海和浙江排名第三和第四，分别签约 130 家和 125 家。这 4 个地区签订资金存管协议的平台数排全国前四，存管签约数明显超过其余地区，占全国已签订资金存管协议平台总数的 74.53%。这 4 个地区的 P2P 网贷平台数量较多且经济较发达，并有地方性银行如广东华兴银行和上海银行涉足 P2P 网贷平台资金存管业务。

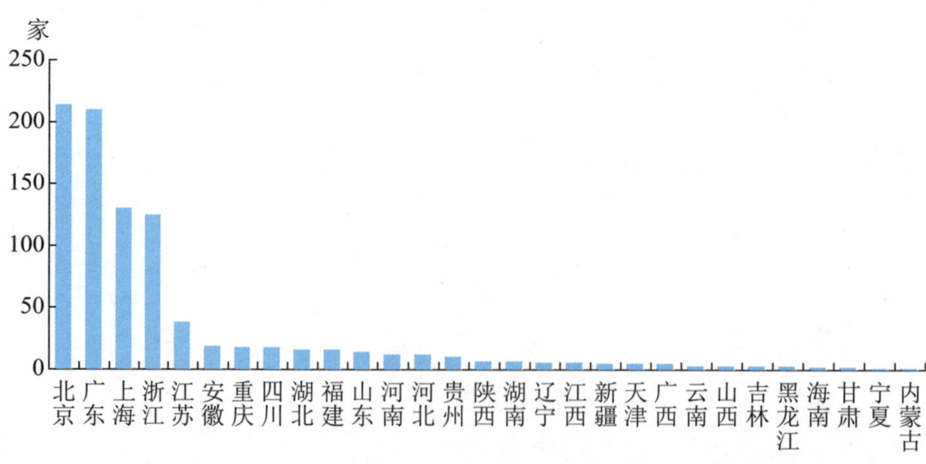

图 2-5　已与银行签订资金存管协议的平台地域分布情况

资料来源：网贷之家。

2.3.2　完成资金存管平台概况

1. 银行分布

据不完全统计，截至 2017 年 12 月底，共有 698 家正常运营平台与银行完成资金存管系统对接并上线，这些平台分布在 45 家银行中，其中广东华兴银行完成存管系统对接的平台最多，有 84 家平台上线资金存管系统；其次是江西银行，有 80 家平台成功对接并上线资金存管系统；海口联合农商行排第三，有 58 家平台成功对接资金存管系统；上海银行和恒丰银行分别排名第四和第五，分别对接上线 54 家和 49 家平台，这五家银行完成存管系统对接的平台总数占全国上线存管总数的 46.56%，详见图 2-6。可以看出，2017 年开始涉足资金存管业务的中小银行业务发展速度非常快，态度特别积极。

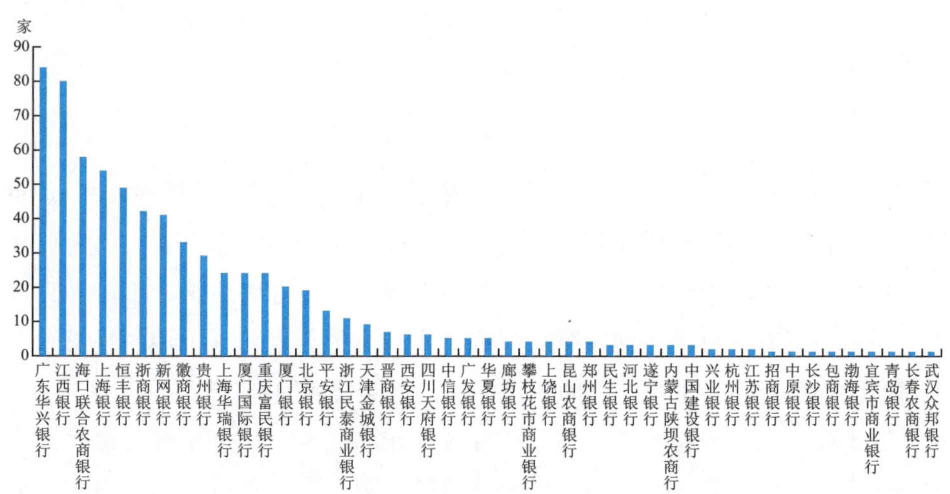

图 2-6　已与平台完成资金存管系统对接并上线的银行分布情况

资料来源：网贷之家。

2. 资金存管系统上线时间分布

从平台上线银行存管系统时间来看，2017 年上线银行存管速度明显加快，2017 年全年已有 590 家平台上线银行存管系统，占上线存管平台总数的 84.53%，是 2016 年全年上线总数的 5.78 倍，具体如图 2-7 所示。可以看出 2017 年存管指引的正式下发为银行和平台的存管合作指明方向，免责条款也在一定程度上消除银行的疑虑，银行开展 P2P 网贷资金存管业务的积极性明显提高了，存管进度也明显提高了，P2P 网贷行业迎来了“存管潮”。

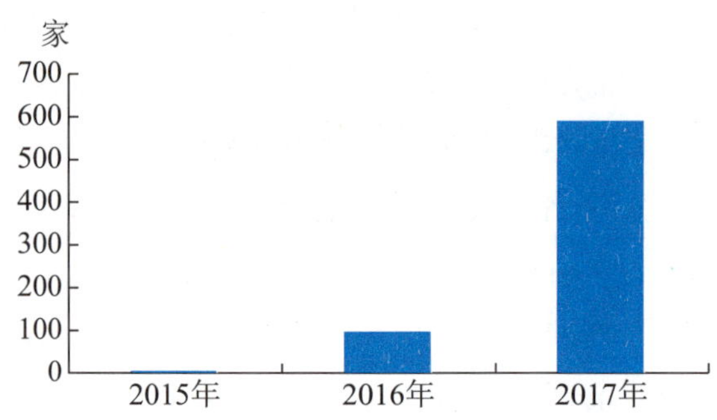

图 2-7　平台上线银行资金存管系统时间情况

资料来源：网贷之家。

3. 已完成资金存管平台中使用双系统情况分布

《网络借贷资金存管业务指引》在对银行和平台的业务规范要求中，明确指出委托人开展网络借贷资金存管业务，应指定唯一一家存管人作为资金存管机构。这条要求说明平台仅能选择一家银行作为存管机构，不可多头存管。但目前仍有部分平台的借款项目并未实现全银行存管，采用的是第三方支付系统与银行存管系统并存的模式，即只有部分标的是银行存管。

据不完全统计，截至 2017 年 12 月底，在完成银行存管系统对接并上线的 698 家平台中，有 628 家平台已全部转换为银行资金存管系统，占完成银行存管平台总数的 90%；70 家平台采用的是第三方支付系统与银行存管系统并存模式（不包括虽是双系统并存，但老平台已不发新标，仅供进行原有交易明细查询及提现申请），占完成银行存管对接平台总数的 10%，如图 2-8 所示。可以看出，目前大部分平台已实现全存管，但仍有平台采用双系统并行模式，根据银监会的存管系统要求，这些平台未来可能需要尽快整改，实现全银行存管模式。

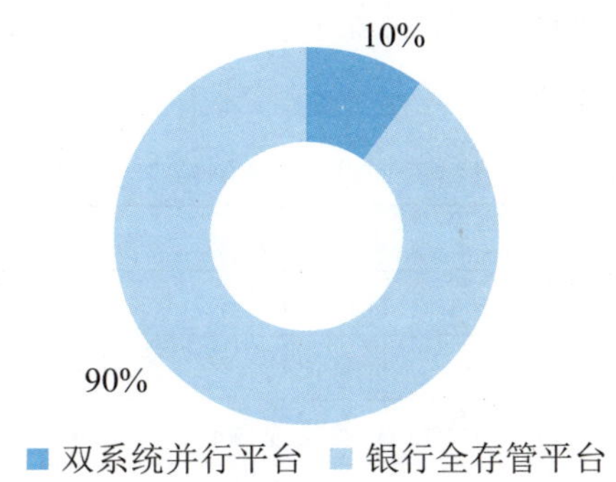

图 2-8　已完成资金存管平台中使用双系统情况分布

资料来源：网贷之家。

2.3.3　停业及问题平台情况

据不完全统计，截至 2017 年 12 月底，全国共有 25 家平台在上线银行存管后停业或出现提现困难、“跑路”等问题，其中有部分平台在上线存管后采用的是双系统并行模式，即只有部分标为银行存管。从停业及问题类型来看，有 17 家提现困难，占停业及问题平台总数的 68%；“跑路”和停业分别有 4 家，如图 2-9 所示。

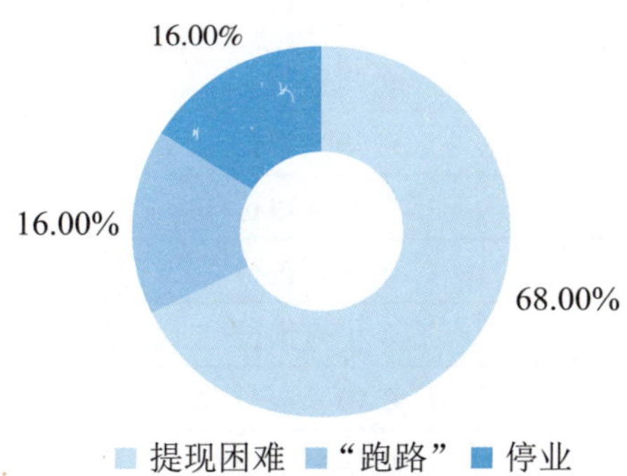

图 2-9　已上线银行存管系统的停业及问题平台类型分布情况

资料来源：网贷之家。

从存管行来看，停业及问题平台的存管行主要分布在 13 家银行中，其中广东华兴银行最多，有 6 家宣布停业或者出现提现困难、“跑路”等问题，与其上线总数最多有关；其次是徽商银行和恒丰银行，分别有 3 家；浙商银行、四川天府银行和贵州银行分别有 2 家，其余 7 家银行各有 1 家出现问题或宣布停业，具体如表 2-5 所示。

表 2-5　已上线银行存管系统的停业及问题平台

平　台	银　行	问题类型
陇金汇	浙商银行	停业
国诚金融	浙商银行	提现困难
学信贷	浙江民泰商业银行	提现困难
百姓贷	四川天府银行	“跑路”
爱投易贷	四川天府银行	提现困难
融和贷	上海银行	“跑路”
手投网	厦门国际银行	提现困难
她金控	江西银行	提现困难
豆蔓智投	徽商银行	提现困难
酷盈网	徽商银行	提现困难
拉拉财富	徽商银行	提现困难
普天金安	恒丰银行	提现困难
东宏金融	恒丰银行	提现困难
中智魔方	恒丰银行	“跑路”
响当当	海口联合农商银行	“跑路”
大圣理财	贵州银行	提现困难
妥妥当	贵州银行	提现困难
华银金融	广东华兴银行	停业
袋袋金	广东华兴银行	停业
亿企聚财	广东华兴银行	提现困难
海河金融	广东华兴银行	提现困难
诚信贷	广东华兴银行	提现困难
网行金融	广东华兴银行	提现困难
好会理财	包商银行	停业
车投宝	重庆富民银行	提现困难

资料来源：网贷之家。

随着越来越多的平台上线银行存管系统，行业也开始频繁出现银行存管平台暴雷的现象，其实这也间接说明银行资金存管的目的，是为了有效避免平台直接触碰资金和杜绝资金池的可能性，所以出借人需认清银行资金存管的本质，银行并不审核项目的真实性，不保证收益，不承担资金管理运用风险，出借人需自行判断其真实性和承担责任。

2017 年 12 月，P2P 网络借贷风险专项整治工作领导小组办公室下发的《关于做好 P2P 网络借贷风险专项整治整改验收工作的通知》对银行存管作了进一步的解释，要求 P2P 网贷机构应当与通过测评的银行业金融机构开展资金存管业务合作，部分地区的最新监管文件也随之新增“存管白名单”。P2P 网贷资金存管业务测评的实施和各地区“存管白名单”的开展，将会有利于促进银行合规开展存管业务，进一步推进 P2P 网贷行业的健康发展。

2.3.4　典型平台：连资贷

连资贷，位于浙江杭州，隶属于浙江连枝互联网金融信息服务股份有限公司，于 2014 年 9 月 19 日正式上线运营，并在 2016 年 3 月获得绩优资本 A 轮 1000 万元的融资。据其官网介绍，连资贷目前业务以汽车金融、供应链金融和综合金融三种产品为主。截至 2017 年 12 月 31 日，连资贷累计成交量已近 50 亿元，贷款余额超 4.5 亿元。

2016 年 5 月，连资贷与浙商银行正式签订《网络借贷交易资金存管协议》，并于 2017 年 2 月 27 日正式上线浙商银行资金存管系统，正式成为完成并上线银行资金存管系统大军中的一员，成功向合规迈出重要的一步。此外，浙商银行是中国银监会批准的 12 家全国性股份制商业银行之一，并于 2016 年 3 月 30 日在香港上市，股票代码为 02016.HK，总行设在浙江省杭州市。据不完全统计，截至 2017 年 12 月底，浙商银行已与 42 家 P2P 网贷平台合作开展银行资金存管业务。

连资贷与浙商银行合作的资金存管模式为直接存管模式，即浙商银行为连资贷及其他网贷参与者开立独立的银行资金存管账户，并单独设立交易密码。银行根据用户或平台发布的交易指令进行相关的操作，并对资金流向进行监管。用户的充值、投资、提现及划拨等一系列交易均通过各自存管账户独立完成，并由银行对用户资金信息进行管理，真正实现各账户之间的有效隔离，同时完整记录平台交易信息。具体存管流程见图 2-10。

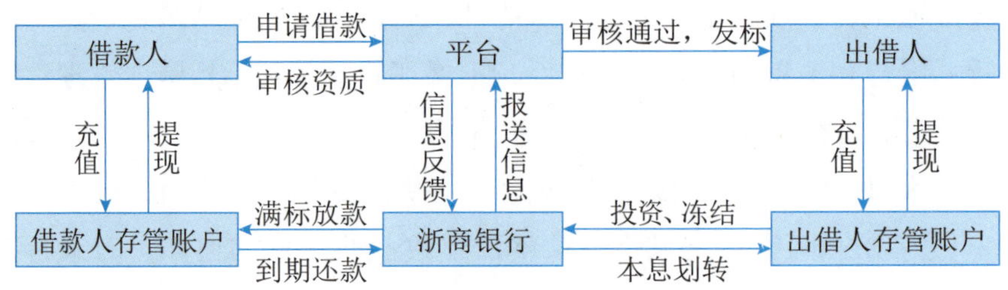

图 2-10　连资贷银行存管流程

资料来源：连资贷、网贷之家。

根据银监会此前下发的《网络借贷资金存管业务指引》，存管指引要求银行为委托人开立网络借贷资金存管专用账户和自有资金账户，为出借人、借款人和担保人等在网络借贷资金存管专用账户下分别开立子账户，并明确了 P2P 网贷平台与银行进行资金存管的具体相关细则。从浙商银行与连资贷的存管模式流程来看，浙商银行为每一位连资贷出借人和借款人开立电子银行存管账户，充值、提现及划拨等一系列的交易流程银行皆参与其中，并可通过其直销银行官网查询存管账户资金状况。可以看出，此模式或与监管层要求的资金存管系统更为贴合，能够有效实现平台自身资金和客户资金隔离。

2.4　信息披露

信息披露作为 P2P 网贷行业“1+3”的三项指引之一，早在 2016 年就已出台相应监管文件。2016 年 10 月 28 日，中国互联网金融协会正式发布了《互联网金融信息披露个体网络借贷》标准（T/NIFA 1—2016）（以下简称《信披标准》），制定了 96 项信息披露指标规范。2017 年 8 月 24 日，银监会重磅出台了《网络借贷信息中介机构业务活动信息披露指引》（以下简称《信披指引》），并规定平台整改期自指引公布之日起不超过 6 个月。2017 年 10 月 17 日，中国互联网金融协会发布《互联网金融信息披露个体网络借贷》（T/NIFA 1—2017）团体标准，对 2016 年的标准进行了修订。

除监管方出台的有关信息披露的指引文件，中国互联网金融协会于 2017 年 6 月上线了互联网金融登记披露服务平台。截至 2017 年 12 月底，共有 115 家平台接入了信披系统。

《信披指引》的出台，为 P2P 网贷平台的信息披露提供了合规标杆，是 2018 年各地监管制定合规备案管理办法的依据文件。本节将根据《信披指引》制定的指标及诠释，对 2017 年 P2P 网贷平台信息披露年度榜单中的披露情况进行统计分析。

2.4.1　信息披露指标概况

根据《信披指引》，信息披露指标具体分为网贷机构备案信息、网贷机构组织信息、网贷机构审核信息、网贷机构经营信息和网贷机构项目信息五个大类。各项指标的分布情况，如表 2-6 所示。

表 2-6　《信披指引》五类披露指标数量分布情况

信披类目	一级指标	二级指标	总　计
网贷机构备案信息	5	无	5
网贷机构组织信息	5	25	25（不含一级）
网贷机构审核信息	3	无	3
网贷机构经营信息	17	无	17（不含二级）
网贷机构项目信息	2	13	13
总计	25（不含二级）	38	63

资料来源：网贷之家。

《信披指引》制定的五大类信息指标，数量最多的是网贷机构组织信息，共有 25 项；最少的是网贷机构审核信息，仅有 3 项。其他类目方面，网贷机构备案信息 5 项，网贷机构经营信息 17 项，网贷机构项目信息 13 项。五类共计 63 项指标，较互金协会《信披标准》有所简化。

从《信披指引》规定的披露频度来看，频度较低的共有三类：备案信息、组织信息和审核信息。这些信息包括平台的工商信息、备案信息、第三方审计信息等，反映了平台注册、合规备案及财务运营的基本情况，通常按年度进行披露更新。网贷机构经营信息则属于中等频度，通常按月或者季度，以运营报告或数据专区的方式进行更新，反映平台在一个经营阶段中的业绩情况。网贷机构项目信息属于高频信息，平台每发布一个项目，都需要披露借款人主体信息、职业、收入信息等，反映了项目借款人的资质情况。

根据目前 P2P 网贷平台信息披露情况观察，现阶段披露较为全面的是网贷机构组织信息。公司营业执照、法人信息、组织架构属于平台基本信息，且低频信息无须经常更新维护，因此较多 P2P 网贷平台的披露情况良好。经营信息作为中等频度的披露信息，一些平台在更新方面不及时，部分甚至停留在半年报甚至年报；此外还有部分逾期指标、代偿指标等，怠于披露。项目信息作为高频信息，P2P 网贷平台在披露方面还有相当大的改进空间，尤其是借款人征信报告指标，全行业仅有个位数平台进行了披露。

2.4.2 从业机构信息披露情况

1. 网贷机构备案信息

《信披指引》要求 P2P 网贷平台应披露 5 项备案信息，包括备案信息（备案登记地方金融监管部门、备案登记时间、备案登记编号等）、电信业务经营许可信息、资金存管信息、网站备案图标及编号信息和风险管理信息。

在这 5 项指标中，备案信息指标以 4.4% 的得分率位列备案信息最难达成指标之首。2017 年，仅有厦门市监管部门公示了拟备案的 5 家 P2P 网贷平台，其他地方监管部门尚未开始动作。电信业务经营许可信息，按照《信披指引》要求，为网贷机构获得的网络借贷中介业务电信业务经营许可证号码，意为网络借贷中介业务专属的电信业务经营许可证。现阶段，尚未有地区发放此项证书，部分地区暂以 ICP 许可证作为备案申请的审查材料。暂按 ICP 许可证为标准进行评分，网贷机构的得分率为 38.46%。资金存管信息披露情况较好，伴随着越来越多 P2P 网贷平台接入银行资金存管系统，该项指标得分率亦有所增长，为备案信息中得分率最多的指标。网站备案图标及编号，指网贷机构获得的公安机关出具的网站备案图标及编号，该指标得分率 45.05%，但平台存在较多误区，后文将具体阐述。最后一项为风险管理信息，包括网贷机构风险管理架构、风险评估流程、风险预警管理情况、催收方式等信息。5 项指标的得分率分布，详见图 2-11。

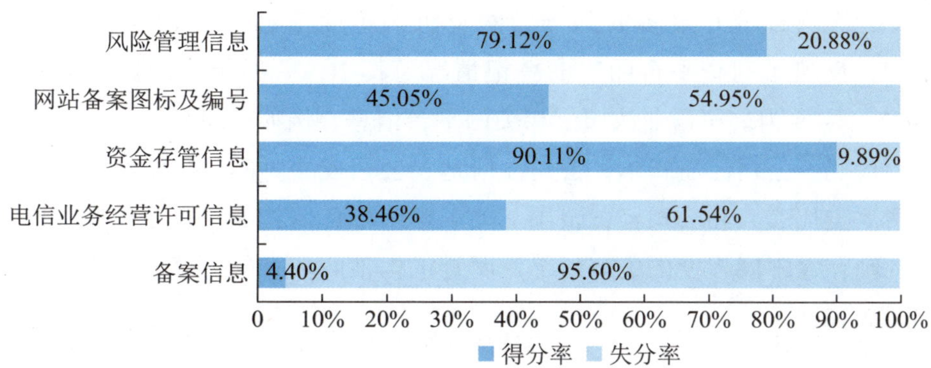

图 2-11　网贷机构备案信息指标得分率情况

资料来源：网贷之家。

在网站备案图标及编号方面，P2P 网贷平台主要存在如下误区：一是对网站备案办法的主体理解有误，应为公安部门，而非其他工商部门、民办组织等；二是图标及编号需同时披露，仅披露图标，或者仅披露网站备案编号，都是不完整的披露情况。在样本平台中，未披露指标的平台占比为 38.47%，而披露不完整的平台占比 16.48%，二者合计超过五成，详见图 2-12。

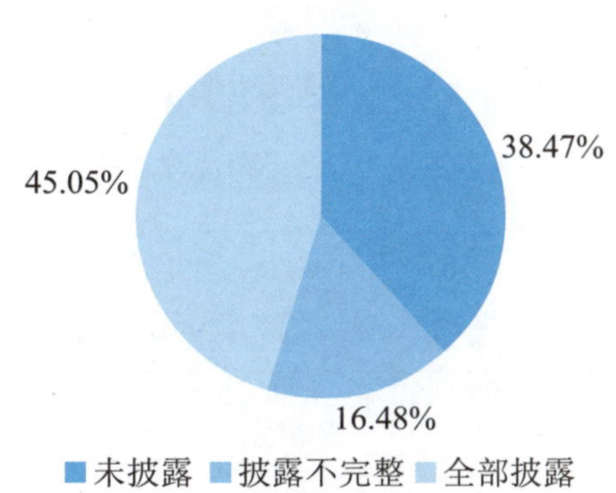

图 2-12　网站备案图标及编号指标披露情况

资料来源：网贷之家。

2. 网贷机构组织信息

《信披指引》中的网贷机构组织信息又分为 5 个一级信披指标，分别为网贷机构工商信息、网贷机构股东信息、组织架构及从业人员概况、分支机构信息和渠道信息。

二级指标分布最多的部分为网贷机构工商信息，共 12 项二级信披指标，反映了网贷平台的工商登记情况。其中，一些指标的披露得分为 100%，主要为公司营业执照上相关的平台信息，例如公司全称、统一社会信用代码、公司注册资本、公司注册地、公司成立时间、公司经营期限、公司法定代表人和公司经营范围。除了这些指标，其他需要平台自主披露的，则存在不同程度的失分情况。网贷机构工商信息的得分失分率，具体如图 2-13 所示。

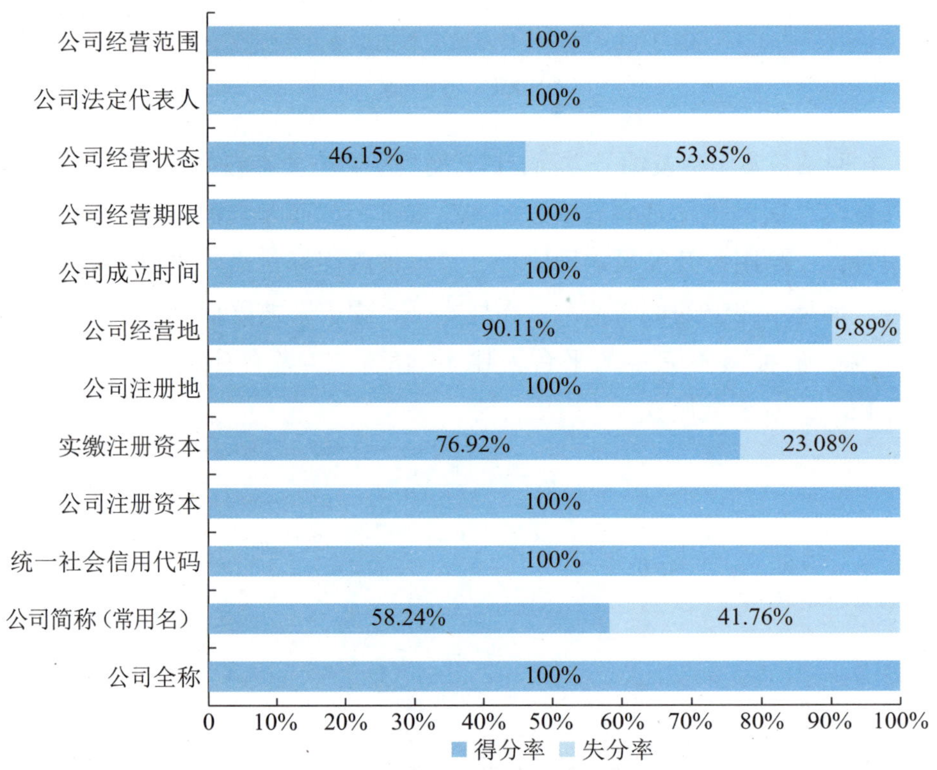

图 2-13　网贷机构工商信息指标得分率情况

资料来源：网贷之家。

工商信息属于较为简单的指标，但还有不少 P2P 网贷平台忽视细节导致失分，例如公司简称、实缴注册资本、公司实际经营地等。在公司经营状态指标一项，银监会明确规定有 4 种情况，分别为开业、停业、注销和吊销。一些 P2P 网贷平台忽视监管要求，擅自制定经营正常、经营存续等披露内容，从而导致失分。

P2P 网贷机构股东信息方面共有 2 项指标，即公司股东名称和公司股东占股比例。89.56% 的样本平台披露了公司股东名称。而占股比例方面则出现了得分率的下降，一些平台没有根据《信披指引》最新要求披露所有占股比例，而是根据此前协会《信披标准》的要求披露了持股 5% 以上的股东的具体占比，从而导致了失分。两项指标的具体得分率情况如图 2-14 所示。

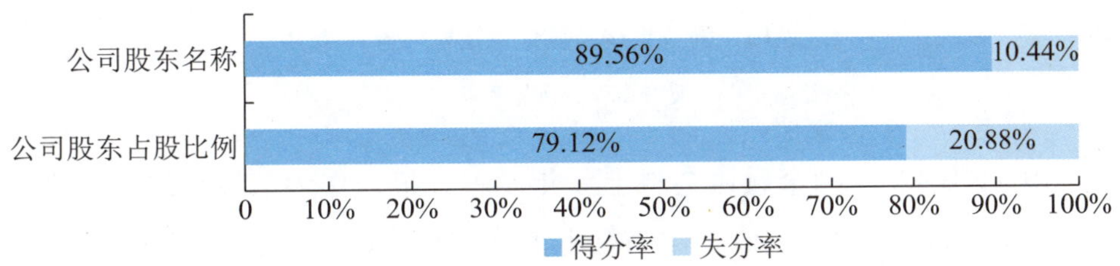

图 2-14　网贷机构股东信息得分率情况

资料来源：网贷之家。

P2P 网贷机构组织架构及从业人员概况也有 2 项指标：组织架构和从业人员概况。得分率分别为 89.01% 和 63.74%；渠道信息同样有 2 项指标，公司官方网址和平台 App 名称、微信公众号、微博等。渠道信息作为和出借人、借款人沟通的桥梁信息，样本平台完成了全部披露。

最后一项信息为 P2P 网贷平台的分支机构信息。二级指标共有 7 项，分别为分支机构全称、分支机构所在地、分支机构成立时间、分支机构负责人、分支机构联系电话、分支机构投诉电话、分支机构员工人数。在分支机构指标披露方面，主要存在两类误区：一是没有分支机构的平台，应当标注无分支机构；若不进行任何披露，将无从判断分支机构存在情况。二是存在分支机构的平台，指标披露不到位。失分指标主要集中在分支机构投诉电话、员工人数和分支机构负责人 3 项指标上。

3. 网贷机构审核信息

《信披指引》中规定的网贷机构审核信息披露指标有 3 项，具体包括财务审计报告、重点环节审计结果和合规报告。其中，前两项指标来源的出具主体须为会计师事务所；合规报告的出具主体须为律师事务所。得分情况如图 2-15 所示。

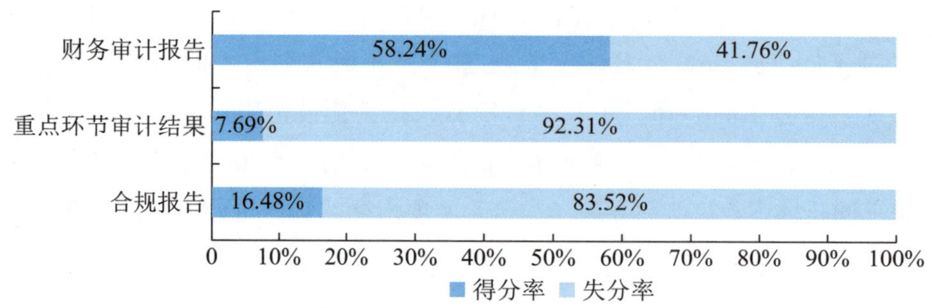

图 2-15　网贷机构审核信息指标得分率情况

资料来源：网贷之家。

由于中国互联网金融协会将上一年度审计报告作为信披系统的披露内容，因此，P2P 网贷平台在此项指标上得分情况较好，得分率为 58.24%。但重点环节审计结果指标的披露却不尽人意，得分率仅为 7.69%。重点环节审计结果的重点环节主要包括：网贷机构出借人与借款人资金存管、信息披露情况、信息科技基础设施安全、经营合规性、资金运用流程等环节，需要会计师事务所逐项对各环节情况进行相应审计。合规报告，即律师事务所出具的针对网贷机构的法律意见书，有 16.48% 的平台进行了披露。

P2P 网贷机构审核信息作为外部第三方出具意见的披露指标，是平台申请合规备案时重要的参考依据资料。但得分率偏低，主要存在平台待整改业务多、第三方合作门槛较高等问题。

4. 网贷机构经营信息

P2P 网贷机构经营信息，主要反映网贷机构在一定经营阶段内的经营成果数据，具体包括如下 16 项数据：累计交易总额、累计交易笔数、借贷余额、累计借款人数量、累计出借人数量、当前借款人数量、当前出借人数量、前十大借款人待还金额占比、最大单一借款人待还金额占比、关联关系借款余额、逾期金额、逾期笔数、逾期 90 天以上金额、逾期 90 天以上笔数、代偿金额和代偿笔数。

现阶段，P2P 网贷平台主要通过两种途径定期披露和更新经营信息，一是运营报告，如月报、季报、半年报、年报等；二是数据专区，已有网贷机构能对交易总额、出借人数等经营数据进行实时更新。各项经营信息披露指标得分率如图 2-16 所示。

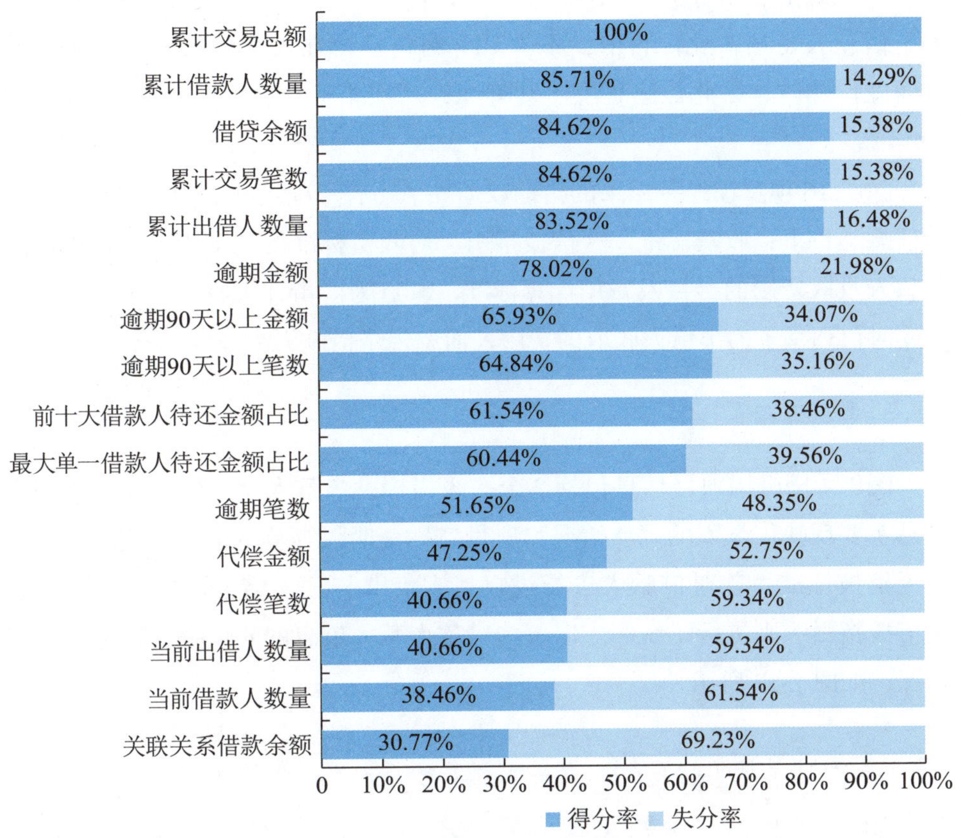

图 2-16　网贷机构经营信息指标得分率情况

资料来源：网贷之家。

在经营信息方面，披露最多的是平台交易总额，得分率高达 100%。借款人、出借人数量以及借贷余额的披露情况也相对较好。但当前出借人数量、当前借款人数量两项当前指标得分情况不佳，仅为 40.66% 和 38.46%，一些平台对当前指标存在理解偏误，将其等同于当月出借人、借款人数量。

经营信息指标中有 6 项指标与逾期率相关，分别涉及逾期总金额、总笔数，逾期 90 天以上金额、笔数，代偿金额和代偿笔数。其中，得分率较低的两项指标分别为代偿金额和代偿笔数，分别为 47.25% 和 40.66%。根据《信披指引》，代偿所指主体为第三方（非借款人、非网贷机构），而非网贷机构本身。目前，监管部门已明确禁止平台自行设立风险准备金，而是鼓励提倡平台通过引入保险等第三方继续对投资项目提供相应服务。

平台集中度指标共有两项，分别为前十大借款人待还金额占比和最大单一借款人待还占比。目前，不少 P2P 网贷平台在大标项目和借款集中度方面亟待整改，因此披露程度不甚理想，两项指标得分率分别为 61.54% 和 60.44%。

除了 16 项反馈经营结果的指标数据外，还有一项指标被归在网贷机构经营信息类目下：收费标准。《信披指引》对收费标准的规定为：网贷机构向借款人收取费用的名目及费用计算标准，重点为向借款人收取。不少平台在披露时仅列举了向出借人收取的费用，而忽视了借款人主体。

5. 网贷机构项目信息

P2P 网贷机构项目信息包括 2 个一级指标，借款人基本信息和项目基本信息主要反映借款人的资质情况和项目名称、期限等基本情况。此前互金协会《信披标准》曾对借款人进行过自然人借款与法人借款的区分，银监会《信披指引》则进行了统一。以下为借款人基本信息的 4 项披露指标得分率情况，如图 2-17 所示。

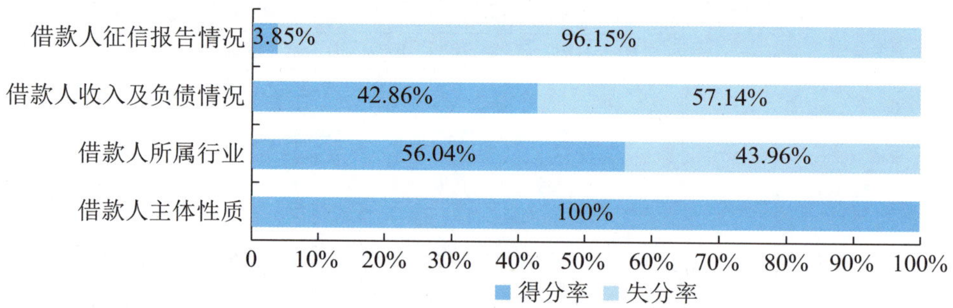

图 2-17　借款人基本信息指标得分率情况

资料来源：网贷之家。

借款人信息作为高频的重点信息，得分情况不容乐观。除借款人主体性质外，仅有 56.04% 的样本平台披露了借款人所属行业（法人借款披露了公司行业或公司名称）。在借款人收入及负债情况指标一项，得分率为 42.86%，该项指标包括两个要素，收入和负债。目前，P2P 网贷平台在披露借款人收入情况时，多采用月收入或者年收入数据进行披露统计；而在负债方面，除了征信报告中体现的负债情况，大部分平台仅披露了在自身平台的过往借款记录和逾期还款情况。最后一项为信息披露所有指标中最低得分项——借款人征信报告情况，得分率仅为 3.85%。该项指标要求信报出具的主体必须为中国人民银行征信系统，而部分 P2P 网贷平台出具的信报主体为民间征信组织，不符合监管要求。

项目基本信息方面，包括 9 项指标：项目名称和简介、借款金额、借款期限、借款用途、还款方式、年化利率、起息日、还款来源和担保措施，具体得分率如图 2-18 所示。

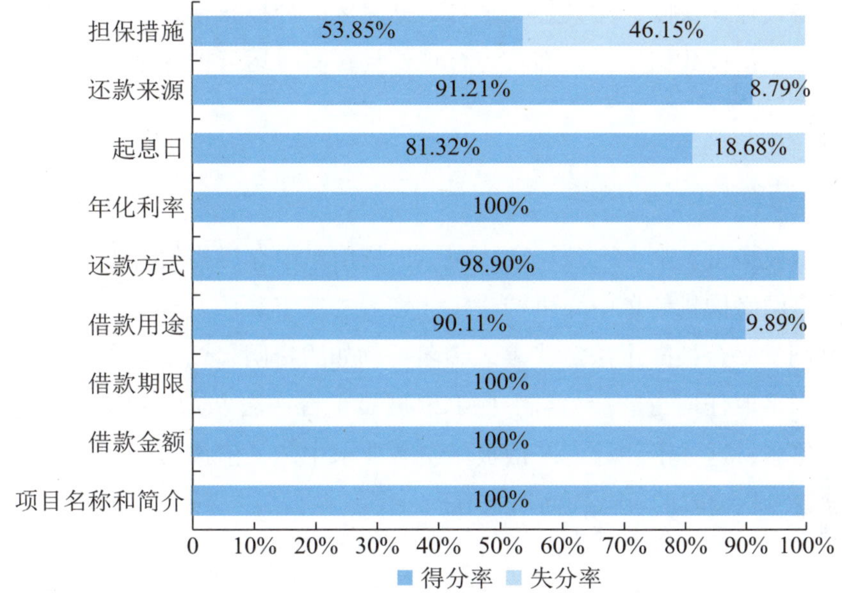

图 2-18　项目基本信息指标得分率情况

资料来源：网贷之家。

整体来说，项目名称和简介、借款金额、借款期限和年化利率属于 P2P 网贷项目最为基础的信息，得分率均为 100%。而其他指标则存在不同程度的失分情况。例如部分平台，在借款用途和还款来源指标披露方面表述不清；起息日指标上，一些 P2P 网贷平台则没有披露；在担保措施一项，P2P 网贷平台失分较多。根据《信披指引》，担保措施一项需包括担保主体名称、担保措施、是否已履行完毕法律法规需办理的相关手续等信息。目前担保披露一项主要存在两方面问题，一是无担保，但未披露无担保情况，未提示风险；二是有担保，但对于担保方的主体名称，履行手续等语焉不详。

2.4.3 平台其他信息披露情况

1. 数据披露格式

《信披指引》规定，数据按月披露的，统计时点为统计月末最后一日 24 时。数据按季度披露的，统计时点为统计季度末最后一日 24 时。信息披露日期格式统一为“yyyy-mm-dd”，如“2015-1-31”。目前，一些平台在信息披露日期格式存在误区，尤其是在平台数据专区部分披露格式问题较多。另有部分平台在信披数据格式方面较为合规，且在实时运营披露中的运营时间精确到秒。

2. 法定代表人签名

《信披指引》第十七条规定，网络借贷信息中介机构信息披露专栏内容均应当有网络借贷信息中介机构法定代表人的签字确认。现阶段，仅有少部分 P2P 网贷平台披露了法定代表人签名，例如团贷网、礼德财富等。而更多平台则未采取任何行动。另有一些 P2P 网贷平台在法人 / 董事长致辞等栏目中附上签名，这并不能计入《信披指引》要求中。《信披指引》所言，是对信息披露专栏内容的确认，而非致辞。

3. 重大事项披露

《信披指引》第十条规定，网络借贷信息中介机构或其分支机构发生下列情况之一的，网络借贷信息中介机构应当于发生之日起 48 小时内将事件的起因、目前的状态、可能产生的影响和采取的措施向公众进行披露，包括：公司减资、合并、分立、解散或申请破产，公司依法进入破产程序，公司被责令停业、整顿、关闭，公司涉及重大诉讼、仲裁等。在重大事项披露方面，多数 P2P 网贷平台已进行了披露，但仍有少部分忽视监管要求，未设置重大事项披露一栏。

2.5　借款限额

2016 年 8 月 24 日，银监会等多部委正式对外公布《网络借贷信息中介机构业务活动管理暂行办法》，首次提出了 P2P 网贷借款限额要求，P2P 网贷平台应当以小额分散的方式进行业务，这一条对那些“大单模式”的网贷平台具有较大影响。2017 年 12 月网贷整治办《关于做好 P2P 网络借贷风险专项整治整改验收工作的通知》中再次提到，违反单一借款人限额要求的相应存量业务没有化解完成的网贷平台不得进行备案。合规的压力让大量的 P2P 网贷平台进行业务转型，逐渐收缩不合规业务规模。

截至 2017 年 12 月底，网贷之家通过其数据库数据，对 P2P 网贷平台借款人的借款金额符合监管细则要求的情况进行了压力测试。

2.5.1　测试说明

选取成交规模居于 P2P 网贷行业前列的 1186 家平台为测试样本。因为数据的匹配问题，准确区分自然人、法人或企业，跨平台对借款人限额进行压力测试目前无法准确做到，所以此文并未涉及。测试要求如表 2-7 所示。

表 2-7　合规风险因子

序号	风险因子	细　则
1	同一自然人借款余额上限	同一自然人在同一网络借贷信息中介平台的借款余额上限不超过人民币 20 万元，在不同网络借贷信息中介机构借款总额不超过人民币 100 万元
2	同一法人或者其他组织借款余额上限	同一法人或者其他组织在同一网络借贷信息中介机构平台的借款余额上限不超过人民币 100 万元，在不同网络借贷信息中介机构平台的借款余额上限不超过人民币 500 万元

资料来源：网贷之家。

2.5.2 测试结果分析①

1. 超额借款标成交量占比

2017年12月，单个借款标超过20万元的累计成交量占样本平台总成交量的比例为44.73%，相比2017年1月的数值下降了18.20个百分点；单个借款标超过100万元的累计成交量占样本平台总成交量的比例为26.39%，相比2017年1月的数值下降了17.12个百分点。如图2-19所示，单个借款标超过20万元、单个借款标超过100万元的累计成交量占比自从年初开始呈现单边下降的走势，其中自从4月开始下降速度有所增快，也说明整个行业合规比例进一步增加，平台合规整改的进程有所加快。

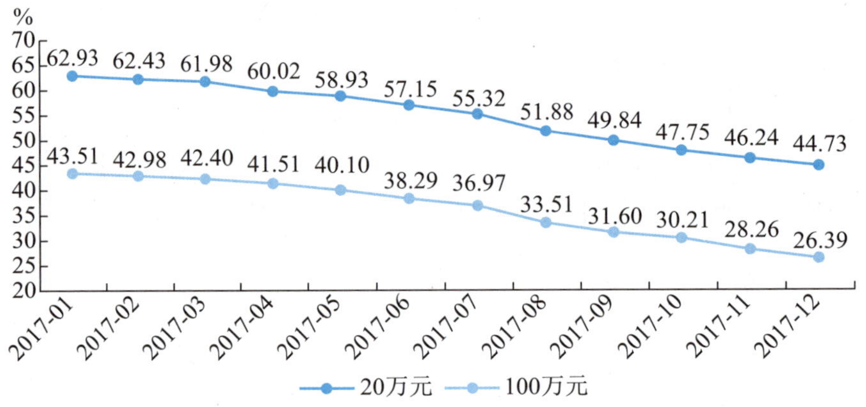

图2-19 超额借款标成交量占比走势

资料来源：网贷之家。

2. 待还超额占比

借款限额要求对单个借款人最高可借款的金额做了限定，因此通过计算借款人待还金额的规模，可以更好地反映该平台乃至整个行业借款超额的存量及整改发展的情况。不过存在借款标期限较长，借款超额且尚未还款的情况，因此会导致部分平台已经停止相应不合规的超额业务，即待还超额占比仍然不为0。在此使用待还超额占比的走势情况，用来反映行业借款限额合

① 由于样本数量增长及部分平台数据口径的变化，测试数据可能与历史数据略有不同。

规性发展趋势。

如图 2-20 所示，2017 年 12 月，样本平台中每个借款人待还金额超过 20 万元的累计待还占样本平台总待还的比例为 43.61%；每个借款人待还金额超过 100 万元的累计待还占样本平台总待还的比例为 29.80%。与年初的占比数值相比较，待还超 20 万元的占比约下降了 14.16 个百分点，待还超 100 万元的占比约下降了 17.43 个百分点，这组数据也说明 P2P 网贷行业在借款限额合规上越发向好。

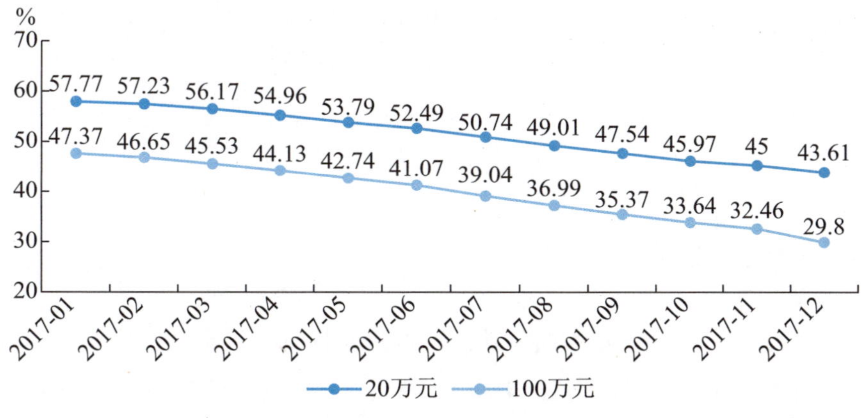

图 2-20　待还超额规模占比走势

资料来源：网贷之家。

3. 待还超额借款人数量占比

从图 2-21 可以看出，2017 年 12 月，样本平台中每个借款人待还金额超过 20 万元的借款人占样本平台总待还的比例为 0.74%，每个借款人待还金额超过 100 万元的借款人占样本平台总待还的比例为 0.11%，全年前 11 个月占比数据呈现下行走势，12 月由于监管层对于“现金贷”业务的大力整顿[①]，导致借款人数显著下降，占比数值略有所反弹。这组数据反映，借款限额对于大多数借款人影响并不大，借款人资金以小额为主。

① 网贷之家．央行、银监会发布整顿“现金贷”新规（全文）．2017-12-01，https://www.wdzj.com/news/yc/1552274.html.

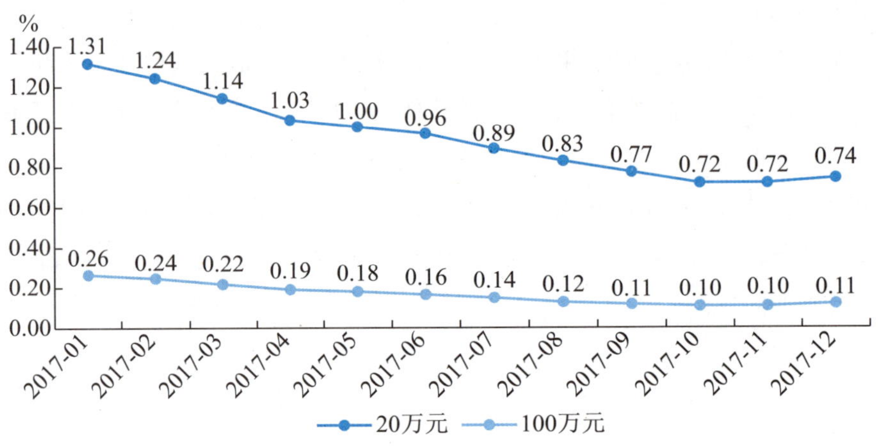

图 2-21 待还超额借款人数量占比走势

资料来源：网贷之家。

4. 限额合规居前地区分布

全国 31 个省市中，除了西藏地区（按运营地分）没有 P2P 网贷平台外，其余 30 个省市均有正常运营的 P2P 网贷平台。按地区进行划分，计算每个地区的平台待还超额规模占比来反映该地区借款限额现状及整改状况。

鉴于无法区分个人借款及企业借款，此处使用超额 100 万元进行统计计算。通过统计发现，如图 2-22 所示，上海的借款限额整改状况最好，这也与上海地区发展规模居前的平台业务类型多以个人小额借贷为主有关。数据显示，2017 年 12 月上海地区待还金额超 100 万元的金额占比已经下降至 8.39%，相比 2016 年 12 月下降了 10.99 个百分点。

除了上海以外，宁夏、河北、江西等地区超额 100 万元的占比相对其他省市更低，从 2017 年 12 月的占比数值看，这些地区的占比数值均低于 20%，其中江西一年内占比数值下降了近 63 个百分点，河北一年内占比数值下降了近 50 个百分点。除此之外，新疆、福建占比下降幅度也超过 50 个百分点。这些地区整改更为明显的主要原因在于，P2P 网贷平台较少，同时平台的平均借款期限较短，超额资产清理状况相对更加容易。除上海外的另外两个 P2P 网贷重镇，北京、广东近一年超 100 万元的占比数值约下降了 20 个百分点。

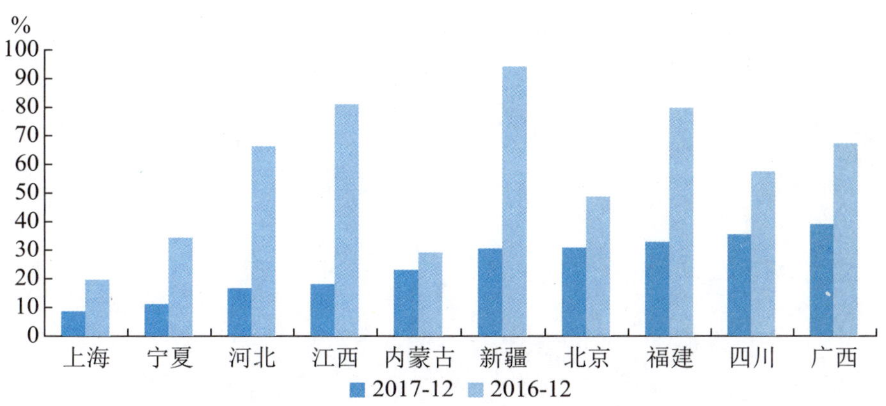

图 2-22　地区借款额度超 100 万元占比数值对比

资料来源：网贷之家。

5. 限额较合规平台资产业务分布

对待还超额 100 万元占比小于 1% 的平台（这些平台基本合规）进行分析后发现，这些平台资产业务类型中涉及个人信贷、车贷的累计占比达到 75%，可见个人信贷、车贷等小额资产业务更能满足监管合规的要求。此外，诸如供应链金融等涉及企业类贷款占比达到了 11%，这部分更多的以支持中小微企业，发展实体经济发展为主要目的，如图 2-23 所示。

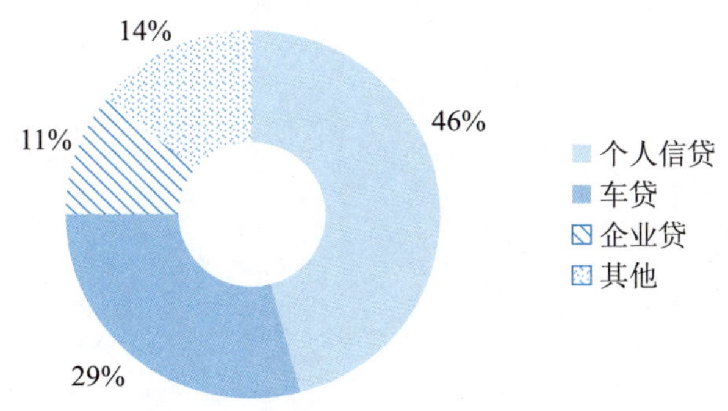

图 2-23　限额较合规平台资产业务分布

资料来源：网贷之家。

第 3 章

行业数据分析

3.1 网络借贷平台基本概况

3.1.1 平台基本信息

1. 注册资本

2017 年新上线的 P2P 网贷平台超过 150 家（不含停业及问题平台），这些平台平均注册资金约为人民币 4 978.3 万元，相对于 2016 年的 6 270 万元，同比下降约 20.6%。2017 年新上线平台的注册资金介于 1 000 万 ~ 5 000 万元的占比最高，为 52.26%；其次是 5 000 万 ~ 1 亿元的，占比达到 21.29%；注册资本在 1 亿元及以上的占比相对 2016 有所下降，为 12.26%，如图 3-1 所示。随着监管政策的落地与合规备案的不断推进，未来新平台的入场将越来越少。

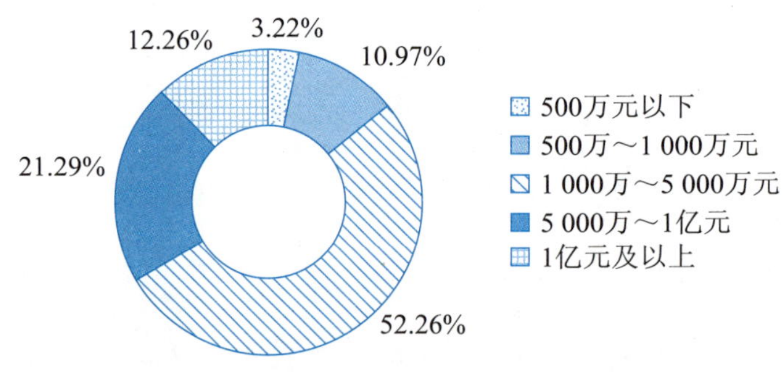

图 3-1　2017 年新上线平台注册资本分布

资料来源：网贷之家。

2. 平台员工人数

具有不同业务模式及规模的 P2P 网贷平台，其公司的员工人数也有很大差别。我们统计了深圳的 30 家 P2P 网贷平台员工数目，统计对象为该公司缴纳社保的员工人数，可能与实际人数有差异，详见表 3-1。

表 3-1 深圳市部分 P2P 网贷平台人数

平　台	公 司 名	参保人数
金融圈	深圳福迈斯科技有限公司	360
人人聚财	深圳市人人聚财金融信息服务有限公司	328
投哪网	深圳投哪金融服务有限公司	316
红岭创投	红岭创投电子商务股份有限公司	227
合时代	深圳合时代金融服务有限公司	155
理财农场	深圳财富农场互联网金融服务有限公司	147
融金所	深圳前海融金所互联网金融服务有限公司	122
佳兆业金服	深圳深信金融服务有限公司	118
宜聚网	深圳宜聚互联网金融服务有限公司	112
友金所	深圳友金所金融服务有限公司	98
钱爸爸	深圳市钱爸爸电子商务有限公司	97
达人贷	深圳达富金融服务有限公司	96
e 融所	深圳汇海易融互联网金融服务有限公司	91
信融财富	深圳市信融财富投资管理有限公司	84
民投金服	深圳前海极速一百金融服务有限公司	77
华人金融	深圳前海华人互联网金融服务集团有限公司	67
小微金融	深圳小微金融服务有限公司	67
杉易贷	深圳杉汇通互联网金融服务有限公司	64
万盈金融	深圳万盈互联网金融服务有限公司	58
e 路同心	深圳市同心科创金融服务有限公司	57
联金所	深圳前海联金所金融信息服务有限公司	56
鹏金所	深圳市鹏金所互联网金融服务有限公司	52
合拍在线	深圳市合拍在线互联网金融服务有限公司	46
理想宝	深圳市理想电子商务有限公司	41
珠宝贷	深圳市珠宝贷互联网金融服务股份有限公司	38
立业贷	深圳市立业贷互联网金融服务有限公司	37
大麦理财	深圳大麦理财互联网金融服务有限公司	26
果树财富	深圳市前海果树互联网金融服务有限公司	25
1 号钱庄	深圳前海壹号钱庄金融信息服务有限公司	21
淘淘金	深圳淘淘金互联网金融服务有限公司	6

资料来源：网贷之家、深圳信用网[①]。

① 数据引用自深圳信用网：www.szcredit.org.cn.

结果显示，这些 P2P 网贷平台的员工人数从几个人到上百人不等，也有部分平台员工是挂在关联公司旗下，而平台运营公司名下无员工。P2P 网贷平台大部分员工人数在百人以内，可见深圳的 P2P 网贷平台基本上是轻资产型的公司。

另外，我们也注意到，2017 年部分 P2P 网贷平台的员工参保人数相比 2016 年，有大幅度的减少。其中，1 号钱庄员工参保人数同比减少 81.08%，红岭创投以及珠宝贷员工参保人数减少幅度都在 20% 左右。当然，有些 P2P 网贷平台的员工参保人数也大幅度增长，比如友金所、投哪网、人人聚财等。

3. 平台员工职能

我们选取 18 家 2017 年进行实地考察的 P2P 网贷平台进行统计，结果如图 3-2 显示，平台人员构成中以 IT 技术人员居首位，占比为 22.56%。由于 P2P 网贷平台需要大量人员维护平台系统及各类功能，因此技术人员群体占比最多。IT 技术人员的提升有助于保证出借人的资金安全，提升用户体验，已成为许多 P2P 网贷平台关注的重点。其次是风控 / 审核 / 催收人员，占比为 19.8%。是否拥有良好的风控水平，将坏账率控制在一定范围内，直接决定了平台能否持续运营。运营人员占比为 12.37%，市场业务类人员占比为 12.32%。对于一个寻求可持续发展的平台，完善的运营团队不可或缺，是平台人员结构中的重要一环。由于本次样本平台较少存在线下业务团队，在市场业务方面的人员占比较低。在一些多地设有分支机构并拥有多处资产端业务团队的大型平台中，其业务拓展员工人数甚至超越 IT 技术人员，成为所有职能种类的员工人数之首。

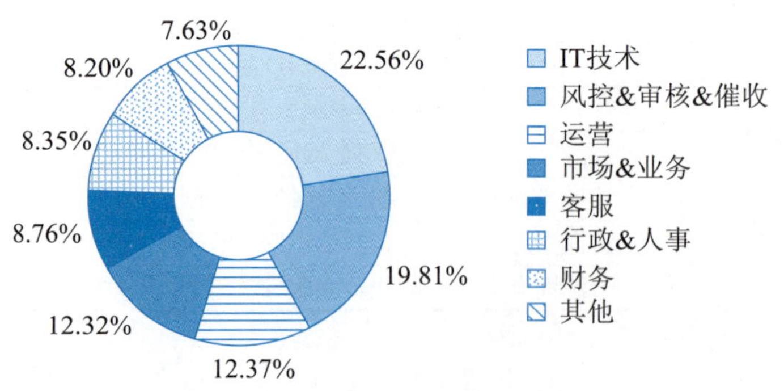

图 3-2 P2P 网贷平台员工职能配置

资料来源：网贷之家。

3.1.2　平台运营指标

1. 平台费用

如表 3-2 所示，P2P 网贷平台作为出借人和借款人交易的中介，在提供交易服务的同时，也分别对出借人和借款人收取一定的费用。对于不同的借款产品，P2P 网贷平台收取的费用也不大一样。对于出借人来说，目前 P2P 网贷平台费用项目有利息管理费、充值费、提现费、VIP 费、债权转让费等。对于借款人来说，收费项目有借款管理费、审核费、VIP 费等。另外，还有一些平台可能还会有逾期催收费、担保费、实地考察费等。

借款管理费是平台对成功满标的借款人收取的服务费用，不同平台的定义标准不同。有些平台借款管理费中同时包含担保费、实地考察费、风险管理费等，是 P2P 网贷平台的显性营业收入的最主要来源，占比最大。

利息管理费是在借款管理费之外平台的第二大收入来源，因为该费用来源于出借人，所以与 VIP 管理费用类似。为了争取客户资源，多数平台消减了利息管理费，或在上线初期暂免利息管理费，目前明确收取利息管理费的平台占比较小，但较 2016 年有所上升。

债权转让费是针对推出债权转让功能的 P2P 网贷平台，若债权转让成功，平台将对债权转让方收取一定的服务费用。

表 3-2　部分 P2P 网贷平台主要费用收取情况

平　台	借款管理费	利息管理费	债权转让费
人人贷	不同信用等级的客户收取不同的费率，月综合费率最低 0.78%	薪计划—收取回款利息的 10%	转让管理费率在目前的运营中按 0.5% 收取
宜人贷	信用资质良好的，前期服务费为 3.53%，免分期服务费；资质一般收 4% 前期服务费，1% 分期服务费	利息收益的 10%	转让债权剩余本金的 0.2%，最低 1 元
点融网	费率最低 0.03%/ 天	散标收取利息收益的 10%	散标交易金额的 1%
拍拍贷	综合息费成本年化不超过 36%。每位用户资质不同，实际收取以个人情况为准	暂未收取	彩虹计划转让按照成交价格 ×2% 收取
微贷网	月综合费率低至 0.55%	利息收入的 6%	根据债权持有天数不同，费率在 0 ～ 1%

续表

平　台	借款管理费	利息管理费	债权转让费
搜易贷	抵押消费贷：借款期限为 1/3/6/12 个月，月费率统一为 1.48%，无手续费	搜易贷平台不收取任何管理费	转让本金的 0.5%
宜贷网	9.5% ～ 13.8%，按产品类型和期限收取	利息收入的 1% ～ 5%	债权转让价格的 0.1%
投哪网	旺车贷审核费：按借款人评级收取 0 ～ 6%	利息收入的 10% 作为利息管理费	安心 X，按时间期限 0.2% ～ 1.5%
	旺车贷管理费：按期限，每月收取本金 0.8%		
PPmoney 网贷	未公布	不收取管理费	锁定期结束后可免费退出；锁定期内不可退出
团贷网	每月管理费率为 0.5%，直接从借款中扣除	暂未收取	小微企业、微团贷收取转让总额的 0.7%

资料来源：网贷之家。

2. 平台营业收入及利润

P2P 网贷平台的营业收入及利润不仅是从业者所关注的焦点，也是出借人选择 P2P 网贷平台的重要考虑因素。《网络借贷信息中介机构业务活动管理暂行办法》定位 P2P 网贷平台为信息中介，平台具有金融脱媒属性，收入主要来源于借款管理费、利息管理费、债权转让费等，有些 P2P 网贷平台为提高平台流量，现免征利息管理费。而平台的成本，主要是获客成本、风控成本、人力成本等。随着监管整治密集出台和合规备案的陆续验收，P2P 网贷平台不仅在转型业务上面临大额开支，而且在第三方会计师事务所、律师事务所出具的报告方面需要大量支出。此外，由于物理场所的宣传受到限制，2017 年不少平台选择了热门影视剧植入，大量的广告开销也使得运营成本不断上升。

中国互联网金融协会于 2017 年 6 月上线了互联网金融登记披露服务平台，截至 2017 年 12 月底，共有 115 家平台接入了信披系统。我们统计汇总了系统中盈利 TOP 30 家平台的财务情况，如表 3-3 所示。

表 3-3　平台盈利情况 TOP 30　　单位：万元

平台名称	2016 年营业总收入	2016 年净利润	2015 年营业总收入	2015 年净利润
宜人贷	323 800.00	111 640.00	135 915.00	28 470.00
微贷网	177 629.99	32 549.50	21 026.38	3 341.95
宜信惠民	403 582.69	13 012.48	560 862.59	35 310.67
拍拍贷	154 557.79	11 366.61	36 306.48	4.94
爱钱进	43 289.31	10 611.74	5 304.88	–6 838.41
淘淘金	12 464.47	7 751.43	4 385.00	2 566.50
你我贷	66 097.18	6 874.15	5 482.46	1 348.69
上海乐赚（海融易）	12.03	6 797.13	—	–3 646.51
抱财网	421.50	4 454.77	1 030.60	–173.70
PPmoney	32 773.87	4 308.64	14 013.15	–5 438.24
人人贷	31 503.79	3 967.97	16 880.78	–2 012.80
合拍在线	6 782.23	3 532.91	5 452.84	2 155.76
捷越联合	158 608.11	3 251.24	134 344.81	13 500.51
新安左右贷	4 005.17	2 955.85	6 081.89	3 702.94
证大爱特（捞财宝）	6 903.87	2 811.34	391.51	–1 322.73
金信网	11 354.36	2 737.53	23 166.48	3 136.09
懒投资	17 965.47	2 716.01	8 509.25	–1 737.50
投哪网	10 318.23	2 473.12	8 081.57	–320.12
91 旺财	9 587.69	2 436.76	5 002.27	247.67
凤凰信用（工场微金）	7 423.48	2 403.63	3 395.44	610.22
网信普惠	75 329.03	2 385.84	40 066.39	–29 844.02
小牛在线	255 679.18	1 757.03	82 739.67	–5 335.33
团贷网（网贷投资）	39 552.90	1 598.74	—	—
鑫合汇	19 650.32	1 522.65	3 149.02	–8 506.65
聚宝匯	16 058.66	1 382.66	3 673.61	450.96
挖财网	39 135.37	1 354.43	16 277.82	544.39
翼勋（钜宝盆）	77 326.07	1 325.08	28 100.78	–182.64
德众金融	3 082.13	1 209.16	—	—
财富星球	5 626.59	1 153.79	397.78	–948.93
铜板街	18 651.07	1 109.34	13 394.06	1 365.49

资料来源：中国互联网金融协会、网贷之家。

根据协会信披系统披露的 2016 年度财务数据，除了一家尚未公布财务数据的平台，其他盈利亏损各半，相比 2015 年大幅好转。2015 年，多数 P2P 网贷平台仍处于烧钱状态，能实现盈利的平台较少。而从 2016 年开始，经过一系列前置合规成本的支出和一些头部平台[①]的精耕细作，P2P 网贷平台逐渐走出盈利困境，2017 年多家 P2P 网贷平台掀起一股上市热潮便是最好的佐证。未来，随着 P2P 网贷平台合规备案的逐步落地，P2P 网贷平台的合规成本将进一步得到稳固，盈利情况也即将迎来更加乐观的局面。

3.2 行业发展

3.2.1 平台数量及分布

截至 2017 年 12 月底，P2P 网贷行业正常运营平台数量达到了 1 931 家，相比 2016 年年底减少了 517 家，如图 3-3 所示。2017 年各月正常运营平台数量一直单边下行，与 2016 年走势一致，如图 3-4 所示。此外，2017 年全年新上线平台仅 93 家，相比 2016 年上线 756 家，大幅缩水。此数据足以证明 P2P 网贷行业已结束野蛮生长，进入规范发展阶段，同时也侧面表明监管政策实施的有效性。

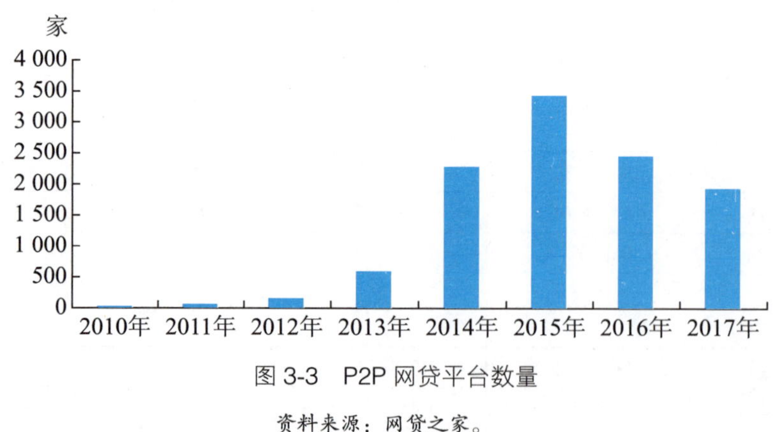

图 3-3 P2P 网贷平台数量

资料来源：网贷之家。

① 头部平台是指规模居前的平台。

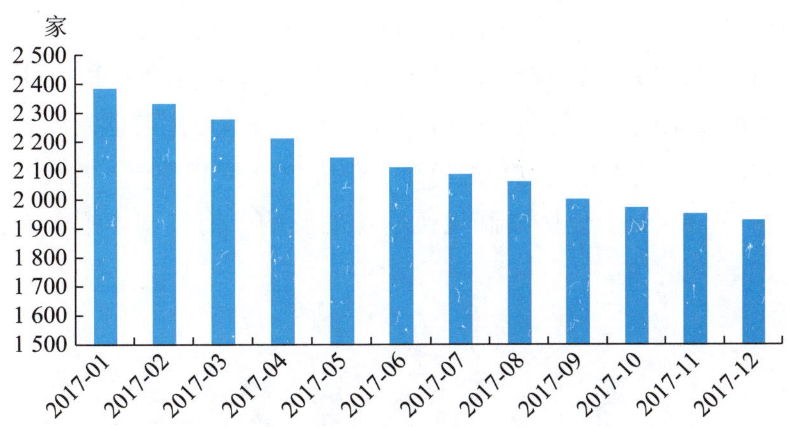

图 3-4　2017 年各月 P2P 网贷平台数量

资料来源：网贷之家。

3.2.2　平台成交量

2017 年 P2P 网贷行业全年成交量达到了 28 048.49 亿元，相比 2016 年全年成交量（20 638.72 亿元）增长了 35.9%。在 2017 年，P2P 网贷行业历史累计成交量突破 6 万亿元大关，单月成交量均在 2 000 亿元以上，且 3 月和 7 月成交量均超过了 2 500 亿元，如图 3-5 所示。这些突破性数据表明出借人对 P2P 网贷行业的信心未减。预计 2018 年上半年 P2P 网贷行业成交规模将趋于稳定，伴随着 P2P 网贷平台备案登记的陆续完成，下半年或迎来成交量新高，P2P 网贷行业全年成交量大概率突破 3 万亿元。

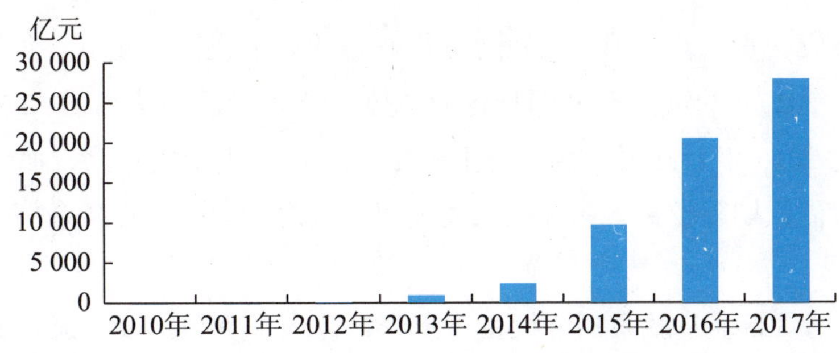

图 3-5　各年 P2P 网贷平台成交量

资料来源：网贷之家。

2017 年 P2P 网贷行业结束了月成交量一直单边上行的局面，各月成交量呈现先上升后下降的走势，但整体波动不大，除了 2 月和 10 月受“小长假”影响波动明显，详见图 3-6。出现此走势的原因可能是随着监管政策的发布，各地监管细则也相继出台，部分 P2P 网贷平台一方面为加速整改进程，另一方面受地区限制规模增长的影响，而控制了平台规模的增长速度。

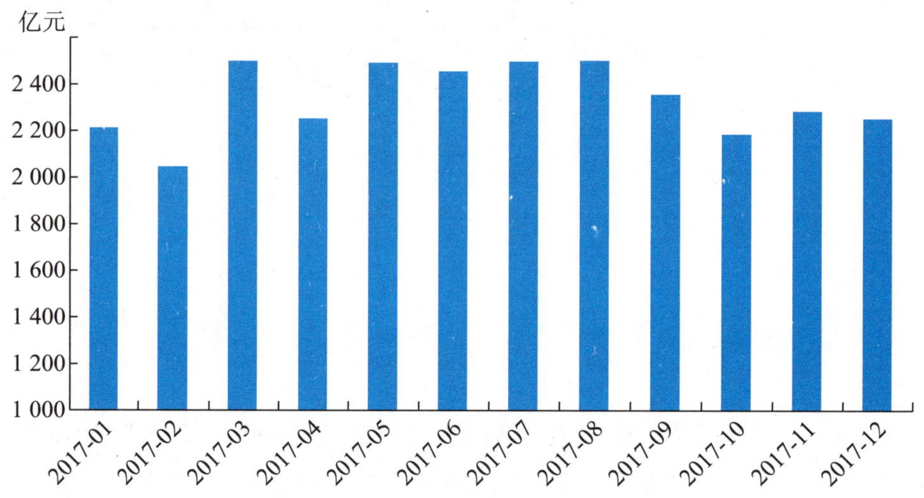

图 3-6　2017 年各月 P2P 网贷成交量

资料来源：网贷之家。

3.2.3　平台贷款余额

随着成交量稳步上升，P2P 网贷行业贷款余额也同步走高。如图 3-7 所示，截至 2017 年年底，P2P 网贷行业总体贷款余额已经达到了 12 245.87 亿元，同比 2016 年上升了 50%。这主要是由于行业集中度较高，而体量大的平台一般借款期限较长，业务扩张速度快，从而带动行业贷款余额上了一个新的台阶。

P2P 网贷行业贷款余额继续稳步上升，体现了资金持续净流入 P2P 网贷行业的过程，也表明行业仍保持持续稳定的发展。

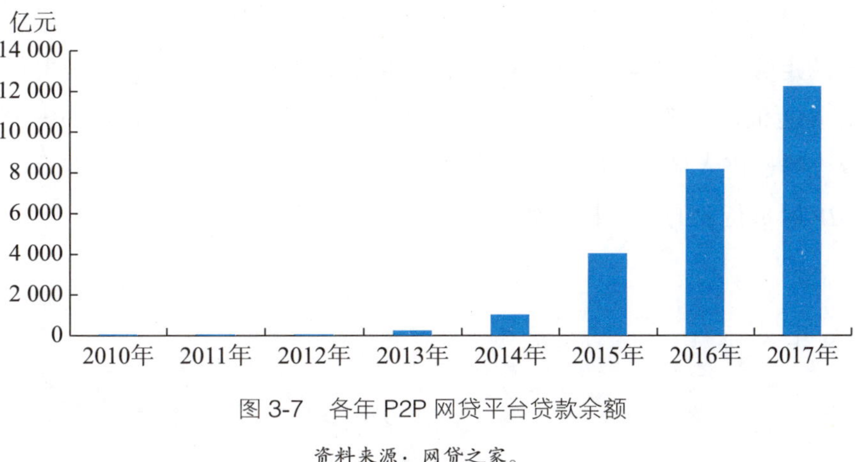

图 3-7　各年 P2P 网贷平台贷款余额

资料来源：网贷之家。

3.2.4　平台综合收益率

2017 年 P2P 网贷行业综合收益率为 9.45%，相比 2016 年 P2P 网贷行业综合收益率下降了 100 个基点（1 个基点 =0.01%），2017 年综合收益率延续了 2016 年整体下行的走势，但下降速度有所放缓，详见图 3-8。一方面由于体量靠前的平台大部分都具有强大背景，比较受出借人青睐，但其综合收益率相对较低；另一方面应监管政策要求，资产端借款利率也在逐步下行，综合影响 P2P 网贷行业综合收益率下行。

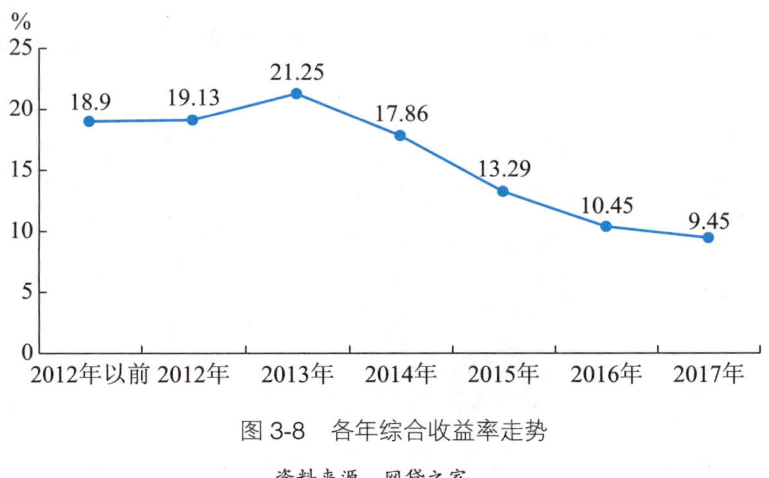

图 3-8　各年综合收益率走势

资料来源：网贷之家。

如图 3-9 所示，2017 年各月 P2P 网贷行业综合收益率呈现先下降后缓慢上升的走势，5 月综合收益率达到最低点为 9.21%，之后一直缓慢上行，在 9.5% 附近波动。随着行业监管体系的全面发布，整个监管方向已明朗，平台整改进程也进入最后阶段，2017 年综合收益率整体相对稳定的走势，说明我国 P2P 网贷行业的综合收益率已进入一个合理区间，行业发展也日渐稳定。

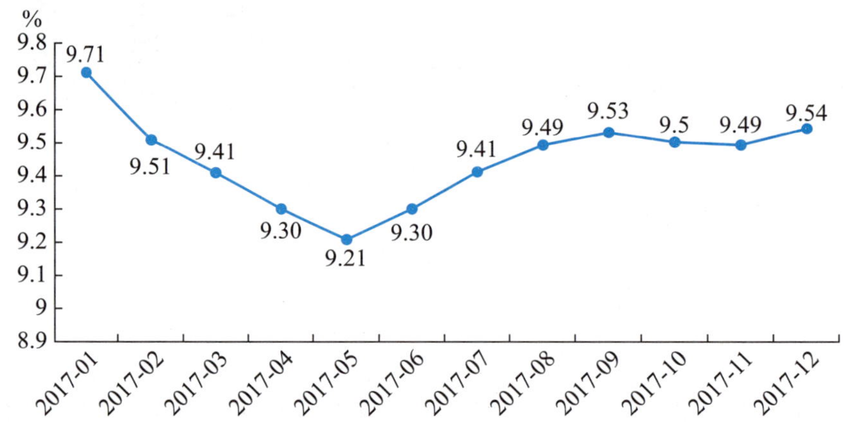

图 3-9　2017 年各月综合收益率走势

资料来源：网贷之家。

如图 3-10 所示，2017 年 P2P 网贷行业主流综合收益率区间为 8% ～ 12%，占比高达 60.57%，相比 2016 年占比 47.64%，增长了 12.93 个百分点。2017 年 18% 以上区间的占比仅为 1.74%，相比 2016 年下降 5.61 个百分点，高息平台数量大幅度下降。而综合收益率在 8% 以下的平台数量相比 2016 年小幅上涨 2.67 个百分点。

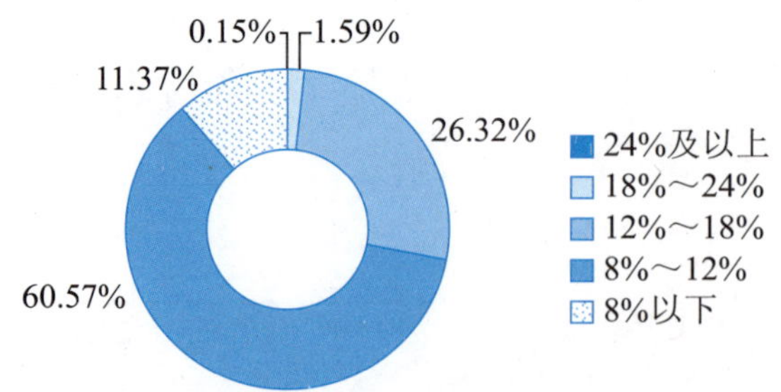

图 3-10　2017 年各综合收益率区间的平台数量分布

资料来源：网贷之家。

3.2.5　平台借款期限

如图 3-11 所示，2017 年 P2P 网贷行业平均借款期限为 9.16 个月，相比 2016 年拉长了 1.27 个月。从 2017 年各月的平均借款期限走势看，虽然有波动，但整体趋势向上，其中 12 月份的平均借款期限高达 10.02 个月。主要是由于部分平台成交体量大，长期限项目标的数量越来越多，从而拉长行业平均借款期限。

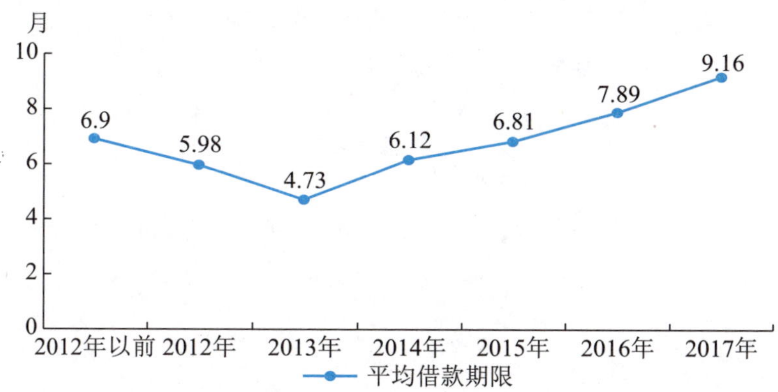

图 3-11　各年平均借款期限走势

资料来源：网贷之家。

从 2017 年各月 P2P 网贷行业平均借款期限走势来看，整体波动幅度不大，但年尾借款期限拉长，达到 2017 年最高点，为 10.02 个月，环比拉长 0.76 个月，同比拉长了 0.72 个月，详见图 3-12。

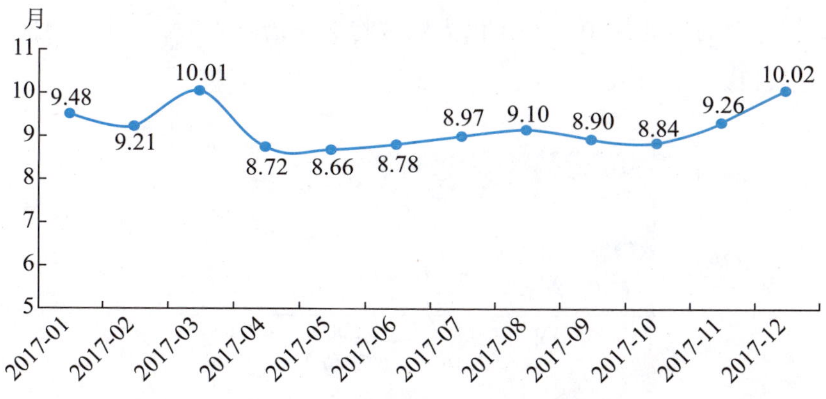

图 3-12　2017 年各月平均借款期限走势

资料来源：网贷之家。

从 P2P 网贷平台平均借款期限的分布上看，71.94% 的平台平均借款期限在半年以内，同比 2016 年（76.96%）小幅下降。其中 1 ～ 3 个月区间的平台占比为 31.90%，同比下降了 10.5 个百分点；3 ～ 6 个月区间的平台占比为 36.30%，同比上升了 1.74 个百分点。2017 年 6 ～ 12 个月的平台数量占比为 22.58%，同比 2016 年（14.33%）上升 8.25 个百分点，详见图 3-13。

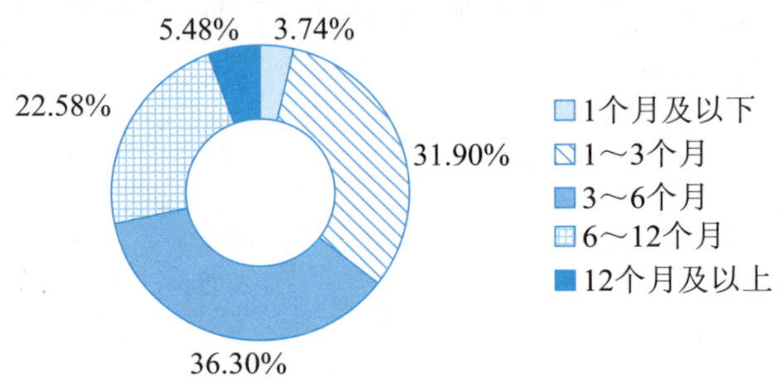

图 3-13　2017 年各平均借款期限的平台数量占比

资料来源：网贷之家。

3.2.6　P2P 网贷行业人气

2017 年 P2P 网贷行业出借人数与借款人数分别约为 1 713 万人和 2 243 万人，较 2016 年分别增加 24.58% 和 156.05%，P2P 网贷行业人气热度不减，详见图 3-14。受限额政策的影响，不少平台向消费金融等小额业务转型，还有部分平台对接了“现金贷”资产，此类业务的共性是小额分散、涵盖的借款人多，使 2017 年借款人数数量和增长速度均超过出借人数。但随着“现金贷”监管力度的加强，2018 年出借人数或将大于借款人数，预计分别将超过 2 100 万人和 2 000 万人。

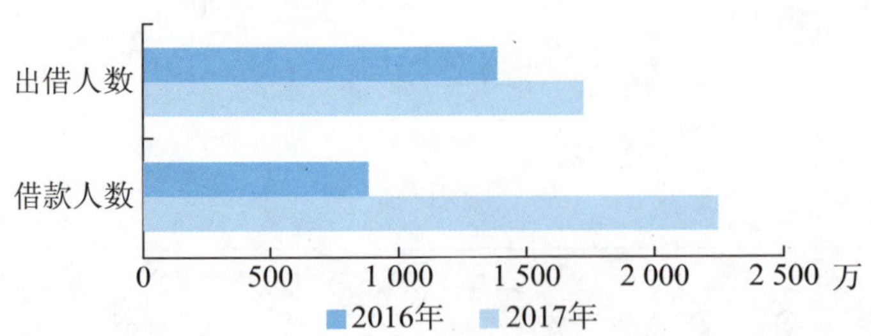

图 3-14　2016 年、2017 年 P2P 网贷出借人数、借款人数对比

资料来源：网贷之家。

3.3　地区发展

3.3.1　各地 P2P 网贷平台数量

从 P2P 网贷平台的地域分布来看，北上广正常运营平台数量排名前三。其中广东正常运营平台数量最多，有 410 家，同比减少 75 家；北京正常运营平台数量有 376 家，较 2016 年同期减少 87 家；上海正常运营平台数量有 261 家，同比减少 22.32%；浙江紧随其后，正常运营平台数量为 233 家，同比减少 43 家。这四个省市正常运营平台数量占全国同期正常运营平台总数量的 66.29%，详见图 3-15。

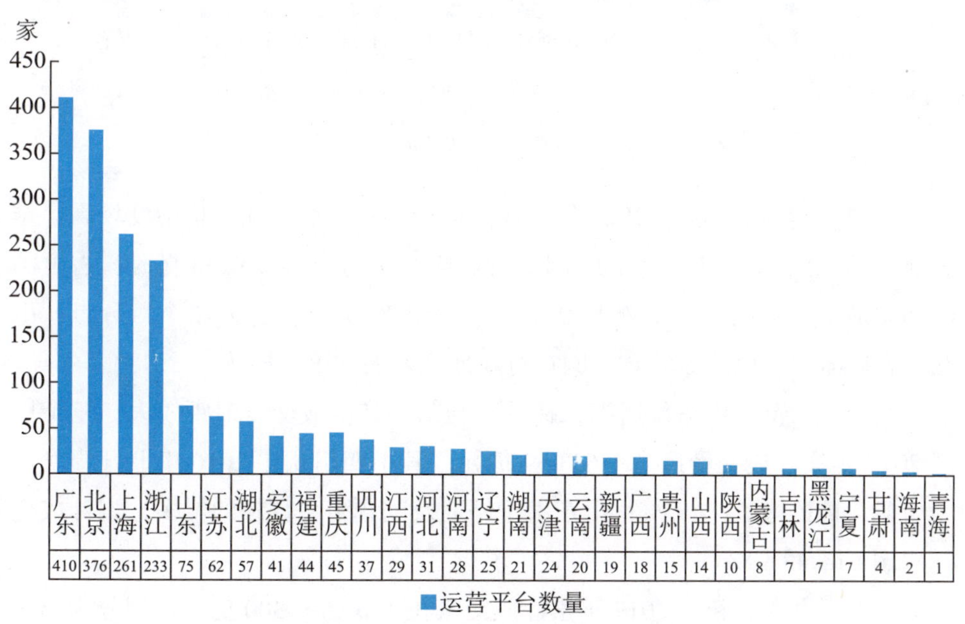

广东	北京	上海	浙江	山东	江苏	湖北	安徽	福建	重庆	四川	江西	河北	河南	辽宁	湖南	天津	云南	新疆	广西	贵州	山西	陕西	内蒙古	吉林	黑龙江	宁夏	甘肃	海南	青海
410	376	261	233	75	62	57	41	44	45	37	29	31	28	25	21	24	20	19	18	15	14	10	8	7	7	7	4	2	1

图 3-15　2017 年各省市 P2P 网贷正常运营平台数量

资料来源：网贷之家。

3.3.2 各地 P2P 网贷成交量

2017 年全国 P2P 网贷行业全年成交量达到了 28 048.49 亿元，相比 2016 年（20 638.72 亿元）增长了 35.9%。其中北京 2017 年 P2P 网贷行业成交量位居全国榜首，为 7 059.67 亿元，较 2016 年大幅增长了 37.69%；其次是上海，2017 年全年 P2P 网贷行业成交量为 6 777.39 亿元，较 2016 年增加了 2 202.32 亿元；广东紧随其后，2017 年 P2P 网贷行业成交量为 6 690.8 亿元，同比增长 20.39%；浙江 2017 年全年 P2P 网贷行业成交量大幅增长了 71.98%，排名第四，达 4 234.53 亿元，详见图 3-16。

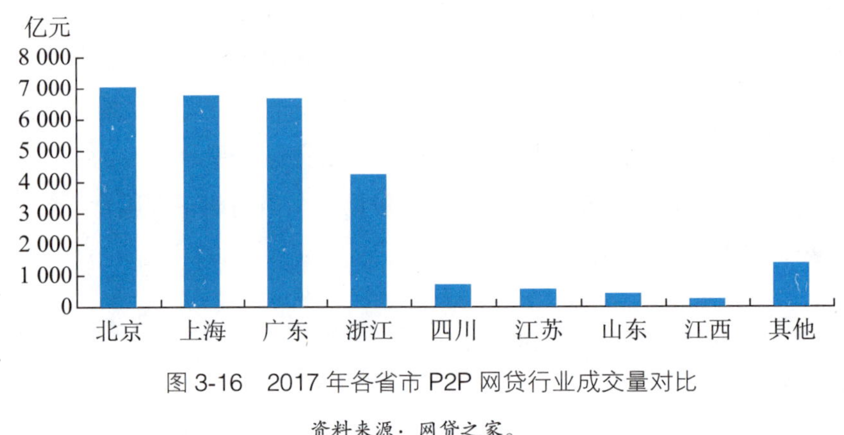

图 3-16　2017 年各省市 P2P 网贷行业成交量对比

资料来源：网贷之家。

2017 年全国各省市 P2P 网贷行业发展依旧不平衡，地区集中度较高。排名前四的地区 2017 年全年 P2P 网贷行业成交量达到 24 762.38 亿元，占全国同期总成交量的 88.28%，相比 2016 年（85.87%）上升了 2.41 个百分点，由此北上广浙四个地区形成 P2P 网贷行业地区发展的第一梯队。

四川、江苏、山东位居第二梯队，与第一梯队成交量差距较大，三个地区 2017 年累计成交量仅为 1 693.59 亿元。其中四川相比 2016 年上升幅度最为明显，环比增长 77.93%；山东由于停业及问题平台数量的增多，累计成交量同比下降 43.19%。

江西、湖北、新疆 2017 年累计成交量在 150 亿～ 300 亿元，划分为第三梯队。其中由于温商贷注册地址变更至新疆，使该地区 2017 年累计成交量大幅度上涨；江西 2017 年累计成交量同比增长也高达 127.21%。

重庆、安徽、福建、贵州、广西以及湖南 2017 年累计成交量在 60 亿～ 150 亿元，属于 P2P 网贷行业第四梯队。其中广西累计成交量同比 2016 年增长 138.01%；重庆累计成交量稍有下降，同比下降 9.88%。

其他包括河南、甘肃等地区的平台数量较少且规模不大，2017 年累计成交量均在 60 亿元以下。尤其青海、海南、宁夏这三个地区 2017 年累计成交量均不足 5 亿元。

3.3.3　各地 P2P 网贷贷款余额

从 P2P 网贷行业贷款余额地域分布来看，北上广浙四个地区的贷款余额均超 1 000 亿元，这四个地区 P2P 网贷行业贷款余额总计为 10 969.29 亿元，占全国同期贷款余额的 89.58%。其中北京 P2P 网贷行业贷款余额最高，为 4 386.21 亿元，较 2016 年同期上升 46.05%；其次是上海，贷款余额为 3 257.17 亿元，同比大幅上升 71.39%；广东贷款余额为 2 264.73 亿元，同比上升 47.49%；浙江排名第四，贷款余额为 1 061.18 亿元，较 2016 年增长 65.39%；江苏和四川贷款余额紧随其后，分别为 374.57 亿元和 131.6 亿元，详见图 3-17。

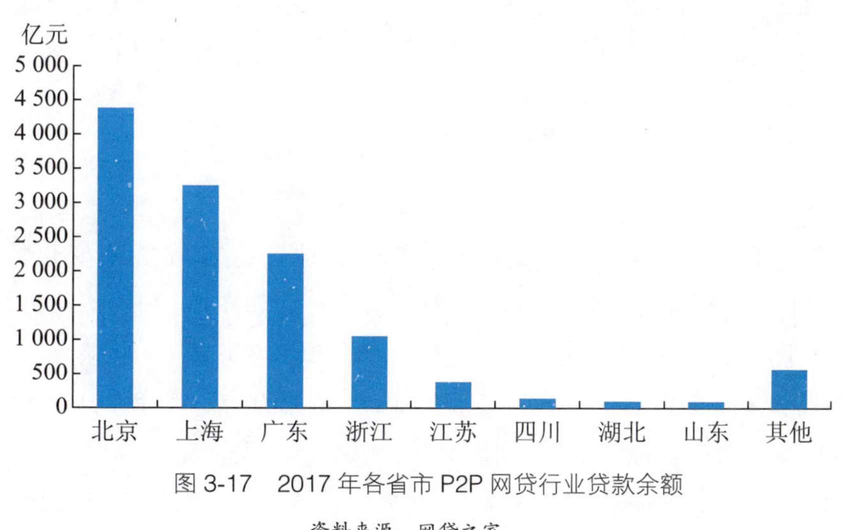

图 3-17　2017 年各省市 P2P 网贷行业贷款余额

资料来源：网贷之家。

3.3.4 各地 P2P 网贷综合收益率

从全国各省市 2017 年 P2P 网贷行业综合收益率来看，2017 年有 23 个省市 P2P 网贷行业综合收益率高于全国综合收益率（9.45%），其中宁夏 P2P 网贷行业综合收益率最高，达到 12.96%，而甘肃、青海、重庆、上海等 7 个省市综合收益率低于全国水平，其中甘肃综合收益率最低，为 6.61%，详见图 3-18。

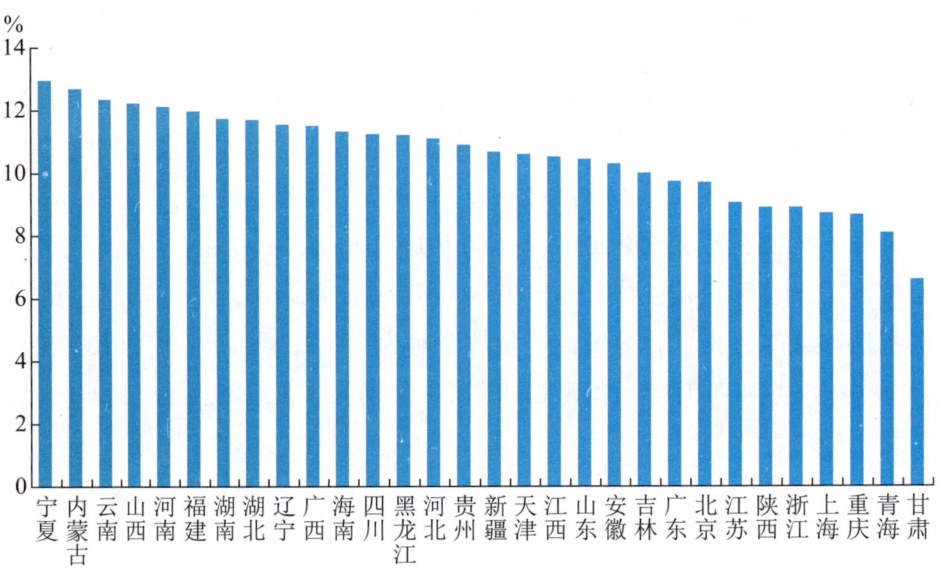

图 3-18 2017 年各省市综合收益率

资料来源：网贷之家。

从 2017 年 P2P 网贷成交量排名前六的地区综合收益率变化情况来看，P2P 网贷行业综合收益率均出现下降趋势。如图 3-19 所示，2017 年北京 P2P 网贷行业综合收益率为 9.71%，较 2016 年下降 49 个基点（1 基点 =0.01%），高于全国综合收益率（9.45%）26 个基点；上海 2017 年 P2P 网贷行业综合收益率为 8.71%，同比下降 8 个基点，低于全国 74 个基点；广东 P2P 网贷综合收益率为 9.74%，高于全国 29 个基点；浙江和江苏综合收益率分别为 8.88% 和 9.04%，分别同比下降 164 和 168 个基点；四川综合收益率为 11.24%，同比下降 131 个基点，高于全国行业平均水平 179 个基点，详见图 3-19。

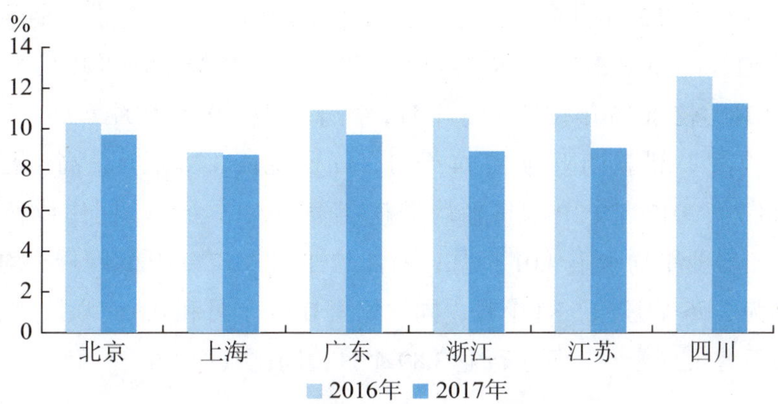

图 3-19　2017 年主要省市 P2P 网贷行业综合收益率变化情况

资料来源：网贷之家。

3.3.5　各地 P2P 网贷平均借款期限

如图 3-20 所示，进入统计的全国 30 个省市中，仅上海和北京的平均借款期限长于行业平均水平（9.16 个月），分别为 15.94 和 12.07 个月。另外，有 24 个省市 P2P 网贷行业平均借款期限低于 6 个月，其中江西、河南和浙江 P2P 网贷行业平均借款期限均低于 3 个月，分别为 2.71、2.84 和 2.96 个月。

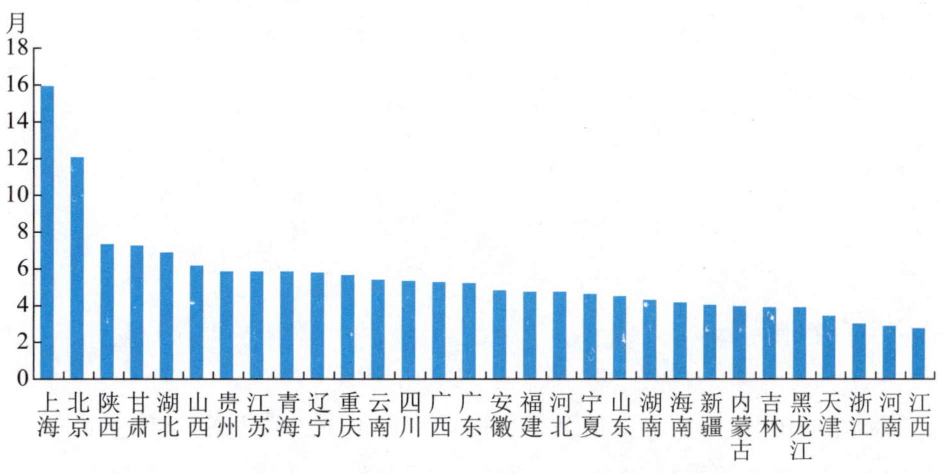

图 3-20　2017 年各省市平均借款期限

资料来源：网贷之家。

从 2017 年 P2P 网贷成交量排名前六的地区来看，平均借款期限总体呈现拉长趋势。如图 3-21 所示，2017 年北京 P2P 网贷行业平均借款期限为 12.07 个月，较 2016 年拉长 2.55 个月，高于行业（9.16 个月）2.91 个月；上海 2017 年平均借款期限为 15.94 个月，同比拉长 0.76 个月，高于行业 6.78 个月；广东 2017 年 P2P 网贷平均借款期限为 5.15 个月，同比拉长 0.99 个月，低于行业平均水平 4.01 个月；浙江和江苏 2017 年 P2P 网贷平均借款期限分别为 2.96 个月和 5.83 个月，同比缩短 0.18 个月和 0.61 个月；四川平均借款期限为 5.27 个月，低于行业 3.89 个月，同比拉长 1.66 个月。

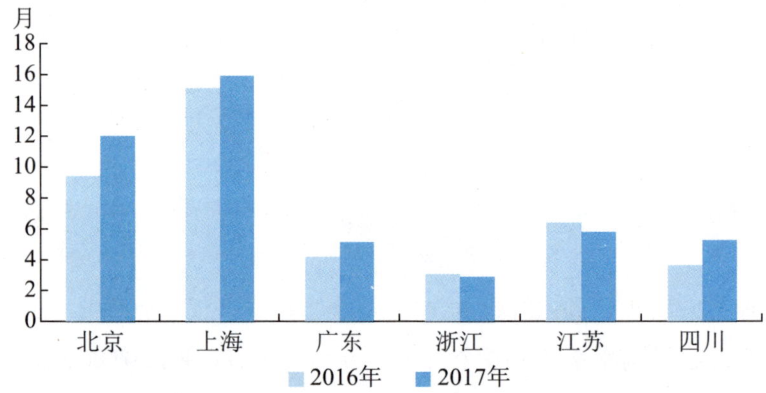

图 3-21　2017 年主要省市 P2P 网贷行业平均借款期限变化情况

资料来源：网贷之家。

3.4　派系统计

3.4.1　上市系

截至 2017 年年底，上市公司参股或控股的 P2P 网贷平台高达 128 家，其中上市公司控股平台 41 家，上市公司参股平台 71 家，直接股权上市平台 4 家，停业、转型以及问题平台共 12 家。

从网贷之家可获取数据的 78 家 P2P 网贷平台贷款余额上看，具有上市公司背景的 P2P 网贷平台行业集中度较高。截至 2017 年年底，78 家 P2P 网贷平台总贷款余额约 4 000 亿元，其中约七成 P2P 网贷平台贷款余额在 10 亿元以下，贷款余额仅占总量的 4.2%；贷款余额 100 亿元及以上的平台仅有 7 家，但贷款余额高达 3 162 亿元，占总贷款余额的 81.29%，如图 3-22 所示。

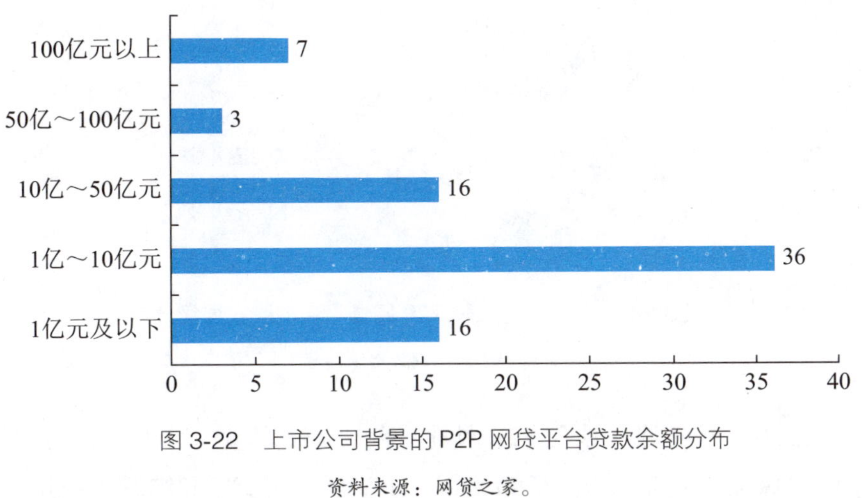

图 3-22　上市公司背景的 P2P 网贷平台贷款余额分布

资料来源：网贷之家。

从 78 家样本平台 2017 年总成交量上看，上市公司背景的 P2P 网贷平台总成交量为 8476 亿元，占 P2P 网贷行业 2017 年总成交量的 30.22%。

如图 3-23 所示，样本平台 2017 年总成交量主要集中在 10 亿～ 50 亿元和 1 亿～ 10 亿元两个区间，分别有 29 家和 17 家；总成交量在 50 亿元以上的也有 22 家平台。

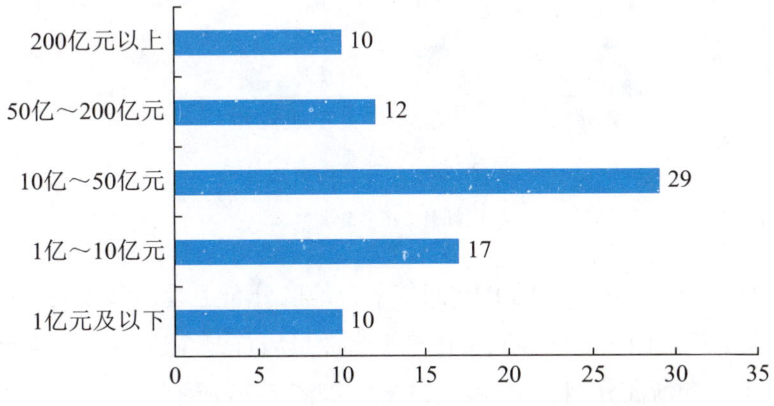

图 3-23　上市公司背景的 P2P 网贷平台成交量分布

资料来源：网贷之家。

根据上市公司投资主体不同，将上市公司对 P2P 网贷平台的股权层级划分为一级、二级、三级、四级和多级。从股权层级上看，上市系的股权层级以二级结构为主，占比 41.38%；其次是三级结构形式，占比 33.62%；五级及以上结构占比 9.48%，如图 3-24 所示。

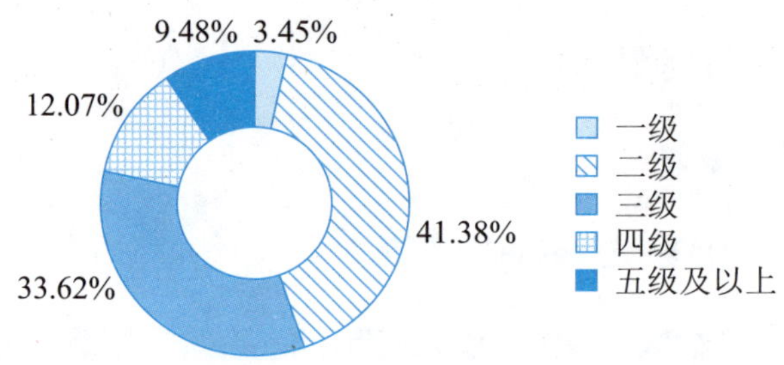

图 3-24　上市公司入股 P2P 网贷平台的股权层级分布

资料来源：网贷之家。

截至 2017 年年底，涉足 P2P 网贷平台的 137 家境内外上市公司中，有 58.39% 是深交所上市公司，35.77% 属于上交所，纽交所和纳斯达克分别有 5 家和 3 家，如图 3-25 所示。

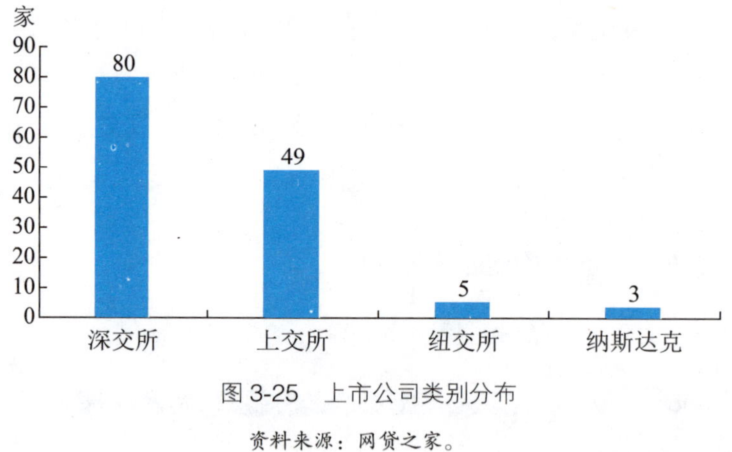

图 3-25　上市公司类别分布

资料来源：网贷之家。

从拥有上市公司背景的 P2P 网贷平台地区分布上看，分布集中度较高，主要在北上广浙四个地区。其中广东平台数量居首，高达 42 家，其次是北京 25 家，上海和浙江分别有 17 家、13 家，如图 3-26 所示。

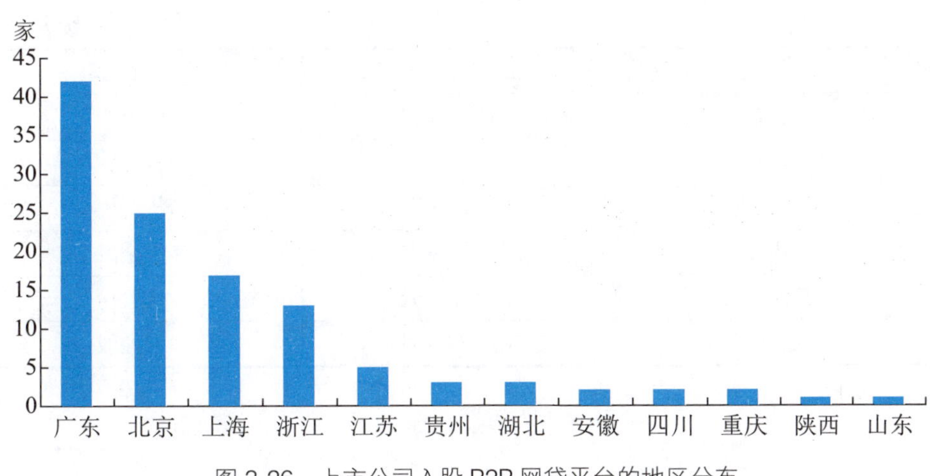

图 3-26　上市公司入股 P2P 网贷平台的地区分布

资料来源：网贷之家。

截至 2017 年年底，退出 P2P 网贷行业的上市公司有 18 家。上市公司退出 P2P 网贷平台时间均发生在 2016 年和 2017 年，且有 15 家退出时间在 2016 年 8 月之后，详见表 3-4。从部分上市公司退出公告中概括可知，上市公司退出的主要原因一方面是随着监管趋严，不看好平台未来发展前景，退出 P2P 网贷行业；另一方面是为优化资产结构及资源配置，聚焦发展公司主业。

表 3-4　上市公司退出 P2P 网贷平台汇总

平　　台	退出时间	上市公司
互融 CLUB	2016 年 1 月	益民集团
珠宝贷	2016 年 7 月	东方金钰
匹凸匹	2016 年 8 月	匹凸匹
高鸿中网	2016 年 9 月	高鸿股份
和信贷	2016 年 9 月	盛达矿业
鹏金所	2016 年 9 月	天源迪科
		新纶科技
誉金所	2016 年 9 月	誉衡药业
胖胖猪	2017 年 2 月	中化岩土
海投汇	2017 年 3 月	冠城大通
集利财富	2017 年 3 月	集成金融
聚优财	2017 年 5 月	誉衡药业
隆隆网	2017 年 7 月	绵石投资

续表

平　台	退出时间	上市公司
洋钱罐	2017 年 7 月	昆仑万维
叮咚钱包	2017 年 7 月	富贵鸟
普惠理财	2017 年 8 月	新华传媒
钱内助	2017 年 9 月	隆成金融
精融汇	2017 年 9 月	精达股份
金融工场	2017 年 9 月	中新控股

资料来源：网贷之家、平台官网。

3.4.2 国资系

如图 3-27，截至 2017 年年底，国资企业通过多级股权层级结构，参股或控股的 P2P 网贷平台高达 202 家。目前我们把各级国资委、全民所有制企业、国有独资企业、改制后的供销社等视为国资或国资企业，而集体企业和尚未改制的供销社等不列入国资企业。

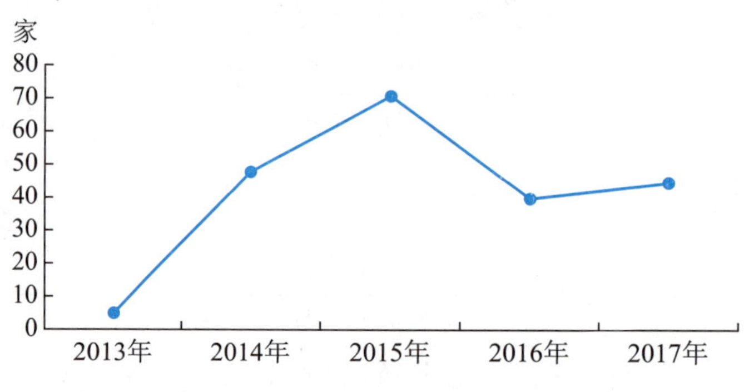

图 3-27　国资入股 P2P 网贷平台时间分布

资料来源：网贷之家。

随着 P2P 网贷行业的蓬勃发展，国资企业涉足的 P2P 网贷平台数量也在稳步上升，2015 年达到峰值，高达 71 家平台具有国资背景。2016 年一方面受行业监管政策逐步出台，另一方面由于行业高速发展带来的一些风险点出现，使国资入股 P2P 网贷平台速度放缓，仅 39 家平台成为国资背景平台。

2017 年监管体系全面形成，行业环境进入规范有序状态，平台整改也在稳步进行，行业发展趋势明朗，再加上国资企业积极转型，入股平台的热度稍有回温，有 45 家平台或国资企业青睐。2018 年是 P2P 网贷平台整改的最后阶段，随着备案的陆续完成，相信会有更多国资企业参与进来。

从 P2P 网贷平台的股东国资企业背景上看，省份级国企数量最多，高达 79 家；其次是地级市国企，有 45 家；央企和国家层面分别有 22 家和 21 家；省会级和事业单位分别有 14 家；县级市层面的仅有 3 家，详见图 3-28。国资企业的背景实力越雄厚，其信用背书能力越强，越有利于提高 P2P 网贷平台知名度。

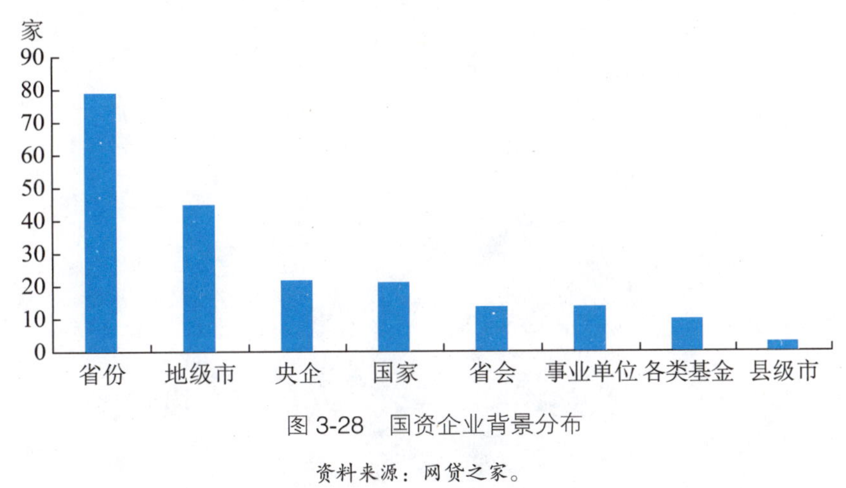

图 3-28　国资企业背景分布

资料来源：网贷之家。

从股权比例上看，国资企业对 P2P 网贷平台的最终持股比例相差较大，股权比例最高的达到 100%，而股权比例最少的仅有 1%。据不完全统计，工商注册显示股东是国资企业，但未公布股权比例的 P2P 网贷平台占比最高，高达 33.65%；其次是国资绝对控股，即最终持股比例 51% 及以上的，占比 28.85%，其中国资全资控股占比 12.98%，最终持股比例在 51% ～ 100%（不包含 100%）的占比 15.87%；持股比例在 10% ～ 30% 的占比 15.38%；持股比例在 10% 以下的占比最低，为 10.10%，详见图 3-29。

从股权层级分布上看，由国资企业的子公司入股 P2P 网贷平台的三级股权层级占比最高，为 39.42%；其次是四级股权层级，占比 24.52%；由国资企业直接参股或控股 P2P 网贷平台的二级股权层级占比为 24.04%。股权层级六级及以上占比较低，仅为 2.89%，详见图 3-30。一般而言，国资企业对 P2P 网贷平台的股权层级越多，对平台的股权比例越低，控制性越弱。

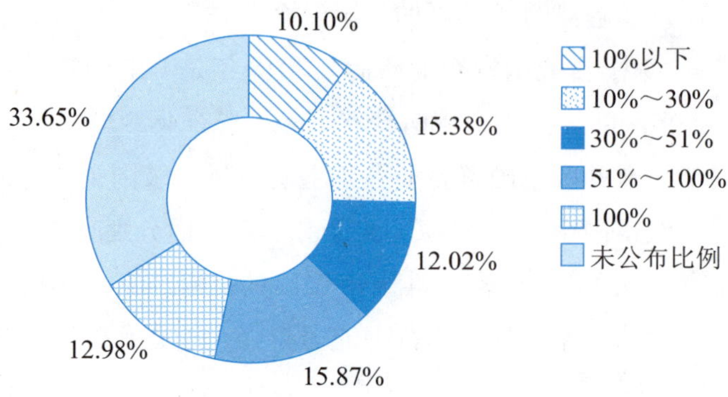

图 3-29　国资企业对 P2P 网贷平台最终持股比例

资料来源：网贷之家。

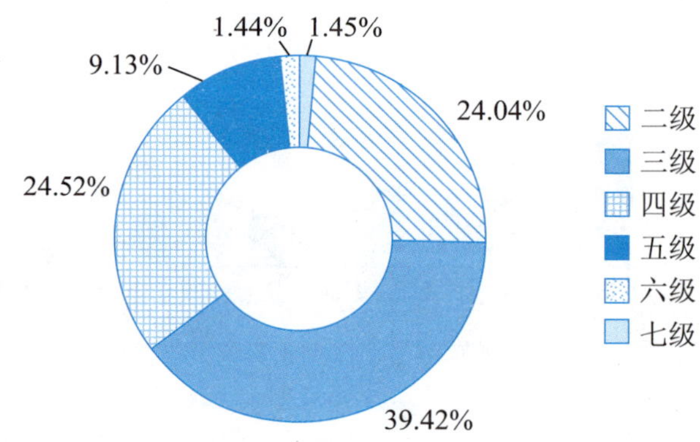

图 3-30　国资企业对 P2P 网贷平台股权层级分布

资料来源：网贷之家。

从拥有国资背景的 P2P 网贷平台地区分布上看，主要集中于北上广浙地区。其中广东多达 33 家 P2P 网贷平台有国资背景，其次是上海 31 家，北京 27 家，浙江 26 家，详见图 3-31。

随着 P2P 网贷行业发展大环境越来越健康，P2P 网贷平台必然更加规范。未来 P2P 网贷平台与国资企业的合作，将会是一个双向选择的过程。P2P 网贷平台在选择国资企业合作时，该企业的国资标签将不再是重点，国资企业的国资背景实力、入股方式以及主营业务可能是未来考虑的重点；国资企业在选择 P2P 网贷平台时，合规性是第一要务，其次要考虑的是平台的经营模式、所在的细分领域、未来的发展规划。

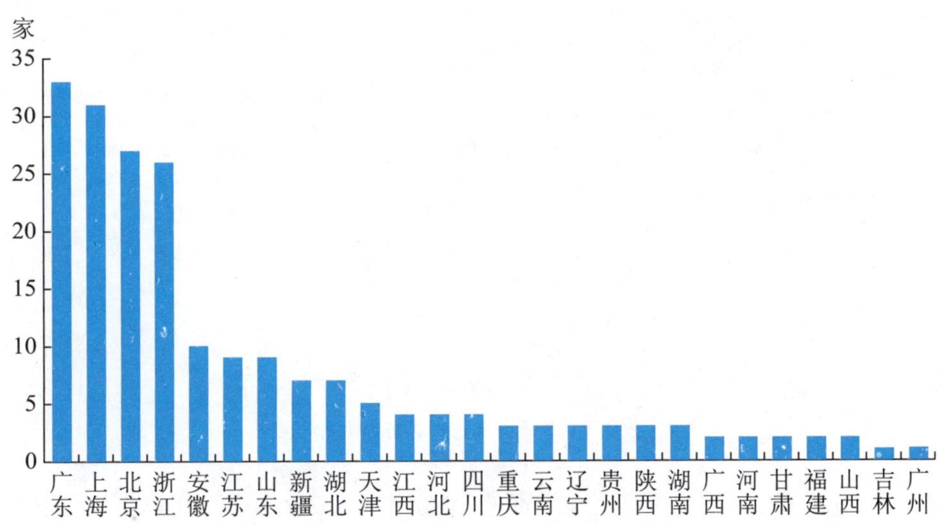

图 3-31　国资背景的 P2P 网贷平台地区分布

资料来源：网贷之家。

典型平台：融道网·生菜金融

上海融道网金融信息服务有限公司成立于 2009 年 7 月，是国内较早的互联网金融信息服务公司，生菜金融是融道网旗下网络借贷信息中介服务平台，于 2014 年 9 月上线。

自 2014 年以来，融道网陆续获得上海市国资委直属的三大国企战略投资，它们分别是上海科技创业投资有限公司、上海汽车集团股权投资有限公司旗下基金上海尚颀德连投资中心（有限合伙）、上海仪电（集团）有限公司旗下基金上海云赛创业投资有限公司。

如图 3-32 所示，上海科技创业投资有限公司为融道网第一大法人股东，持股比例高达 22.23%。上海科技创业投资有限公司的股东上海科技创业投资（集团）有限公司为上海市国资委直接监管的企业集团，注册资本 16.9 亿元，直接管理的资金规模达 120 亿元，是上海乃至全国最大的国有创业投资机构之一。

上海科技创业投资有限公司等国资企业的加入，不仅为生菜金融增强了公信力，还带来了严格的日常监督和完善的投后管理。上海科技创业投资有限公司向融道网·生菜金融派出了 2 名董事、1 名监事长，还将其 2011 年承

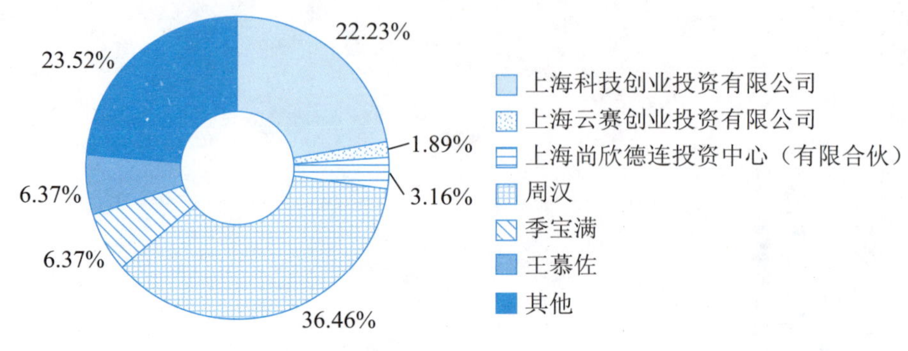

图 3-32 融道网股东信息结构

资料来源：国家企业信用信息公示系统。

担上海市政府 10 亿元专项资金投资的 10 家担保、2 家小贷、1 家保理公司资源协助生菜金融业务开展，并在监管部门出台 P2P 网贷限额政策之后，主动要求这些公司配合生菜金融对超限业务进行调整。上海汽车集团股权投资有限公司派出了 1 名董事、1 名风控委员会成员，上海仪电集团云赛创投派出了 1 名监事，直接参与并监督平台运行状况，实时掌握平台动态。

据生菜金融运营报告数据显示，截至 2017 年年底，累计撮合借款 24 311 笔，累计借款金额 33.88 亿元，累计借款人数 1.8 万人，累计出借人数 7.8 万人，99.06% 的借款金额在 20 万元及以下，0.79% 在 20 万 ~ 100 万元（含 100 万），符合《网络借贷信息中介机构业务活动管理暂行办法》关于限额的要求，切实做到了小额分散。除此之外，生菜金融与平安银行签署了银行存管协议并上线试运行资金存管系统，完成了合规进程的另一项硬性指标。

3.4.3 风投系

随着监管政策逐步加紧，P2P 网贷行业洗牌加剧，马太效应显现，整个行业的风投融资情况也出现了一些新的趋势。

截至 2017 年年底，P2P 网贷行业共发生 216 例融资事件，融资金额共计约 430 亿元，风投系平台数量也在逐步增长。如图 3-33 所示，风投系 P2P 网贷平台数量在 2014—2016 年，一直保持单边稳定增长，但 2017 年，平台数量增长速度有所放缓。截至 2017 年年底，有 153 家正常运营平台有融资记录。

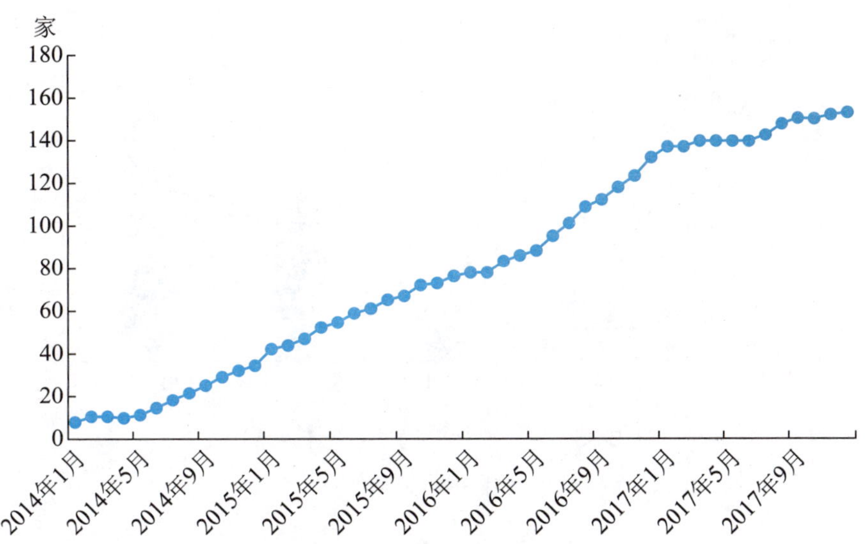

图 3-33　风投系 P2P 网贷平台数量走势

资料来源：网贷之家。

如图 3-34 所示，截至 2017 年年底，风投系 P2P 网贷平台贷款余额高达 5 024.28 亿元，占 P2P 网贷行业贷款余额的 41.03%，相比 2016 年增长 66.6%。

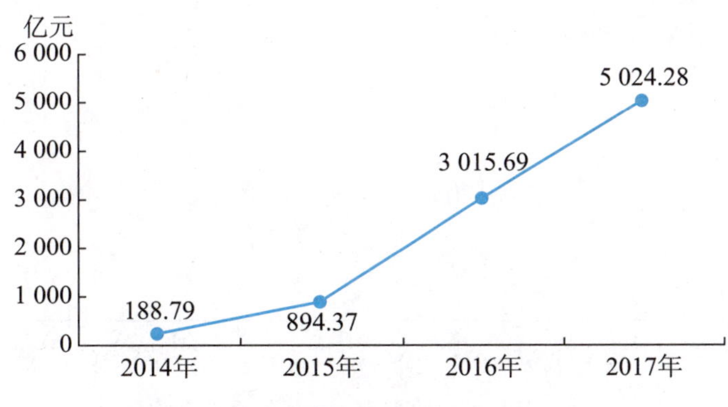

图 3-34　风投系 P2P 网贷平台贷款余额

资料来源：网贷之家。

随着获得融资平台数量的持续攀升，风投系各年总成交量也在成倍增长。如图 3-35 所示，2016 年风投系总成交量相比 2015 年翻了约 4 倍，2017 年受行业环境影响，成交量增长速度放缓，但相比 2016 年也翻了一倍。

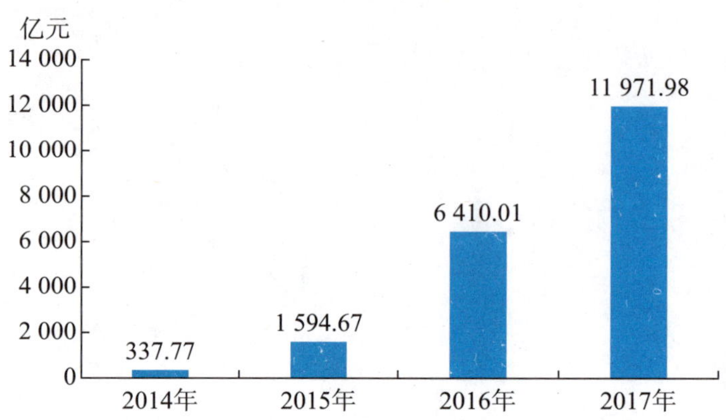

图 3-35　风投系 P2P 网贷平台年度累计成交量

资料来源：网贷之家。

综合而言，风投系综合收益率低于行业，整体呈现下降趋势。如图 3-36 所示，风投系综合收益率峰值发生在 8 月，高于行业综合收益率 16 个基点；12 月风投系综合收益率达到 2017 年最低点，仅为 8.9%，低于行业 64 个基点。

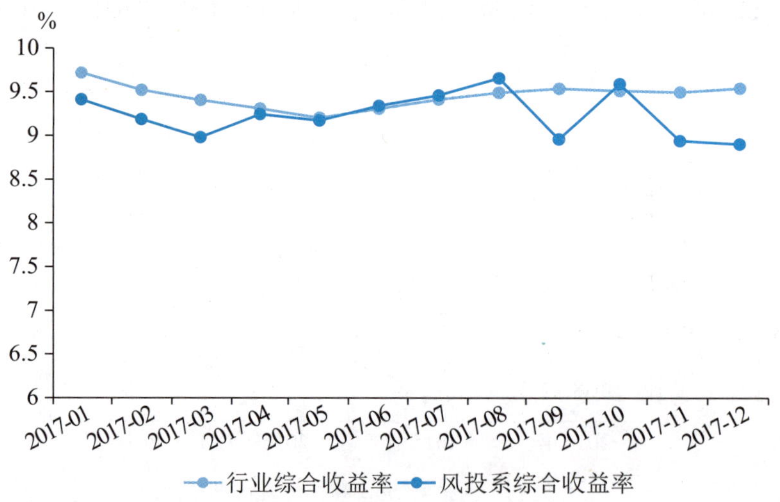

图 3-36　风投系 P2P 网贷平台 2017 年综合收益率走势

资料来源：网贷之家。

风投系平均借款期限 2017 年一直长于行业，但二者差距正在逐渐缩小。如图 3-37 所示，风投系平均借款期限最长达到 13.6 个月，最短也高达 11.04 个月。

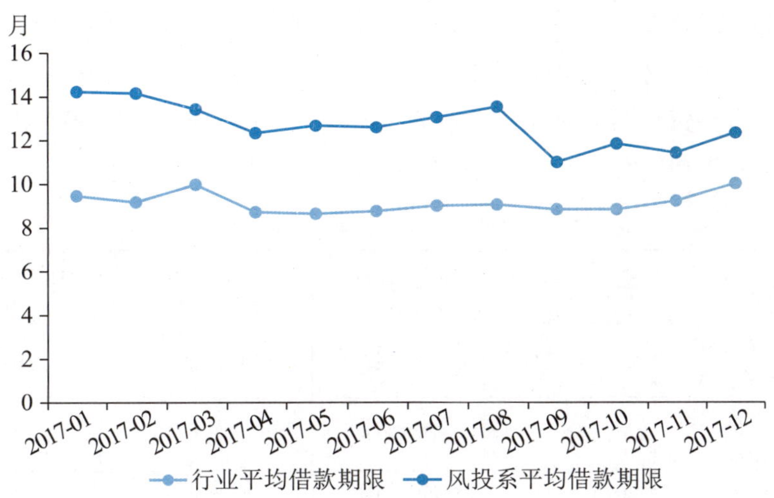

图 3-37　风投系 P2P 网贷平台 2017 年平均借款期限走势

资料来源：网贷之家。

风投机构注资，对于 P2P 网贷行业具有重大的利好效应。一方面释放积极信号，即投资机构看好 P2P 网贷行业的发展前景和获得收益的可能性，有利于增强 P2P 网贷出借人信心和吸引潜在出借人进入 P2P 网贷行业。另一方面，融资使得 P2P 网贷平台资金实力得到了进一步的加强，这是融资最大的作用之一，对于 P2P 网贷平台来说意义重大。随着平台备案的逐步完成，预计将有更多风投机构布局 P2P 网贷行业。

3.4.4　银行系

据不完全统计，截至 2017 年年底，仍正常发布 P2P 网贷产品的银行系 P2P 网贷平台有 10 家，详见表 3-5。银行在银行系 P2P 网贷平台充当什么角色一直是行业关注的焦点，我们根据平台与银行的关系将 10 家平台分为以下四类。

第一类是银行通过直销银行上线 P2P 网贷产品，目前仅有江苏银行直销银行、宁波银行直销银行 2 家平台仍正常上线 P2P 网贷产品。

第二类是银行 P2P 网贷平台存在控股或参股关系，包括民生银行多层控股的民生转赚和民生易贷以及由国家开发银行参股的开鑫金服 3 家平台。

第三类银行为 P2P 网贷平台提供资产端风控服务。银行只提供资产端风控服务的 P2P 网贷平台共有 4 家，分别是尧都农村商业银行的 e 融九州、泰隆银行的泰融理财、兰州银行的 e 融 e 贷以及浙商银行小微钱铺。

第四类是银行与 P2P 网贷平台同属于一个集团，银行不对平台提供风控等服务，此类型仅有与平安银行同属一家集团的陆金服 1 家平台。

表 3-5 正常运营的 10 家银行系 P2P 网贷平台名单①

平　台	上线时间	关联银行	银行性质	最低投资金额（元）
江苏银行直销银行——聚益宝	2014 年 11 月	江苏银行	城市商业银行	100
宁波银行直销银行——投融资平台	2014 年 12 月	宁波银行	城市商业银行	1 000
e 融九州	2014 年 11 月	尧都农商银行	农村商业银行	1 000
小微钱铺	2015 年 4 月	浙商银行	股份制商业银行	100
泰融理财	2016 年 4 月	泰隆银行	城市商业银行	1 000
e 融 e 贷	2014 年 8 月	兰州银行	城市商业银行	1 000
开鑫金服	2012 年 12 月	国家开发银行	政策性银行	5 000
陆金服	2012 年 1 月	平安银行	股份制商业银行	10 000
民生转赚	2014 年 12 月	民生银行	股份制商业银行	100
民生易贷	2014 年 7 月	民生银行	股份制商业银行	100

资料来源：网贷之家、平台官网。

3.5 舆情分析

2017 年是 P2P 网贷行业的第十个年头。在这一年，P2P 网贷行业规模稳步发展，行业监管政策逐步出台，同时，校园贷、裸贷、“现金贷”等负面新闻也广泛传播。舆情反映了媒体、市场参与者对一个行业及公司的态度，本节将从舆情数据的角度，对 2017 年的 P2P 网贷行业进行一些分析。

P2P 网贷作为互联网金融的重要组成部分之一，具有极强的互联网属性，

① 若直销银行上线 P2P 网贷产品，即纳入统计。

相较于传统金融，其舆情传播途径及速度更多、更快。根据舆情发布的渠道不同，主要可以分为以下三类。

（1）新闻媒体，包括新浪、网易、搜狐等主流新闻门户网站，东方财富、和讯、中国经济网等财经类网站，网贷之家等 P2P 网贷行业门户网站以及各纸媒类网站。

（2）微信社交媒体，包括 P2P 网贷平台和一些第三方平台的微信群、微信公众号。

（3）P2P 网贷第三方平台的论坛，包括网贷之家的社区频道等。

因此，根据数据的可获取维度、可挖掘深度和行业相关度，本文以网贷之家新闻数据库作为样本数据来源，其中包括：

① 200 余家新闻网站；

② 2 000 多个平台或媒体微信公众号；

③ 近 100 家较活跃的网贷第三方以及平台官方论坛。

3.5.1　2017 年 P2P 网贷行业舆情概况

2017 年 P2P 网贷行业舆情总量呈现稳步增长。网贷之家的舆情数据库显示，2017 年各大新闻媒体、论坛以及微信自媒体共发布涉及 P2P 网贷行业舆情逾 102 万条，较 2016 年环比增长 12.8%，详见图 3-38。

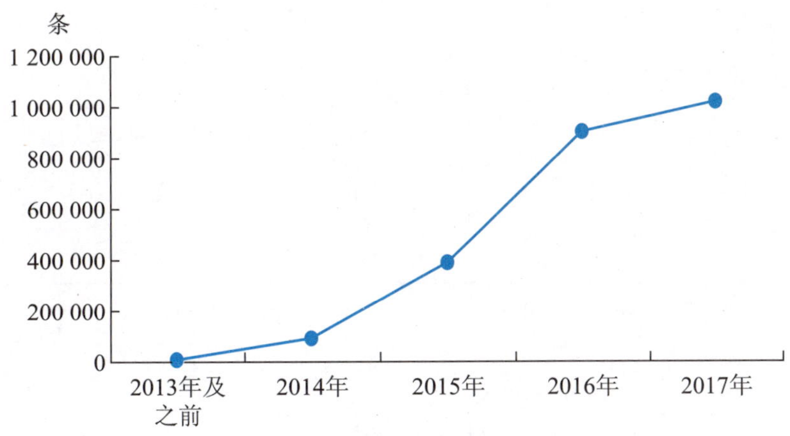

图 3-38　P2P 网贷行业近年来舆情数量

资料来源：网贷之家。

如图 3-39 所示，P2P 网贷行业的负面舆情占比总体呈现下降的趋势。2013 年、2014 年是行业野蛮发展时期，行业关注度也相对较低，舆情数量较少，负面舆情相比正面传播度要高，致使负面新闻占比相对较高；2015 年是 P2P 网贷行业高速发展期，无论是规模还是平台数量都呈现爆发式增长，行业处于发展的春天，正面舆情较多，所以负面新闻占比急速下滑，仅为 11.49%，是近几年的最低点。

2016 年 P2P 网贷相关舆情数量有明显增长，负面舆情占比较 2015 年上升。一方面是因为 P2P 网贷行业交易体量不断扩大，社会辐射面更为宽广；另一方面，2016 年 P2P 网贷行业的规范准则相继出台，引起了出借人群体的广泛关注。另外，平台“跑路”事件依然存在，日趋严厉的合规性标准也迫使大量小平台转型或者停业。而舆论对于负面事件往往是敏感的，这也在一定程度上解释了 2016 年 P2P 网贷行业负面新闻数量占比较 2015 年有所上升的事实。

随着监管的持续进行，行业已然步入健康有序发展的道路，从负面舆情数据来看，2017 年负面舆情占比下降为 13.48%，一方面表明了监管政策实施的有效性；另一方面说明平台对自身品牌的维护重视度提高，再加上部分无法合规的平台多数都选择主动退出行业，使整个行业发展进入良性健康状态，由此也可估计未来该行业的负面舆情占比将继续降低。

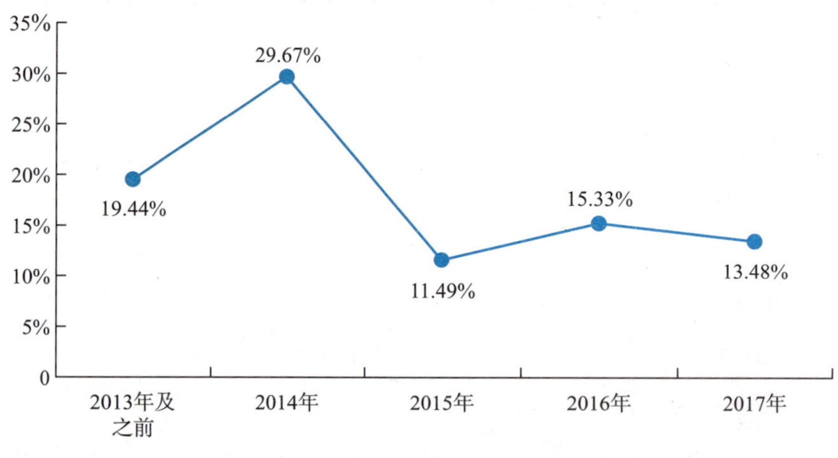

图 3-39　P2P 网贷行业负面舆情占比

资料来源：网贷之家。

如图 3-40 所示，2013 年及以前 P2P 网贷行业的舆情主要以新闻端为主导，那个时期微信和第三方论坛的发展都刚刚起步，普及率较低；随着微信的快速普及，涉及 P2P 网贷行业的自媒体公众号数量爆发增长，再加上 P2P 网贷行业自身的互联网属性，2014 年和 2015 年一直是微信处于主导地位。

但自 2016 年以来，一方面随着 P2P 网贷行业规模的快速增长，以及源源不断知名风投涌入，另一方面该行业不少风险点的逐步显露，监管方政策的不断出台，让 P2P 网贷行业成为了新闻媒体关注的焦点，并且新闻渠道相对于微信而言，传播范围和力度都更大、更深。

2017 年行业舆情有 49% 来源于新闻端；网贷之家等第三方外围服务的良好发展，为出借人提供了交流的平台，使得论坛也成为了行业舆情来源的重要渠道之一，2017 年占比 29.30%，详见图 3-40。

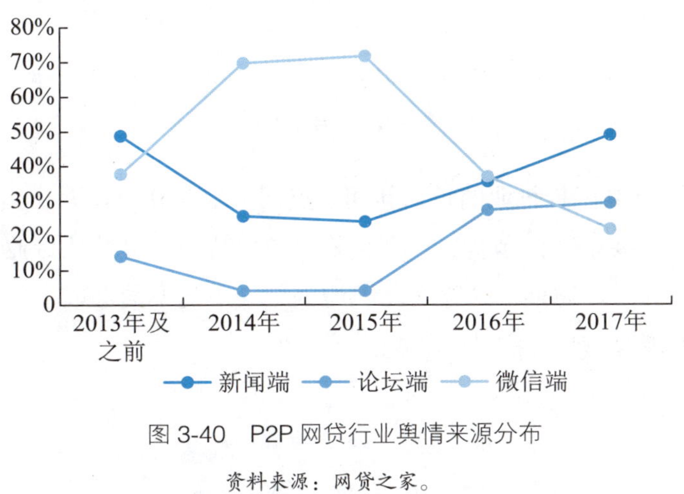

图 3-40　P2P 网贷行业舆情来源分布

资料来源：网贷之家。

3.5.2　P2P 网贷行业新闻端舆情概况

如图 3-41 所示，2017 年正面舆情的焦点第一梯队，主要以互联网金融、理财宏观行业词汇为主，这也是 P2P 网贷行业的本质特点，提及 P2P 网贷避不开此类词汇；第二梯队与 P2P 网贷行业 2017 年监管发展的主旋律紧紧契合，围绕银行存管、金融科技、合规、监管等；第三梯队主要是行业的具体平台，表明了平台的曝光度，尤其赴美上市或与资本市场合作的平台，获得的关注度更高。

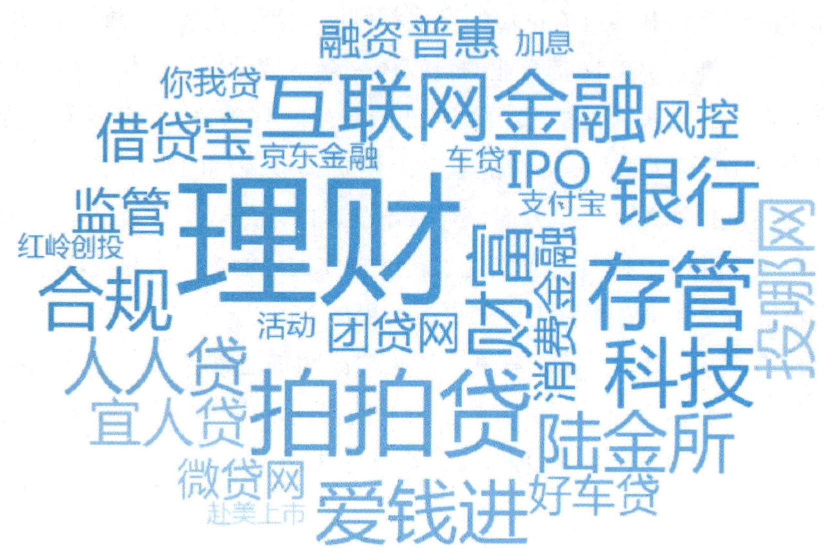

图 3-41　2017 年 P2P 网贷行业正面新闻热点词汇分布

资料来源：网贷之家。

2017 年 P2P 网贷行业的负面新闻焦点词汇主要分为以下几类：从产品业务类型上，主要是“校园贷”“现金贷”“比特币”等；从行业本身而言，主要是“跑路”“逾期”“曝光”“诈骗”等，此类词汇或事件负面指数较高，讨论热度也较高，详见图 3-42。

图 3-42　2017 年 P2P 网贷行业负面新闻热点词汇分布

资料来源：网贷之家。

对于 P2P 网贷平台而言，曝光度是一项不容忽视的指标。一方面，大量的曝光可以让更多的出借人和潜在出借人了解平台；但另一方面，负面舆情的曝光会引起出借人的恐慌，导致集中提现，打破平台资金的流动性平衡，进而影响平台的正常运营，如果处理不当，甚至会直接导致平台被迫停业。

图 3-43 展示了 2017 年 P2P 网贷平台的新闻数量 TOP 20。拍拍贷的相关新闻量较多，主要是因为其体量较大，无论是成交量，还是出借、借款人数之和，都有明显优势，此外作为中国第一家 P2P 网贷平台，2017 年 11 月成功赴美上市，也引起了社会的广泛关注；陆金服和宜人贷紧随其后，位居第二和第三位。另外，2017 年登陆美国市场的和信贷和信而富分列第四和第八位。

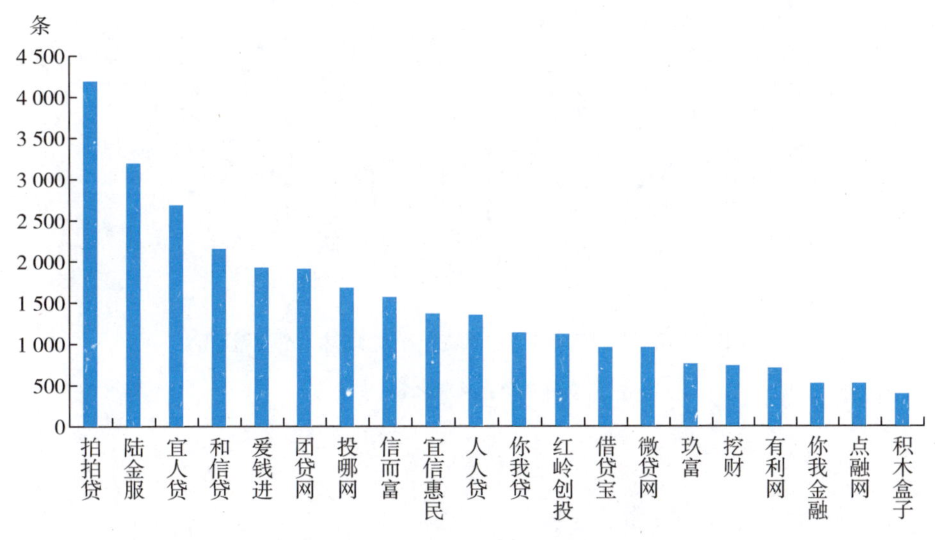

图 3-43　P2P 网贷平台新闻数量 TOP20

资料来源：网贷之家。

3.5.3　P2P 网贷行业论坛端舆情概况

论坛的媒体属性与微信和新闻不同，它是一个出借人可以畅所欲言的媒介，其内容表现出了出借人情绪、关注话题、吐槽热点等。通过分析论坛内容，可以更近距离了解出借人需求，从而提供更优质的服务。

如图 3-44 所示，本文根据网贷之家舆情数据库对近 100 家论坛内容的搜集，通过分析发现，论坛内容主要可以分为以下四类：第一类是平台活动，较活跃的词汇主要是“签到”“积分”“加息”“红包”；第二类是平台体验，出借人比较关注的是“提现”“还款”“客服”；第三类是出借人情绪，讨论较多或发表言论多出现“骗子”“套路”等负面词汇；第四类是平台评判，出借人较为注重的是“备案”“实力”等。

图 3-44　2017 年 P2P 网贷行业论坛热点词汇分布

资料来源：网贷之家。

3.5.4　P2P 网贷平台微信舆情

根据网贷之家已采集的近 200 家 P2P 网贷平台的微信公众号作为样本，2017 年 P2P 网贷行业共发布文章数量 50 386 篇，总阅读量高达 7 000 万次，总点赞数约 56 万次。

如图 3-45 所示，分析 P2P 网贷平台公众号发布文章的内容发现，平台微信文章内容主要可以分为以下四类。

第一类主要围绕当期社会热点话题，此类文章比较能引起讨论共鸣，一般阅读数量和点赞数量较高，平台通过“蹭热点”一是可提高微信用户黏性，二是能增强微信公众号的活跃度和品牌曝光度。

第二类是平台合规进程宣传文章，大多数平台会选择在微信端宣传已上线或签约银行存管，以此增强品牌信任度。

第三类是平台在网贷之家等第三方网站入榜文章，平台入榜是通过数据客观有力地证明了平台实力，宣传更具有说服力。

第四类主要围绕行业政策，发布此类文章，一方面可表明平台积极拥抱监管的决心，另一方面也及时向出借人传达行业动态。

图 3-45　2017 年 P2P 网贷行业微信热点词汇分布

资料来源：网贷之家。

根据公众号每日的最高阅读数、平均阅读数、文章数、点赞数并赋予不同的权重，得出每日的传播指数，再将公众号一年传播指数均值进行排名，发布 TOP 50 排行榜，如表 3-6 所示。

拍拍贷位居首位，2017 年共发布 862 篇文章，总阅读量高达 1 211 万次，平均阅读量约 1.4 万，热度指数为 175.36，遥遥领先其他 P2P 网贷平台；点融网位居第二位，热度指数为 84.25；团贷网排名第四位，共发布 1 314 篇文章，总点赞数位居首位，为 51 921 次。

表 3-6　2017 年 P2P 网贷平台微信公众号热度指数 TOP50

排名	平 台 名	发布数量（篇）	总阅读量（万次）	单篇最高阅读量（次）	平均阅读量（次）	总点赞数（次）	热度指数
1	拍拍贷	862	1 211	100 000+	14 046	32 895	175.36
2	点融网	557	507	34 175	9 095	21 313	84.25
3	京东金融	526	476	68 414	9 056	25 932	78.01
4	团贷网	1 314	391	41 028	2 976	51 921	58.02
5	喜投网	992	339	38 484	3 415	39 301	49.83
6	红岭创投	557	221	43 550	3 970	17 438	40.81
7	PPmoney 网贷	579	209	42 420	3 602	11 365	38.77
8	爱钱进	689	248	11 579	3 602	18 977	37.32
9	微贷网	641	223	23 424	3 480	15 337	37.07
10	有利网	452	158	16 794	3 498	11 401	32.46
11	悟空理财	67	188	98 758	28 075	9 890	30.97
12	友金所	533	144	18 944	2 697	11 523	27.45
13	民贷天下	502	180	15 720	3 587	17 265	26.21
14	小牛在线	483	132	14 020	2 739	9 020	25.94
15	爱投资	829	163	59 873	1 962	14 197	25.16
16	金银猫	557	136	25 576	2 440	8 296	23.68
17	多赢	714	129	100 000+	1 807	12 288	22.44
18	温商贷	387	83	13 702	2 144	10 910	18.70
19	晋商贷	848	86	13 015	1 013	17 470	16.71
20	翼龙贷	395	69	16 033	1 741	8 297	15.96
21	新联在线	319	92	11 503	2 881	6 247	15.94
22	宜人贷	514	75	10 016	1 455	4 484	14.20
23	付融宝	495	73	13 392	1 475	5 707	13.93
24	凤凰金融	782	78	11 775	995	6 840	12.94
25	向上金服	344	55	32 912	1 593	7 238	11.82
26	搜易贷	336	54	5 720	1 600	4 083	11.37
27	博金贷	719	59	31 603	815	5 358	10.52
28	聚财猫	390	49	6 149	1 251	7 425	10.39
29	人人聚财	302	44	7 162	1 442	4 591	10.07
30	考拉理财	317	50	11 631	1 577	4 407	9.92
31	汇盈金服	1 507	52	6 398	345	8 367	8.43
32	礼德财富	491	39	14 859	785	6 251	8.20
33	医界贷	523	39	4 560	753	2 289	7.41

续表

排名	平台名	发布数量（篇）	总阅读量（万次）	单篇最高阅读量（次）	平均阅读量（次）	总点赞数（次）	热度指数
34	鑫合汇	391	38	8 037	982	2 363	7.13
35	网利宝	357	28	3 666	777	3 928	6.88
36	爱贷网	566	35	8 865	622	4 884	6.77
37	桔子理财	97	48	29 519	4 987	2 553	6.71
38	网信理财	265	41	13 033	1 565	3 483	6.71
39	金联储	289	30	5 772	1 042	2 165	6.47
40	盈盈理财	619	38	4 463	608	4 574	6.25
41	和信贷	264	23	6 170	865	3 319	5.75
42	投哪网	230	26	10 528	1 124	2 668	5.43
43	麦子金服财富	255	27	4 056	1 062	2 238	5.43
44	金融工场	425	26	2 805	617	1 997	5.42
45	石投金融	664	25	3 366	380	3 402	4.71
46	合拍在线	446	20	2 377	440	2 274	4.46
47	永利宝	491	20	3 120	412	2 665	4.42
48	爱钱帮	540	20	2 616	366	4 097	4.41
49	隆金宝	444	21	8 026	464	2 107	3.71
50	好又贷	379	14	2 001	378	2 191	3.65

数据来源：网贷之家。

3.6　停业及问题平台分析

3.6.1　停业及问题平台宏观分析

1. 停业及问题平台数量

停业及问题平台特指停业、转型、“跑路”、提现困难、经侦介入 5 种类型，其中停业、转型这 2 种类型指平台完成资金清算后进行良性退出，出借人的利益并未受损。因此，提到的问题平台仅包括“跑路”、提现困难、经侦介入 3 种类型。截至 2017 年年底，P2P 网贷行业历史累计爆出 4 039 家停业及问题平台。虽然 2015 年、2016 年两年呈井喷之势，连续两年停业及问题平台数量超过千家，但是 2017 年停业及问题平台数量出现了大幅减少的迹象。2017 年 P2P 网贷行业共爆出 645 家停业及问题平台，占历史累计数量的比例为 15.97%，相比 2016 年的数量下降了 62.35%，如图 3-46 所示。

2017 年停业转型平台数量为 429 家，问题平台数量为 216 家。与 2016 年一致，停业转型平台数量占据主导地位，停业转型平台数量占停业及问题平台的比例达到 66.51%。

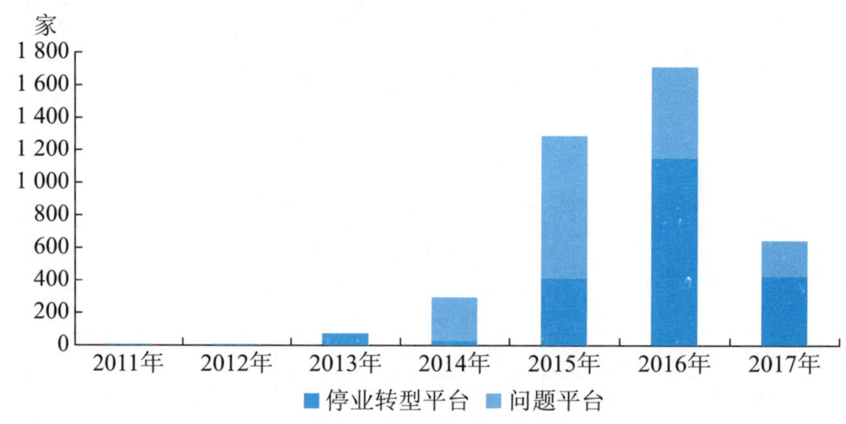

图 3-46　各年停业及问题平台数量

资料来源：网贷之家。

综观 2017 年全年，虽然行业性监管政策及地方性监管政策不断落地，停业及问题平台数量并没有出现某些月份大幅爆发的情况，单月停业及问题平台数量均未超过百家，如图 3-47 所示。不过，9 月的一波“雷潮”引起了行业内较大的关注，“羊毛”平台相继爆雷，导致当月问题平台数量超过停业平台数量，9 月的停业及问题平台数量几乎为全年单月最高数值，达到了 70 家。

2. 停业及问题平台地区分布

停业及问题平台数量与地区 P2P 网贷的发展程度呈现紧密正相关关系，如北京、广东、上海、浙江的 P2P 网贷发展居于全国前列，平台数量众多、成交人气旺盛，北京、广东、上海、浙江的停业及问题平台数量分别为 94

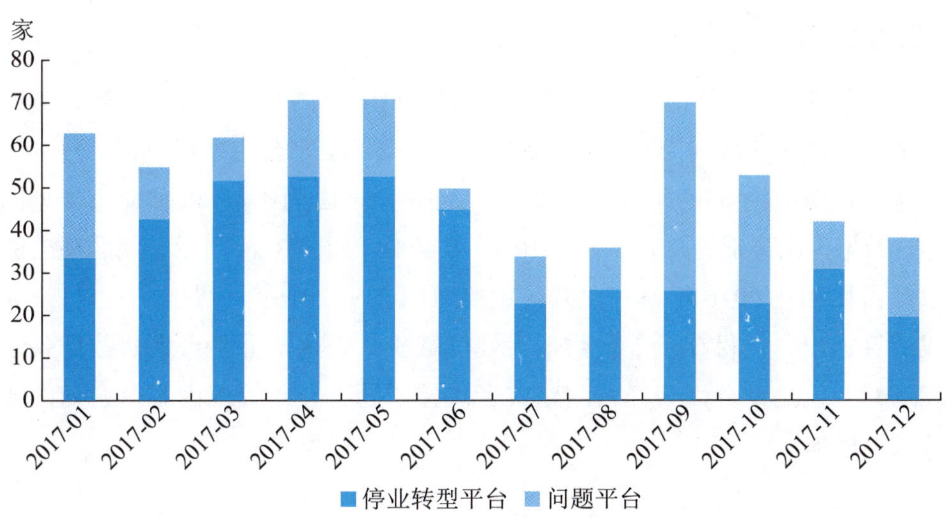

图 3-47　2017 年各月停业及问题平台数量

资料来源：网贷之家。

家、93 家、92 家、90 家，均超过 90 家，相比 2016 年均超过百家有所下降，四地合计占全国停业及问题平台的比例为 57.21%，如图 3-48 所示。而另一方面，内蒙古、黑龙江、山西、宁夏、甘肃和吉林这六个地区 2017 年停业及问题平台数量均不足 5 家，究其原因在于这些地区 P2P 网贷平台数量较少。

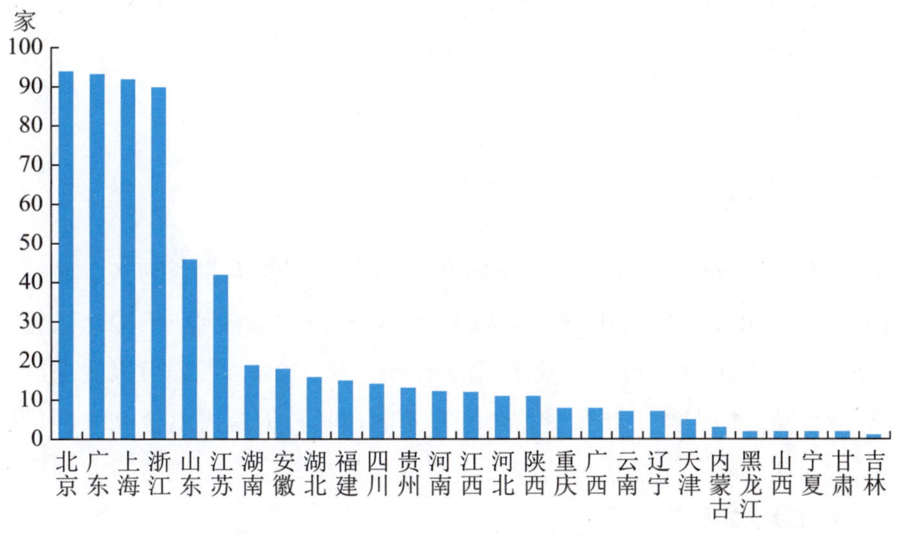

图 3-48　2017 年各省停业及问题平台数量

资料来源：网贷之家。

3. 停业及问题平台事件类型

2017 年停业及问题平台事件类型延续 2016 年的情况，停业、转型类型的平台数量占比分别为 61.39%、5.12%，占据退出平台主导地位，不过累计占比相比 2016 年略有下降。2017 年“跑路”、提现困难、经侦介入类型的平台数量占比分别为 9.77%、23.10%、0.62%，如图 3-49 所示，问题平台的累计占比相比 2016 年略有上升，主要原因在于 2016 年大量的平台已经完成清算退出，使得存量平台数量大幅度减少，而这部分平台大多数准备继续运营，但是部分因为经营问题或者风控问题，导致提现困难及逾期的比例大幅增加。

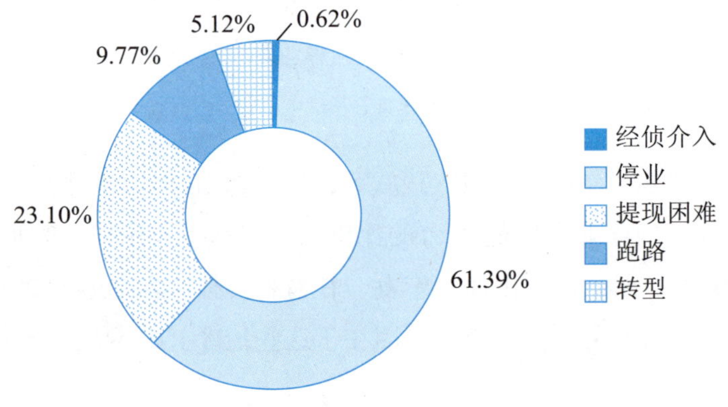

图 3-49　2017 年停业及问题平台事件类型

资料来源：网贷之家。

4. 问题平台涉及范围

截至 2017 年年底，问题平台涉及的出借人数约为 57.3 万人，约占 P2P 网贷行业总出借人数的比例为 3.70%，而涉及贷款余额约为 332.9 亿元，占 2017 年年底 P2P 网贷行业贷款余额的比例仅为 2.72%。我们可以发现虽然问题平台涉及出借人数、涉及贷款余额在不断增长，但是占整个 P2P 网贷行业的比例却在下降；问题平台的涉及金额及人数在整个 P2P 网贷行业的比例都较小。如表 3-7 所示。

表 3-7　停业及问题平台数据统计表

时　　间	停业及问题平台数（家）	涉及出借人数（万人）	占总出借人数比例	涉及贷款余额（亿元）	占总贷款余额比例
2013 年及之前	93	1.6	6.40%	16.1	6.01%
2014 年及之前	394	6.3	5.43%	68.2	6.58%
2015 年及之前	1 681	27.7	4.73%	171.1	4.21%
2016 年及之前	3 394	45.2	4.52%	258.1	3.20%
2017 年及之前	4 039	57.3	3.70%	332.9	2.72%

资料来源：网贷之家。

3.6.2　停业及问题平台微观分析

微观分析主要从停业及问题平台生命周期、贷款余额、注册资本、转型方向等维度对 2017 年停业及问题平台进行分析，旨在发掘停业及问题平台的共性或相似性。

1. 停业及问题平台生命周期

总体来看，2017 年 645 家停业及问题平台平均运营时间为 21.53 个月，相比 2016 年 14.6 个多月，平均运营时间进一步拉长。不过平均运营时间拉长的背后仍然无法掩饰不同停业及问题平台运营时间参差不齐的情况，有上线数日即“跑路”的纯诈骗平台，也有运营时间长达 5 年的平台“跑路”。从更加细化的角度看，运营时间不超过半年的停业及问题平台占比为 14.24%，相比 2016 年的数据约下降了 5 个百分点，运营时间不足 1 年的停业及问题平台数量占比为 26.76%，相比 2016 年的数据约下降了 14 个百分点。可见 2017 年退出平台的数量大幅度减少的同时，平台正常运营时间相比前几年有显著增长。如图 3-50 所示。

2. 停业及问题平台贷款余额

因为停业、转型这 2 种类型特指平台完成资金清算后进行良性退出，所以此处只考虑问题平台贷款余额。由于部分平台信息的缺失，我们统计到的 2017 年问题平台的累计贷款余额约为 75 亿元，相比 2016 年问题平台的累计

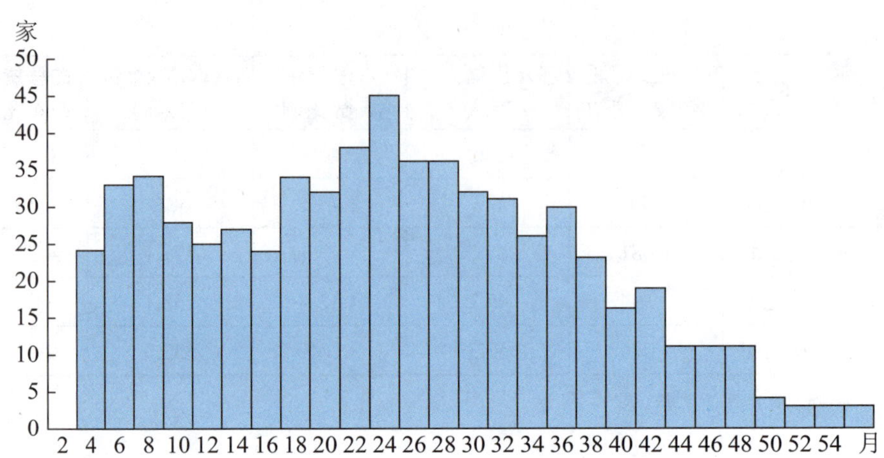

图 3-50　2017 年停业及问题平台生命周期

资料来源：网贷之家。

贷款余额 87 亿元略有下降。全年问题平台涉及金额较大的有妙资金融、米利财富，平台贷款余额分别为 7.9 亿元和 4.5 亿元。通过研究发现，部分问题平台长期发“高返羊毛”，致使平台资金链断裂，出现提现困难等问题，而且容易出现集体撤资导致集中“爆雷”的发生。如图 3-51 所示。

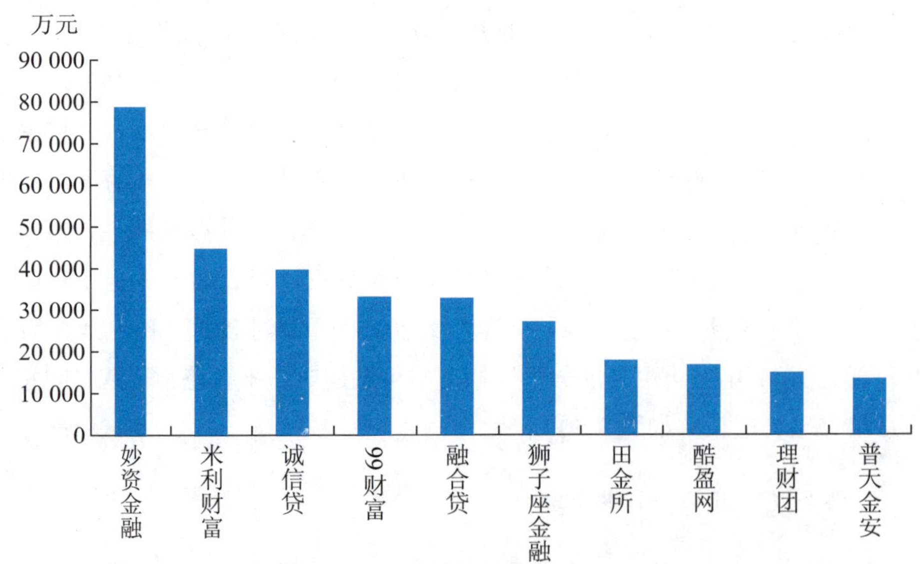

图 3-51　2017 年部分问题平台贷款余额

资料来源：网贷之家。

3. 停业及问题平台注册资本

注册资本数据可得的停业及问题平台有 607 家，占全年停业及问题平台的数量比例为 94.11%。有 453 家的停业及问题平台注册资本在 5 000 万元（含）以下，占比达到 74.63%，其中 1 000 万元（含）以下占比达到 28.17%。总体来看，2017 年停业及问题平台的注册资本相比 2016 年有所升高。当然注册资本仅仅是平台实力的一项参考事项，并不能说明平台安全，因为 2017 年停业及问题平台注册资本超过 10 000 万元（不含）的比例约为 5%。如图 3-52 所示。

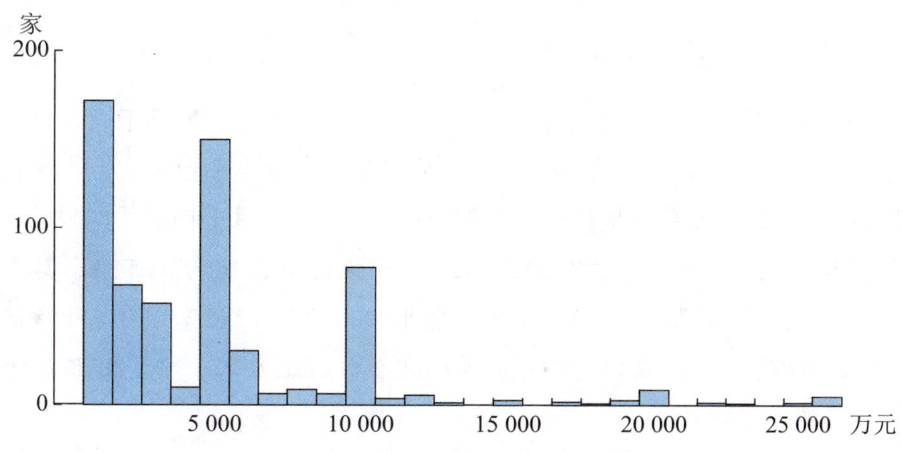

图 3-52　2017 年停业及问题平台注册资本分布

资料来源：网贷之家。

4. 停业及问题平台综合收益率

伴随着 P2P 网贷行业综合收益率的下降，停业及问题平台的综合收益率进一步下降，数据可获取的平台中，没有停业及问题平台的综合收益率高于 24% 及以上。综合收益率 8% ～ 12% 区间的占比约为 43.62%，相比 2016 年占比数值有所上升。综合收益率 8% 及以下的占比约为 13.17%，相比 2016 年占比也有所上升。因此，在 P2P 网贷行业综合收益率整体下降的背景下，以平台综合收益率高低来判断平台安全性同样意义不大。如图 3-53 所示。

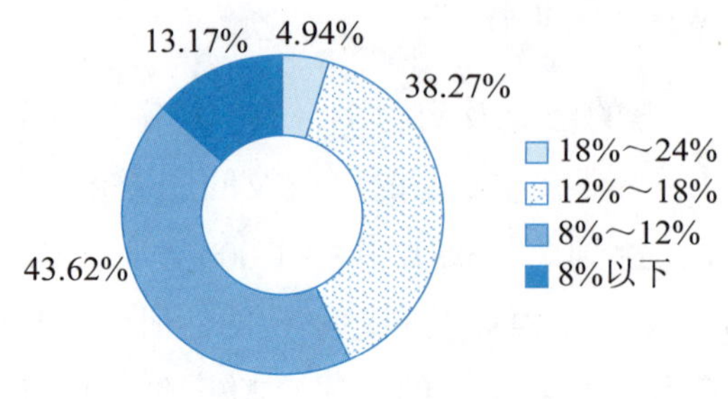

图 3-53　停业及问题平台综合收益率

资料来源：网贷之家。

5. 停业及问题平台借款期限

2017 年停业及问题平台平均借款期限为 2.96 个月，远低于同期行业平均借款期限 9.16 个月，主要由于停业及问题平台以小平台为主，小平台一般人气较弱，业务总体呈现短平快的特征。1 ～ 3 个月平均借款期限的停业及问题平台占比最高，为 52.05%，2016 年该区间占比为 48.54%；其次是 3 ～ 6 个月平均借款期限的停业及问题平台占比为 17.62%，2016 年该区间占比 23.64%；1 个月及以下的停业及问题平台占比为 22.13%，相比 2016 年 18.41% 的占比数值进一步上升。如图 3-54 所示。

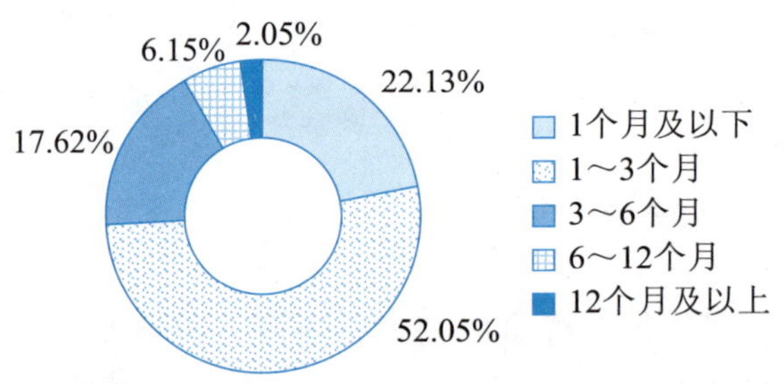

图 3-54　停业及问题平台借款期限分布

资料来源：网贷之家。

6. 转型平台业务方向

据不完全统计，2017 年共计 32 家平台进行业务转型，不再从事 P2P 网贷行业相关业务。这 32 家转型平台的新业务方向共分为 5 类：专注资产端

（包括消费金融、借款服务等）、理财销售（包括基金代销、线下理财等）、众筹、金融服务（金融行业资讯提供、金融解决方案提供等）、其他（电子商务、公用事业、转其他行业等）。从这五大分类看，转型专做资产端的比例最高，达到了 31.25%，其次为理财销售，占比为 15.63%。如图 3-55 所示。

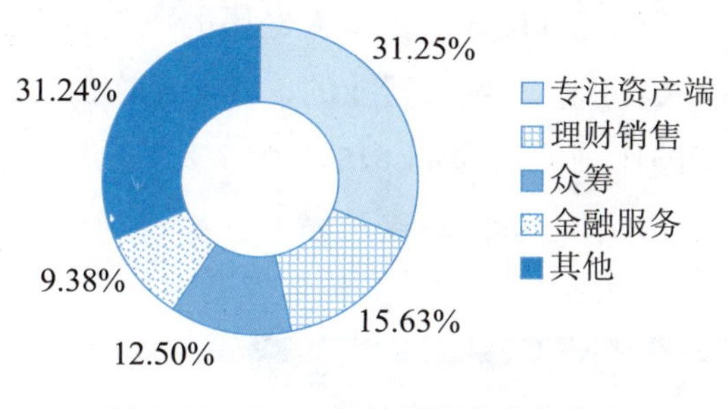

图 3-55　2017 年转型平台业务方向

资料来源：网贷之家。

7. 出借人“触雷”情况及态度

2017 年 P2P 网贷出借人问卷调查① 显示，2017 年 P2P 网贷投资中，有 84.65% 的出借人表示未遇到过问题平台；12.76% 的出借人表示遇到 1 ～ 2 家问题平台；0.62% 的出借人遇到 3 ～ 4 家问题平台；而踩雷高达 5 家以上的出借人占比为 1.97%。如图 3-56 所示。

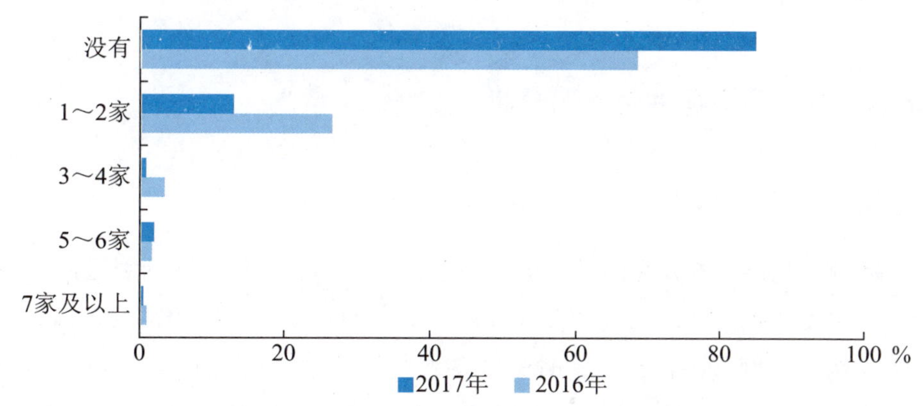

图 3-56　2017 年出借人“触雷”情况

资料来源：网贷之家。

① 网贷之家开展了 2017 年网贷出借人问卷调查活动。

2017年互联网金融行业刮起了一场整顿的旋风，停业及问题平台数量同比虽有下降，但仍然达到645家，在这背景下出借人开始谨慎观望。根据调查结果显示，有56.82%的出借人表示继续看好P2P网贷、追加金额，2016年该数值为46.73%。30.65%的出借人表示将维持现状，2016年该数值为47.78%。这两组数据也充分反映了出借人经历的风险教育已经够多，随着监管逐步落地，出借人对于P2P网贷行业的信心略有增强。2017年选择减少投资、退出P2P网贷的比例分别为11.81%、0.72%，这组数据或许与P2P网贷行业收益率下降有所关联。如图3-57所示。

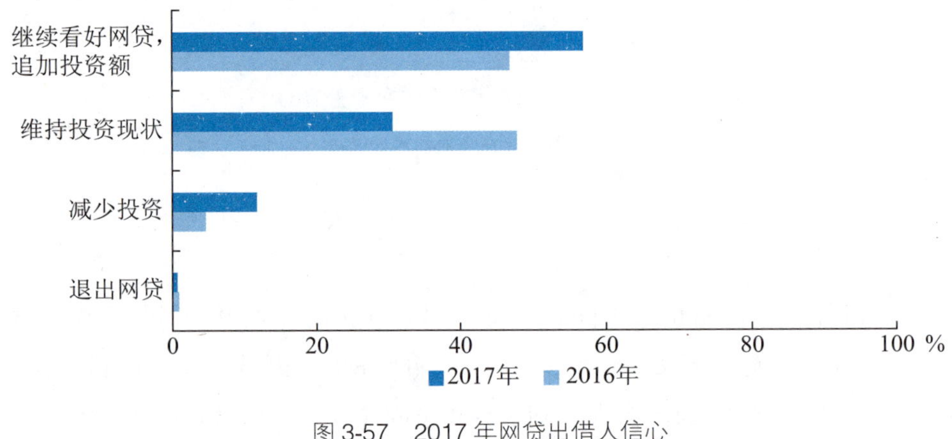

图3-57　2017年网贷出借人信心

资料来源：网贷之家。

3.6.3　停业及问题平台案例分析

1. “跑路”

平台“跑路”可分为两种情况，一是指经营不善、资金链断裂进而逃避责任而引发“跑路”；二是平台设立初期的目的就是不单纯的，以诈骗为目的实施伪P2P网贷平台运营，时刻准备着携款潜逃。在2017年停业及问题平台数量高企的背景下，虽然问题平台数量占比大幅下降，但是仍然存在着不少“跑路”平台来挑战行业底线。

钱程在线为钱程集团旗下的互联网金融平台，于2014年8月18日正式上线，由深圳市前海钱程在线金融服务有限公司运营。注册资本3 000万元，实缴资本 1000 万元。2017 年 1 月 16 日，有网友曝出该平台董事长失联，平台“跑路”，联系平台客服电话为空号、客服不在线。根据网贷之家不完全数据统计，截至 2017 年 1 月 16 日，钱程在线涉及贷款余额达到 1.3 亿元。

2. 提现困难

提现困难型问题平台，多数为自融平台。平台充当运营公司自身或者关联公司的“资金池”，或者无力垫付的平台采用自融方式，借新偿旧。而自融或多或少涉及期限错配，一旦发生挤兑，平台资金链极易断裂而爆发问题事件。

妥妥当，运营方为安徽鼎冠金融信息服务有限公司，注册资本 5 400 万元，2015 年 5 月正式上线。2017 年 12 月 13 日，妥妥当平台发布公告称几家借款公司由于周转困难，导致到期债权无法及时偿付的情况发生。此外，通过多渠道资料，妥妥当为长期“高返”平台，这无疑对于平台的运营构成了巨大的压力。不过我们发现，妥妥当用户资金存管银行为贵州银行，这也说明了银行存管并不能保证平台十分安全。

3. 经侦介入

经侦介入型问题平台，多事发于平台涉嫌非法吸收公众存款，虽然经侦介入前并未发生实质性的问题，但如果平台存在自融等行为，就算经侦没主动介入，之后因提现困难而倒闭的概率也较大。

2017 年 8 月 8 日，杭州市公安局西湖区分局的告示显示，因妙资金融出现财务困难，无法正常兑付，该公司相关工作人员已到公安机关说明情况。公安机关对该公司涉嫌非法吸收公众存管案进行立案侦查。妙资金融 2014 年 4 月 20 日上线，注册资金 2 亿元，实缴资金 8 000 万元，不过平台并没有完成银行存管上线。截至 2017 年 8 月，据统计，妙资金融涉及贷款余额高达 7.9 亿元。

4. 停业

停业型常见于一些中小平台，这些平台主观上不存在诈骗或自融的意图，多是由于资金实力弱、业务能力水平差，在 P2P 网贷行业总体仍处于亏损状态的情况下无法继续生存，导致其在经营不善的情况下选择停业。P2P

网贷平台停业可以有多种表现形式。例如，长时间停止发新标的（1 个月无发标记录），发布公告清盘，公告停止线上业务，等等。

随着 2016 年、2017 年较多的监管政策落地，行业大浪淘沙的过程中对于一些派系背景的平台也造成了一定的影响。湖北国资控股平台老母鸡于 2015 年 8 月 20 日完成上线，注册资本、实缴资本均为 5 000 万元。不过对平台网站长时间观察后，网站已经长时间没有发布新标，同时平台并无负面消息反映平台出现逾期或提现困难等情况，因此作为一家地方国资控股背景的平台同样进行了停业清盘，可见对于众多中小平台构成更大的压力。

5. 转型

转型指 P2P 网贷平台原有 P2P 网贷业务暂停，转向其他业务领域发展。转型平台同停业平台一致，主观上不存在任何问题，仅仅是 P2P 网贷行业发展艰难，寻求向其他业务类型发展的过程。

2017 年进行业务转型的 P2P 网贷平台多为中小型平台，知名度较低，其中部分平台的转型方向反映了 2017 年整个行业的方向。

黑蚁在线为 2016 年 9 月 19 日在昆明上线的平台，注册资本为 1 000 万元。2017 年 3 月平台发生业务转型，通过确认后认定该平台转型方向为“现金贷”业务。据统计，2017 年转型为专注资产端的平台高达 10 家，其中大部分转向消费金融或“现金贷”业务。不过 2017 年 12 月监管层对于“现金贷”进行重拳出击，对于这部分转型平台构成一定的影响。

第 4 章

平台评级与排名

4.1 评级百强榜

4.1.1 网贷平台发展指数评级简介

P2P 网贷平台发展指数评级是根据公开可查的信息、数据，依据一套公开透明的模型，进行量化计算得出的研究成果。目前评级模型选取反映平台综合实力和发展潜力的 9 个维度——成交、人气、技术、杠杆、流动性、分散度、透明度、品牌和合规性，利用线性评分、分组评分、层次分析法等办法进行评分。发展指数表征的是平台的可持续发展能力、合规程度，以及用户友好度等综合实力。该评级非网贷平台安全性评级。此评级仅供参考，不构成投资建议。

4.1.2 网贷平台发展指数评级指标变化

2017 年，P2P 网贷平台发展指数评级紧跟行业发展脉络，在指标的选取和使用上主要发生了如下变化。

第一，严格区分网贷业务和非网贷业务，对于综合理财平台，只对计入网贷业务部分的进行打分。

第二，适时调整评级库门槛。

第三，对具体指标内容进行调整。例如，银行存管不仅对于上线、未上线作区分，也对上线银行存管的双系统运作进行减分处理。

第四，对各级指标权重进行调整。2017 年 P2P 网贷行业监管政策动作不断，具体指标增减的同时，对于各级指标权重进行了调整。

4.1.3 2017 年网贷平台发展指数评级报告

2017 年 P2P 网贷平台发展指数评级是基于 2017 年 1 月至 12 月的发展指

数评级结果得出，具体数据使用方式为：

2017 年 P2P 网贷平台发展指数评级得分 = $\sum_1^{12} X_i F_i (i = 1, 2, \cdots, 12)$，$F_i$ 表示第 i 个月的 P2P 网贷平台发展指数评级得分，X_i 表示第 i 个月的权重。为反映近期的 P2P 网贷平台发展状况，X_i 与月份走势呈现正相关性，即 1 月的评级得分权重最低，12 月的评级得分权重最高，$\sum_1^{12} X_i = 1$。

部分平台由于数据缺失或其他原因，2017 年评级入库次数不足 12 次，这类平台则将根据现有数据对缺失月进行打分，再得到最终年度得分。若平台数据缺失超过 1 个季度，将不进入本期年度榜单。详见表 4-1。

表 4-1　2017 年 P2P 网贷平台发展指数评级

2017 年排名	平 台 名	所 在 地	年度发展指数	年度成交量（亿元）	贷款余额（亿元）
1	宜人贷	北京	78.13	386.03	515.82
2	陆金服	上海	77.63	2 521.48	1 602.16
3	人人贷	北京	76.49	220.63	302.58
4	拍拍贷	上海	75.92	650.00	250.00
5	点融网	上海	75.16	220.54	165.56
6	爱钱进	北京	73.55	673.87	370.09
7	微贷网	浙江	73.17	871.39	177.06
8	有利网	北京	71.46	474.89	185.82
9	投哪网	广东	69.41	213.64	94.76
10	团贷网	广东	69.40	607.93	177.31
11	积木盒子	北京	69.31	190.53	75.84
12	搜易贷	北京	68.90	81.17	32.24
13	翼龙贷	北京	67.76	241.95	160.24
14	PPmoney 网贷	广东	65.46	268.90	83.09
15	宜贷网	四川	63.19	527.30	69.51
16	51 人品	浙江	61.77	336.00	134.00
17	你我贷	上海	61.28	343.59	213.18
18	人人聚财	广东	60.34	71.65	36.14
19	和信贷	北京	59.81	77.98	66.60
20	开鑫贷	江苏	59.07	47.01	4.35
21	理财农场	广东	58.92	58.53	17.19
22	民贷天下	广东	58.65	147.41	29.15

续表

2017年排名	平台名	所在地	年度发展指数	年度成交量（亿元）	贷款余额（亿元）
23	银湖网	北京	58.57	45.72	46.28
24	杉易贷	广东	58.27	8.80	2.78
25	小赢网金	广东	58.24	265.21	128.86
26	道口贷	北京	57.72	42.15	17.23
27	信融财富	广东	57.38	61.04	26.87
28	91旺财	北京	57.12	116.03	17.80
29	e路同心	广东	56.94	52.85	10.61
30	短融网	北京	56.94	23.99	11.59
31	理想宝	广东	56.82	43.17	13.85
32	博金贷	江西	56.76	92.76	15.82
33	信用宝	北京	56.76	112.18	28.00
34	口袋理财	上海	56.70	91.26	29.31
35	向上金服	北京	56.55	209.26	43.54
36	友金服	广东	56.04	72.57	79.71
37	礼德财富	广东	55.52	40.41	10.97
38	银豆网	北京	55.44	45.03	47.62
39	联金所	广东	54.97	25.27	5.93
40	鑫合汇	浙江	54.68	990.00	36.00
41	新联在线	广东	54.38	36.42	9.23
42	红岭创投	广东	54.24	1 115.26	199.72
43	融贝网	北京	53.86	22.87	11.92
44	东方汇	上海	53.85	144.37	27.55
45	抱财网	北京	53.70	29.26	23.17
46	e融所	广东	53.47	27.90	14.96
47	永利宝	上海	53.37	15.03	9.85
48	财富星球	北京	53.37	15.15	7.62
49	可溯金融	浙江	53.32	33.38	10.54
50	海融易	山东	53.10	70.77	23.01
51	金开贷	陕西	53.05	9.13	6.10
52	温商贷	新疆	52.78	160.52	66.64
53	中融宝	山东	52.78	10.03	4.80
54	拓道金服	浙江	52.72	45.86	15.46

续表

2017 年排名	平 台 名	所 在 地	年度发展指数	年度成交量（亿元）	贷款余额（亿元）
55	珠宝贷	广东	52.71	30.65	5.39
56	鹏金所	广东	52.45	119.26	50.29
57	广信贷	北京	52.41	56.65	31.49
58	广州 e 贷	广东	52.36	13.54	3.45
59	小诺理财	北京	52.27	85.28	30.97
60	金联储	北京	51.98	91.53	23.11
61	聚宝匯	北京	51.95	242.93	226.01
62	金投行	浙江	51.91	37.74	22.67
63	小猪理财	江西	51.88	61.73	10.01
64	理财范	北京	51.65	42.30	25.89
65	易通贷	北京	51.64	98.77	38.68
66	易港金融	浙江	51.47	17.75	5.94
67	金宝保	重庆	51.38	17.45	12.86
68	万盈金融	广东	51.18	17.32	14.02
69	爱钱帮	北京	51.14	87.13	16.73
70	生菜金融	上海	51.04	68.78	10.16
71	石投金融	上海	51.03	29.67	8.55
72	新新贷	上海	50.78	25.31	11.88
73	普汇云通	广东	50.72	11.18	6.86
74	多多理财	浙江	50.59	30.79	10.08
75	付融宝	江苏	50.59	68.06	37.37
76	网利宝	北京	50.48	85.98	24.31
77	钱盆网	广西	50.33	55.41	20.48
78	宜聚网	广东	50.30	33.04	13.23
79	今日捷财	上海	50.24	7.24	3.50
80	首金网	北京	50.12	66.25	12.38
81	达人贷	广东	50.09	8.50	4.14
82	链链金融	北京	50.05	16.13	7.57
83	麦子金服财富	上海	50.01	106.75	57.58
84	元宝 365	北京	49.97	36.48	6.17
85	工场微金	北京	49.78	51.50	23.04
86	互融宝	江苏	49.45	28.26	10.60

续表

2017年排名	平台名	所在地	年度发展指数	年度成交量（亿元）	贷款余额（亿元）
87	宝象金融	上海	49.42	34.04	10.38
88	一点通财富	广东	49.39	3.98	1.04
89	米缸金融	上海	49.12	38.41	26.28
90	立业贷	广东	48.95	6.22	3.83
91	图腾贷	四川	48.74	31.35	14.89
92	果树财富	广东	48.73	10.03	4.71
93	固金所	上海	48.65	5.23	1.62
94	恒信易贷	广东	48.48	20.09	5.96
95	金信网	北京	48.41	221.12	94.49
96	口贷网	四川	48.30	24.51	11.47
97	合时代	广东	48.22	58.48	25.01
98	乾贷网	贵州	48.21	21.31	11.81
99	小油菜	北京	48.16	16.36	5.31
100	汇盈金服	北京	48.06	85.88	28.51

资料来源：网贷之家。

4.1.4 2017年年度百强榜点评

2017年的百强榜变化主要体现在以下几个方面。

第一，成交积分和人气积分上，成交和人气是能较好反映平台受欢迎程度的指标，指标得分高说明平台规模大、人气旺。2017年上半年，在P2P网贷行业成交、人气增速不大的情况下，为体现差异性，反映平台规模增长的优势，增加了成交积分的权重。但是随着下半年部分地区对P2P网贷平台提出了控制规模的要求，为反映监管精神，减少部分平台因为合规要求控制规模增长导致得分下降的影响，对成交积分、人气积分权重进行了下降调整。此外，部分平台由于长期通过渠道发布P2P网贷“羊毛”，结合不少“爆雷”平台长期高返的特征，通过资料搜集确定“羊毛”规模和对平台影响程度后，进行成交积分减分处理。

第二，在合规积分和透明度积分上，随着越来越多的P2P网贷平台完成银行存管，P2P 网贷平台发展指数评级增加了对银行存管双系统的考量，对于双系统的平台合规积分进行减分处理。此外，监管层对“现金贷”业务进行清理整顿，相关业务风险上升，对于有“现金贷”相关业务的平台，合规积分向下进行调整。最后，2017 年 8 月银监会发布《网络借贷信息中介机构业务活动信息披露指引》后，评级对透明度指标做出了较大的调整，调整后指标更细，以反映监管方最新的监管精神，同时，银监会信息披露要求为平台必须完成项目，因此按照一定权重计入合规积分中。2017 年第四季度，信息披露越来越受到百强榜平台的重视，不少平台进行了显著改善，对其排名也产生正面积极作用。

第三，在技术和品牌积分上，百强榜中越来越多的平台获得了公安部信息安全三级等保认证，并且完成测评取得了较高的分数。随着备案登记的日子日趋临近，品牌积分权重比例逐步上升。据网贷之家不完全统计，2017 年全年有 40 家平台获得风投融资，对平台的品牌知名度有所提升。

第四，在分散度积分、流动性积分和杠杆积分上，百强榜中越来越多的平台分散度上升，究其原因在于“限额令”的出台，导致平台加速向小额分散进行转型。流动性上，全行业平均借款期限有进一步上升的态势，随着“现金贷”业务被叫停，年化综合收益率不得超过红线，平台的借款期限明显拉长，期限较长的标的增多后，2017 年 12 月 P2P 网贷行业平均借款期限已经达到了 10.02 个月，平均借款期限上升带动久期的上升，使得平台的流动性积分小幅下降。最后，在部分百强榜平台业务规模增长的情况下，贷款余额上升，造成部分平台杠杆积分下降。不过随着监管层“去担保化”的明确，风险准备金或者质保服务专款等形式需要逐步消化存量业务，杠杆积分的权重出现了明显下降的趋势。

4.1.5　代表性百强榜平台点评

宜人贷：平台 2017 年全年累计成交量达到 386.03 亿元，月成交量呈现稳步上升的走势。平台成交、人气均处于行业前列，同时作为在纽交所上市的 P2P 网贷机构，品牌知名度高。平台 2017 年度发展指数排名首位，不过宜人贷在网站平台上信息披露项仍有一定的改进空间。

陆金服：陆金服 2017 年全年累计成交量达到了 2 521.48 亿元，贷款余额为 1 602.16 亿元，因此陆金服成交积分处于评级榜单的首位。由于陆金服作为 P2P 网贷业务单独运营，使得平台的品牌积分相比陆金所仍有些差距。

拍拍贷：平台于 2017 年 11 月 10 日在美国完成 IPO 上市，对其品牌产生积极影响。不过由于“现金贷”业务的监管，对平台产生了一定影响。

点融网：2017 年 8 月点融网完成了 2.2 亿美元 D 轮融资，平台品牌实力得到较大增长。平台在合规性上改善明显，包括停发大标、满足监管要求控制规模增长等。平台信息披露也进行了显著的改善，提升了透明度得分。

投哪网：平台全年成交量为 213.64 亿元，2017 年 9 月巨人网络宣布 8 亿元控股投哪网母公司，平台品牌分因此出现了明显的上升。不过平台借款期限拉长，导致平台流动性积分有所下降。

积木盒子：平台 2017 年 9 月根据“信披指引”要求，对平台的信息披露项目进行了较大的改善，使得平台透明度积分上升较多。此外，平台母公司收购了港股公司永骏国际，品牌影响提升，品牌积分增加。

51 人品：母公司 51 信用卡已完成 C+ 轮投资，上市公司新湖中宝通过自身和子公司合计持有 51 人品 23.14% 的股份。2017 年 12 月银行存管转为北京银行，目前已经完成上线，合规积分提升。此外，平台虽主打移动端，但是在移动端上，平台在信息披露上进行了较大的改善，透明度明显提升。

和信贷：在 2017 年完成美国 IPO 上市，品牌影响力大幅度提升。平台 11 月、12 月成交量也出现了明显的上升，或许是品牌提升后产生的积极影响。平台全年实现 77.98 亿元的成交规模。在合规性上，平台实现了江西银行资金存管。

小赢网金：平台全年成交量为 265.21 亿元，贷款余额为 128.86 亿元。2017 年 3 月，平台品牌升级为小赢科技，获得 B 轮 10 亿元融资，提升了品牌影响力。5 月，平台的华瑞银行存管上线，合规积分上升。平台完成了信息安全等保三级备案证明，并通过第三方测评，使得平台的技术积分大幅上升。

博金贷：平台实缴资本增至 6 480 万元，杠杆积分得到提升；获信息安全等保三级认证，技术积分显著提升。平台信息披露进行了较好的改善，透明度积分较好。此外，平台 TOP1 借款人占比有所下降，分散度得分上升。由于监管层禁止净值标业务，平台净值标业务规模逐步收缩。

4.2　合规及透明度排名

银监会于 2017 年 8 月发布了《网络借贷信息中介机构业务活动信息披露指引》，此举有利于强制规范平台进行信息披露，提升平台透明度。2017 年 P2P 网贷平台年度合规、透明度使用 12 月平台发展指数百强榜中平台合规、透明度情况，分别对透明度、合规项的得分进行降序，得出透明度积分、合规积分前十的平台榜单。透明度前十的平台表明平台信息公开得越多、越透明，而合规积分前十的平台现阶段合规程度较好或者面临的完全合规的转型难度较小。详见表 4-2。

表 4-2　透明度积分、合规积分前十平台

排名	平台	透明度积分	排名	平台	合规积分
1	宜贷网	82.48	1	人人贷	96.15
2	积木盒子	78.5	2	陆金服	93.13
3	和信贷	78.19	3	杉易贷	92.82
4	广州 e 贷	77.03	4	开鑫贷	91.73
5	礼德财富	76.23	5	点融网	90.16
6	杉易贷	75.81	6	宜人贷	88.37
7	PPmoney	75.75	7	爱钱进	87.67
8	团贷网	75.27	8	积木盒子	86.74
9	多赢普惠	75.21	9	中融宝	86.14
10	博金贷	74.78	10	翼龙贷	85.71

资料来源：网贷之家。

4.3 派系排名

根据平台派系确定规则，分别对创业、风投、国资、上市系平台的发展指数进行排名，得出各背景前十平台榜单，其中部分平台因无法确定派系而暂时归类为创业系。派系确定规则如下，上市系为我国主板、中小板、创业板，以及海外（美国和中国香港）主板、创业板上市公司持有股份的平台；国资系为国资成分持有股份的平台；风投系为有以风险投资为主业的机构投资入股的平台（在有多重派系的情况下，如果可以确定准确持股比例，取最大比例成分确定派系，否则按照上市系、国资系、风投系的顺序优先确定派系归属）；其他为创业系。

如表 4-3 所示，2017 年，宜人贷、开鑫贷、人人贷和你我贷分别为上市系、国资系、风投系和创业系榜单的第一名。

表 4-3　2017 年度 P2P 网贷平台发展指数百强榜之派系榜单

排名	上 市 系	国 资 系	风投系	创业系
1	宜人贷（纽交所直接上市）	开鑫贷（国开金融等：100%）	人人贷	你我贷
2	陆金服（中国平安：–）	民贷天下（广州产业投资基金等：–）	点融网	人人聚财
3	拍拍贷（纽交所直接上市）	道口贷（清华大学：50%）	爱钱进	91 旺财
4	微贷网（汉鼎宇佑：15.54%）	e 路同心（广东粤科投资：30%）	有利网	信用宝
5	投哪网（大金重工：11.76%）	博金贷（江西大成国有资产经营管理：12.8%）	团贷网	向上金服
6	搜易贷（搜狐集团：35%）	礼德财富（中食兆业 :–）	积木盒子	红岭创投
7	翼龙贷（联想控股：33.33%）	银豆网（北京华信电子企业集团 :70%）	PPmoney 网贷	中融宝
8	51 人品（新湖中宝：23.14%）	新联在线（中国华宇经济发展有限公司等：53.19%）	宜贷网	广信贷
9	和信贷(纳斯达克直接上市）	东方汇（东方邦信融通控股股份有限公司等：100%）	小赢网金	小诺理财
10	理财农场（诺普信：35%）	可溯金融（华鼎国学研究基金会：20%）	短融网	金联储

资料来源：网贷之家。

4.4 区域排名

发展指数百强榜是针对全国平台所做的排名，然而我国幅员辽阔，地区差异较大，所以，地区榜单可以帮助出借人了解不同地区的平台情况，进而分散投资，平台也可以借鉴本地区优秀平台的发展情况，不断学习进步。平台在所在省市排名越靠前，表明平台在当地发展越规范、发展潜力越高。

如表 4-4 所示，宜人贷、陆金服和投哪网分别位居北京、上海和广东的首位。经过 2017 年风投资本和产业资本的进入，目前各地区前十排行榜基本都被上市系和风投系占据。

表 4-4　2017 年度网贷平台发展指数百强榜之地区榜单

排名	平　台	地域	排名	平　台	地域	排名	平　台	地域
1	宜人贷	北京	1	陆金服	上海	1	投哪网	广东
2	人人贷	北京	2	拍拍贷	上海	2	团贷网	广东
3	爱钱进	北京	3	点融网	上海	3	PPmoney 网贷	广东
4	有利网	北京	4	你我贷	上海	4	人人聚财	广东
5	积木盒子	北京	5	口袋理财	上海	5	理财农场	广东
6	搜易贷	北京	6	东方汇	上海	6	民贷天下	广东
7	翼龙贷	北京	7	永利宝	上海	7	杉易贷	广东
8	和信贷	北京	8	生菜金融	上海	8	小赢网金	广东
9	银湖网	北京	9	石投金融	上海	9	信融财富	广东
10	道口贷	北京	10	新新贷	上海	10	e 路同心	广东

资料来源：网贷之家。

4.5 规模排名

截至 2017 年年底，P2P 网贷行业贷款余额为 12 245.87 亿元，相比 2016 年底上升了 50%。2017 年 P2P 网贷行业成交量为 28 048.49 亿元，同比增长 35.9%。微观层面，行业头部平台的集中度进一步加强。

4.5.1 贷款余额 TOP100 平台综合分析

数据显示，截至 2017 年底，有 19 家平台贷款余额增长 100 亿元以上，前三平台为陆金服、宜人贷和爱钱进，贷款余额分别为 1 602.16 亿元、515.82 亿元和 370.09 亿元。

2017 年成交量最大的三个平台分别是陆金服、红岭创投和鑫合汇，年度成交额分别为 1 344 亿元、1 115 亿元和 990 亿元。

如图 4-1 所示，P2P 网贷平台贷款余额在 100 亿元及以上平台占行业贷款余额的比例走势，2017 年是 P2P 网贷行业监管合规年，良币驱逐劣币，虽然 2017 年行业集中度一直处于振荡状态，但从 5 月开始，百亿贷款余额平台的行业集中度大都在 45% 以上，且在第四季度有持续走高的趋势。

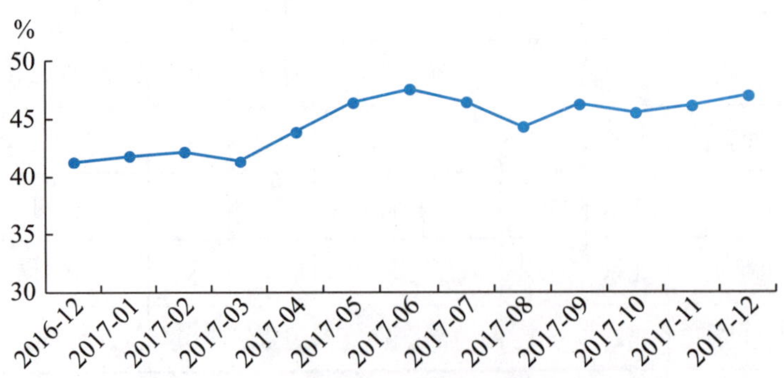

图 4-1　P2P 网贷行业贷款余额 100 亿以上平台集中度走势

资料来源：网贷之家。

贷款余额 TOP 100 平台地区分布集中度较高，八成以上分布在北上广浙四个地区，地域优势显著。如图 4-2 所示，TOP 100 中北京地区平台数量最多，有 39 家；其次是广东 20 家；浙江和上海分别有 14 家和 13 家。

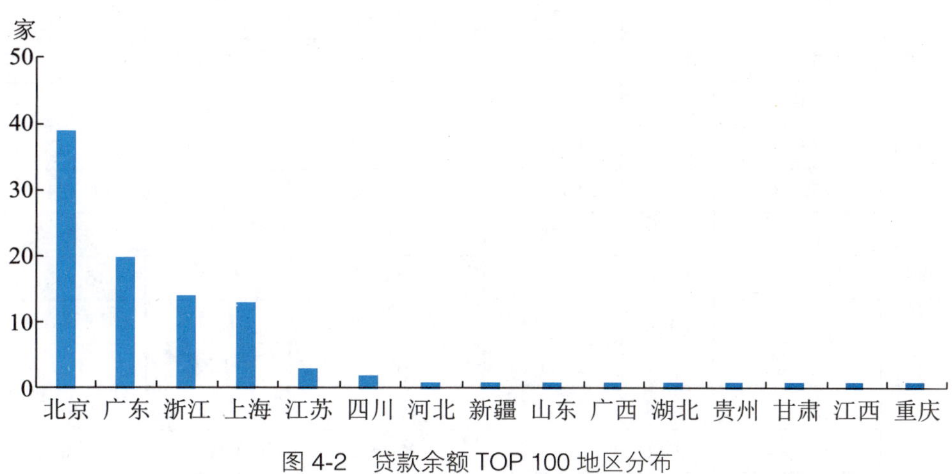

图 4-2　贷款余额 TOP 100 地区分布

资料来源：网贷之家。

4.5.2　2017 年 P2P 网贷平台贷款余额、成交量排行榜榜单

以网贷之家监测的所有 P2P 网贷平台为对象，分别对平台的贷款余额、成交量作数据降序处理，展示了 2017 年贷款余额 TOP 100 平台、总成交量 TOP 100 平台的运营数据排行榜（以下简称“排行榜”），详见表 4-5、表 4-6。

表 4-5　2017 年 P2P 网贷行业贷款余额 TOP 100 平台运营数据

序号	平 台 名	省市	贷款余额（亿元）	2017 年总成交量（亿元）	综合收益率（%）	借款期限（月）
1	陆金服	上海	1 602.16	约 1 344	7.48	25.14
2	宜人贷	北京	515.82	386.03	11.54	30.59
3	爱钱进	北京	370.09	673.87	10.77	29.57
4	人人贷	北京	302.58	220.63	9.97	35.09
5	拍拍贷	上海	约 250	约 650	–	–
6	聚宝匯	北京	226.01	242.93	7.71	7.41
7	你我贷	上海	213.18	343.59	10.83	16.36

续表

序号	平 台 名	省市	贷款余额（亿元）	2017 年总成交量（亿元）	综合收益率（%）	借款期限（月）
8	红岭创投	广东	199.72	1 115.26	8.31	2.12
9	有利网	北京	185.82	474.89	9.93	22.14
10	团贷网	广东	177.31	607.93	9.59	5.71
11	微贷网	浙江	177.06	871.39	7.79	3.29
12	恒易融	北京	174.71	123.2	12.38	32.02
13	点融网	上海	165.56	220.54	10.31	16.18
14	翼龙贷	北京	160.24	241.95	8.86	9.28
15	小牛在线	广东	157.37	378.17	9.61	5.14
16	51 人品	浙江	约 134	约 336	7.14	8.61
17	爱投资	北京	132.67	160.13	11.31	13.01
18	小赢网金	广东	128.86	265.21	7.33	8.99
19	银谷在线	北京	126.61	225.66	12.68	26.51
20	投哪网	广东	94.76	213.64	8.97	9.33
21	金信网	北京	94.49	221.12	9.22	8.15
22	PPmoney 网贷	广东	83.09	268.9	9.35	5.98
23	轻易贷	河北	82.28	156.22	8.43	4.85
24	麻袋理财	上海	80.25	302.42	8.42	20.8
25	友金所	广东	79.71	72.57	9	34.93
26	积木盒子	北京	75.84	190.53	8.43	9.38
27	钜宝盆	上海	72.13	45.13	8.07	34.73
28	宜贷网	四川	69.51	527.3	10.85	6.68
29	温商贷	新疆	66.64	160.52	10.54	4.45
30	和信贷	北京	66.6	77.98	11.77	9.45
31	信和大金融	北京	64.26	133.4	8.34	8.96
32	麦子金服财富	上海	57.58	106.75	11.97	25.17
33	鹏金所	广东	50.29	119.26	6.48	6.23
34	普惠家	北京	49.33	44.72	10.67	18.11
35	冠 e 通	北京	49.18	74.66	9.77	9.4
36	泰然金融	浙江	47.88	186.09	8.89	5.88
37	银豆网	北京	47.62	45.03	12.82	12.1
38	惠金所	北京	47.27	86.49	7.53	6.27
39	银湖网	北京	46.28	45.72	12.04	28.64

续表

序号	平 台 名	省市	贷款余额（亿元）	2017 年总成交量（亿元）	综合收益率（%）	借款期限（月）
40	共信赢	广东	44.15	83	11.66	6.02
41	向上金服	北京	43.54	209.26	10.04	4.83
42	开鑫贷	江苏	40.91	47.01	6.54	11.71
43	易通贷	北京	38.68	98.77	12.39	4.98
44	付融宝	江苏	37.37	68.06	10.37	7.87
45	人人聚财	广东	36.14	71.65	9.88	9.58
46	鑫合汇	浙江	约 36	约 990	–	–
47	融金所	广东	33.32	87.57	10.43	6.8
48	搜易贷	北京	32.24	81.17	7.34	7.15
49	广信贷	北京	31.49	56.65	12.62	13.76
50	小诺理财	北京	30.97	85.28	8.39	6.55
51	口袋理财	上海	29.31	91.26	–	–
52	民贷天下	广东	29.15	147.41	7.3	8.51
53	汇盈金服	北京	28.51	85.88	9.43	4.03
54	信用宝	北京	28	112.18	11.86	18.17
55	东方汇	上海	27.55	144.37	5.04	2.55
56	信融财富	广东	26.87	61.04	12.07	7.19
57	米庄理财	浙江	26.87	82.77	8.88	3.92
58	米缸金融	上海	26.28	38.41	8.05	9.08
59	理财范	北京	25.89	42.3	10.45	7.31
60	钱多多	上海	25.58	52.56	11.99	5.96
61	合时代	广东	25.01	58.48	11.84	5.84
62	网利宝	北京	24.31	85.98	9.01	3.77
63	金融圈	广东	23.92	42.28	9.27	6.47
64	金银猫	上海	23.75	62.6	7.38	4.45
65	聚优财	浙江	23.56	38.94	7.93	8.26
66	安捷财富	上海	23.52	23.85	13.3	11.9
67	小微金融	广东	23.27	70.16	12.74	4.6
68	中业兴融	广东	23.26	51.36	10.48	4.93
69	抱财网	北京	23.17	29.26	10.56	9.25
70	金联储	北京	23.11	91.53	10.09	2.71
71	碧有信	北京	23.08	45.82	7.66	4.48

续表

序号	平 台 名	省市	贷款余额（亿元）	2017 年总成交量（亿元）	综合收益率（%）	借款期限（月）
72	金融工场	北京	23.04	51.5	8.33	5.33
73	海融易	山东	23.01	70.77	7.31	4.91
74	金投行	浙江	22.67	37.74	6.56	8.15
75	善林财富	上海	22.54	40.59	9.32	9.83
76	合家金融	浙江	22.33	43.48	8.76	6.02
77	洋钱罐	北京	22.24	494.59	14.32	4.56
78	投米网	北京	20.5	9.08	8.22	13.04
79	钱盆网	广西	20.48	55.41	13.46	6.26
80	甜菜金融	湖北	20.46	25.61	6.66	9.6
81	众信金融	北京	19.45	56.14	8.09	5.72
82	君融贷	北京	19.26	45.3	10.57	5
83	招财猫理财	浙江	19.23	55.28	9.92	4.66
84	91 旺财	北京	17.8	116.03	7.48	1.78
85	首 E 家	北京	17.5	43.38	7.02	4.99
86	招商贷	贵州	17.3	45.01	10.6	4.45
87	道口贷	北京	17.23	42.15	8.21	3.73
88	理财农场	广东	17.19	58.78	10.18	7.57
89	e 融 e 贷	甘肃	17.04	33.42	5.16	6.24
90	来存吧	浙江	16.9	61.35	10.08	2.36
91	紫金所	江苏	16.79	13.32	8.4	10.07
92	爱钱帮	北京	16.73	87.13	9.45	2.41
93	淘淘金	广东	16.71	31.98	7.88	5.69
94	有融网	浙江	16.13	57.45	11.04	3.06
95	投融家	浙江	15.9	47.33	10.68	3.72
96	博金贷	江西	15.82	92.76	8.25	4.34
97	隆金宝	重庆	15.72	35.87	8	5.87
98	拓道金服	浙江	15.46	45.86	10.98	4.3
99	人众金服	浙江	15.25	82.55	9.72	1.91
100	e 融所	广东	14.96	27.9	10.28	5.24

资料来源：网贷之家。

注：部分平台由于数据不完整，为估算数据。

表 4-6　2017 年 P2P 网贷行业总成交量 TOP 100 平台运营数据

序号	平　台　名	省市	2017 年总成交量（亿元）	贷款余额（亿元）	综合收益率（%）	借款期限（月）
1	陆金服	上海	约 1 344	1 602.16	7.48	25.14
2	红岭创投	广东	1 115.26	199.72	8.31	2.12
3	鑫合汇	浙江	约 990	约 36	–	–
4	微贷网	浙江	871.39	177.06	7.79	3.29
5	爱钱进	北京	673.87	370.09	10.77	29.57
6	拍拍贷	上海	约 650	约 250	–	–
7	团贷网	广东	607.93	177.31	9.59	5.71
8	宜贷网	四川	527.3	69.51	10.85	6.68
9	洋钱罐	北京	494.59	22.24	14.32	4.56
10	有利网	北京	474.89	185.82	9.93	22.14
11	宜人贷	北京	386.03	515.82	11.54	30.59
12	小牛在线	广东	378.17	157.37	9.61	5.14
13	你我贷	上海	343.59	213.18	10.83	16.36
14	51 人品	浙江	约 336	约 134	6.64	8.61
15	麻袋理财	上海	302.42	80.25	8.42	20.8
16	PPmoney	广东	268.9	83.09	9.35	5.98
17	小赢网金	广东	265.21	128.86	7.33	8.99
18	聚宝匯	北京	242.93	226.01	7.71	7.41
19	翼龙贷	北京	241.95	160.24	8.86	9.28
20	银谷在线	北京	225.66	126.61	12.68	26.51
21	金信网	北京	221.12	94.49	9.22	8.15
22	人人贷	北京	220.63	302.58	9.97	35.09
23	点融网	上海	220.54	165.56	10.31	16.18
24	投哪网	广东	213.64	94.76	8.97	9.33
25	向上金服	北京	209.26	43.54	10.04	4.83
26	积木盒子	北京	190.53	75.84	8.43	9.38
27	泰然金融	浙江	186.09	47.88	8.89	5.88
28	温商贷	新疆	160.52	66.64	10.54	4.45
29	爱投资	北京	160.13	132.67	11.31	13.01
30	轻易贷	河北	156.22	82.28	8.43	4.85
31	民贷天下	广东	147.41	29.15	7.3	8.51
32	信和大金融	北京	133.4	64.26	8.34	8.96

续表

序号	平　台　名	省市	2017 年总成交量（亿元）	贷款余额（亿元）	综合收益率（%）	借款期限（月）
33	恒易融	北京	123.2	174.71	12.38	32.02
34	鹏金所	广东	119.26	50.29	6.48	6.23
35	91 旺财	北京	116.03	17.8	7.48	1.78
36	信用宝	北京	112.18	28	11.86	18.17
37	麦子金服财富	上海	106.75	57.58	11.97	25.17
38	钱爸爸	广东	101.02	10.65	8.73	1.18
39	易通贷	北京	98.77	38.68	12.39	4.98
40	博金贷	江西	92.76	15.82	8.25	4.34
41	金联储	北京	91.53	23.11	10.09	2.71
42	口袋理财	上海	91.26	29.31	–	–
43	融金所	广东	87.57	33.32	10.43	6.8
44	爱钱帮	北京	87.13	16.73	9.45	2.41
45	网利宝	北京	85.98	24.31	9.01	3.77
46	汇盈金服	北京	85.88	28.51	9.43	4.03
47	小诺理财	北京	85.28	30.97	8.39	6.55
48	共信赢	广东	83	44.15	11.66	6.02
49	米庄理财	浙江	82.77	26.87	8.88	3.92
50	人众金服	浙江	82.55	15.25	9.72	1.91
51	搜易贷	北京	81.17	32.24	7.34	7.15
52	和信贷	北京	77.98	66.6	11.77	9.45
53	冠 e 通	北京	74.66	49.18	9.77	9.4
54	友金所	广东	72.57	79.71	9	34.93
55	人人聚财	广东	71.65	36.14	9.88	9.58
56	海融易	山东	70.77	23.01	7.31	4.91
57	小微金融	广东	70.16	23.27	12.74	4.6
58	生菜金融	上海	68.78	10.16	8.79	3.24
59	付融宝	江苏	68.06	37.37	10.37	7.87
60	首金网	北京	66.25	12.38	8.41	4.22
61	金银猫	上海	62.6	23.75	7.38	4.45
62	小猪理财	江西	61.73	10.01	12.35	1.54
63	来存吧	浙江	61.35	16.9	10.08	2.36
64	信融财富	广东	61.04	26.87	12.07	7.19

续表

序号	平　台　名	省市	2017 年总成交量（亿元）	贷款余额（亿元）	综合收益率（%）	借款期限（月）
65	福银票号	上海	60.96	8.33	5.67	2.03
66	投资宝	广东	59.36	11.78	8.57	3.16
67	理财农场	广东	58.78	17.19	10.18	7.57
68	合时代	广东	58.48	25.01	11.84	5.84
69	有融网	浙江	57.45	16.13	11.04	3.06
70	广信贷	北京	56.65	31.49	12.62	13.76
71	钱盆网	广西	55.41	20.48	13.46	6.26
72	招财猫理财	浙江	55.28	19.23	9.92	4.66
73	e 路同心	广东	52.85	10.61	8.75	7.22
74	钱多多	上海	52.56	25.58	11.99	5.96
75	多赢	广东	52	7.47	9.56	1.76
76	金融工场	北京	51.5	23.04	8.33	5.33
77	中业兴融	广东	51.36	23.26	10.48	4.93
78	365 易贷	江苏	49.71	12.5	9.97	4.75
79	投融家	浙江	47.33	15.9	10.68	3.72
80	钱保姆	浙江	46.9	7.15	9.99	1.5
81	中瑞财富	北京	46.51	7.94	7.2	2.11
82	拓道金服	浙江	45.86	15.46	10.98	4.3
83	碧有信	北京	45.82	23.08	7.66	4.48
84	银湖网	北京	45.72	46.28	12.04	28.64
85	君融贷	北京	45.3	19.26	10.57	5
86	亿宝贷	上海	45.26	7.87	7.98	4.11
87	钜宝盆	上海	45.13	72.13	8.07	34.73
88	银豆网	北京	45.03	47.62	12.82	12.1
89	招商贷	贵州	45.01	17.3	10.6	4.45
90	普惠家	北京	44.72	49.33	10.67	18.11
91	合家金融	浙江	43.48	22.33	8.76	6.02
92	首 E 家	北京	43.38	17.5	7.02	4.99
93	新升贷	浙江	43.31	9.64	12.41	2.96
94	理想宝	广东	43.17	13.85	10.07	3.81
95	理财范	北京	42.3	25.89	10.45	7.31
96	金融圈	广东	42.28	23.92	9.27	6.47

续表

序号	平 台 名	省市	2017 年总成交量（亿元）	贷款余额（亿元）	综合收益率（%）	借款期限（月）
97	道口贷	北京	42.15	17.23	8.21	3.73
98	地标金融	广东	42.03	5.15	10.45	1.38
99	铜掌柜	浙江	41.61	14.3	8.11	5.52
100	善林财富	上海	40.59	22.54	9.32	9.83

资料来源：网贷之家。

第 5 章

资产端多元化

5.1 汽车金融

随着国民经济持续发展，我国居民消费能力持续提升，交通通信成为仅次于食品烟酒、居住刚需的最大支出项目，汽车保有量近年持续攀升。截至2017年年底，我国汽车保有量达3.10亿辆。虽然汽车消费需求旺盛，但汽车相对其他生活消费品价值较高，全款购车给普通家庭带来较大经济压力。目前市场上提供汽车贷款分期的资金方主要是银行、汽车金融公司及第三方资金借贷机构，如P2P网贷平台。

银行的资金成本较低，但银行汽车贷款贷款对象门槛较高、手续烦琐且审核期限长，客户体验较差；汽车金融公司业务开展实行牌照制，取得许可证的公司相对不多，且其主营业务为库存融资及零售贷款，贷款服务对象主要是汽车金融公司背后的汽车集团客户，服务客体有限；第三方资金借贷机构产品类型多样，审核流程相对简便，客户体验较好，虽然市场占有率和影响力较小，但增速较快。

5.1.1 2017年P2P网贷行业车贷业务概况

限额政策的影响让借款金额和风险相对较低的车贷业务成为P2P网贷平台纷纷抢滩的板块，车贷业务成交量规模也在稳步上升。2017年P2P网贷行业涉及车贷业务的平台数量945家，总成交量为2 639.43亿元，同比2016年上涨40.4%，2017年车贷业务成交占整个P2P网贷行业的9.41%。

2017年车贷业务的综合收益率为9.86%，同比下降126个基点，相比2017年P2P网贷行业的综合收益率高出41个基点。2017年车贷业务平均借款期限约为5个月，同比拉长了0.27个月，相比同期P2P网贷行业平均借款期限低了4.16个月。

如图5-1所示，2017年P2P网贷行业车贷业务成交量增长速度放缓，但一直保持稳定速度增长。具体分析来看，2017 年春节小长假是成交量的低谷，该时期市场资金面相对紧张；从 2017 年 3 月以来，行业车贷业务月度成交量均维持在 210 亿元以上，于 12 月达到最高点，成交量为 236.65 亿元。

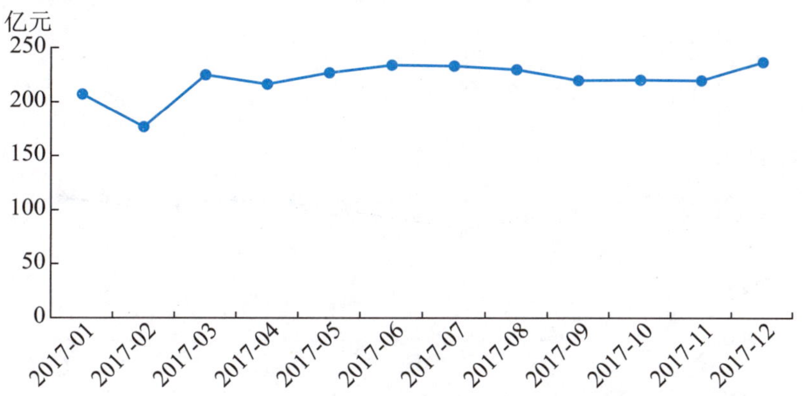

图 5-1　P2P 网贷行业车贷业务月度成交量走势

资料来源：网贷之家。

以 2017 年每月车贷业务成交量 TOP 10 平台作为样本，计算 P2P 网贷行业车贷业务集中度。如图 5-2 所示，P2P 网贷行业车贷业务 2017 年前 11 个月集中度持续缓慢下行，但一直维持在 48% 以上，11 月达到最低点 48.13%，12 月开始上扬。总体来看，车贷行业的集中度比较高，但 2017 年以来受限制规模等政策影响，头部大平台的车贷业务规模趋稳，导致 TOP 10 集中度有所下降。随着监管的持续进行，存量淘汰速度加快，行业并购增加，预计未来车贷业务集中度将继续上升。

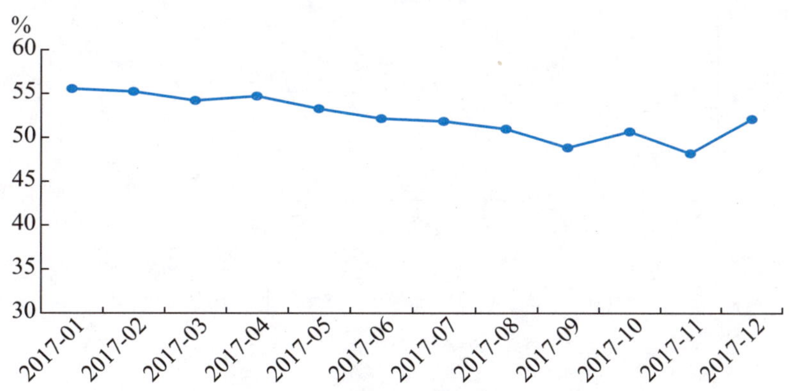

图 5-2　P2P 网贷行业车贷业务集中度

资料来源：网贷之家。

如图 5-3 所示，2017 年车贷业务综合收益率走势与 P2P 网贷行业综合收益率走势基本一致，但车贷业务综合收益率一直高于行业，近几个月二者差距有逐步缩小的趋势。

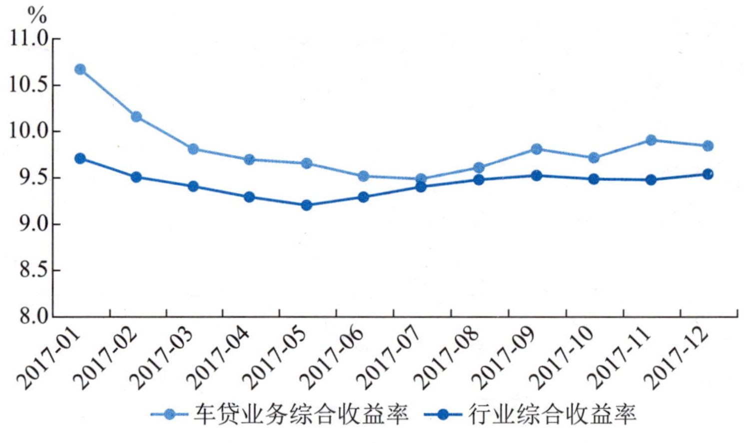

图 5-3　P2P 网贷行业车贷综合收益率走势

资料来源：网贷之家。

如图 5-4 所示，车贷业务平均借款期限与行业走势基本一致，但 2017 年 12 月车贷业务平均借款期限增长速度明显高于行业平均借款期限，达到当年最高点，为 6.9 个月，预计未来将继续拉长。

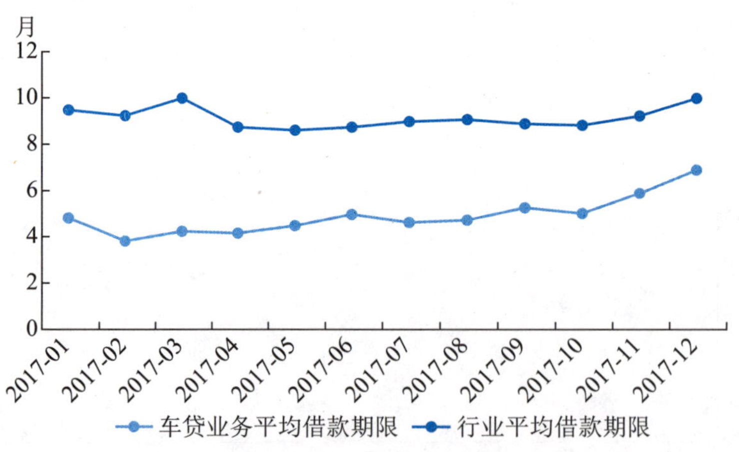

图 5-4　P2P 网贷行业车贷平均借款期限走势

资料来源：网贷之家。

5.1.2 P2P 网贷行业的车贷业务模式

车贷业务有期限短流动性强、综合收益率高于行业平均水平、风控模式相对简单等优势，成为较多 P2P 网贷平台重要配置资产。目前车贷金融产品主要有车辆抵 / 质押贷款、车贷融资租赁、车商贷款、购车消费贷款、购车垫资及网约车等多种业务模式，如表 5-1 所示。

表 5-1 P2P 网贷行业车贷业务模式

业务模式		特点	参与方	主要环节
抵押 / 质押	自营模式	客群范围广、门槛低，审批流程短、放款快	P2P 网贷平台、借款人、出借人	借款人将汽车抵 / 质押至平台，平台承担汽车评估、抵押登记、授信、GPS 安装等责任
	转让模式	客群范围广、门槛低，扩张快	P2P 网贷平台、借款人、出借人、金融机构、汽车金融公司	借款人将汽车抵 / 质押至小微金融机构或汽车消费金融公司，后者将债权转让给 P2P 网贷平台并提供担保，平台对债权转让方进行尽调
车商贷款		多用于短期资金周转，笔均融资额高，客群小	P2P 网贷平台、借款人、出借人	经销商或融资租赁公司将汽车抵 / 质押至平台，平台审核后发布项目，出借人投资项目
购车垫资		业务周期短，门槛和竞争壁垒高	购车人、出借人、P2P 网贷平台、银行、汽车金融公司	购车人按揭购车，汽车金融公司先行垫付按揭款，随后向银行申请按揭贷款业务并向 P2P 网贷平台转让债权，平台审核后发布标的
消费贷款	自营模式	流程简单、项目分布零散、无担保措施	购车人、出借人、P2P 网贷平台	购车人向 P2P 网贷平台发起贷款申请，平台审核后发布标的，出借人投资标的
	转让模式	抵押汽车作为担保、交易规模大	购车人、出借人、P2P 网贷平台、经销商或汽车金融公司	汽车经销商或金融公司为购车人提供贷款服务后，将债权转让给 P2P 网贷平台，平台审核后发布项目
融资租赁	以租代购	收益权转让模式	承租方、出借人、P2P 网贷平台、汽车融资租赁公司	承租方与汽车融资租赁公司达成租赁协议，前者向 P2P 网贷平台支付一定比例保证金，后者向 P2P 网贷平台转让租金收益权，P2P 网贷平台对融资租赁公司尽调并要求其提供担保
	售后回租	二手车市场	承租方、出借人、P2P 网贷平台、汽车融资租赁公司	承租方将自有汽车卖给融资租赁公司，再将车租回使用，融资租赁公司向 P2P 网贷平台转让租金收益权获得融资，承租人按月付租金，出借人收回本息
汽车供应链金融		核心企业一般为整车厂	核心企业、上下游借款企业、出借人、P2P 网贷平台	核心企业为上下游中小企业提供担保，中小企业向 P2P 网贷平台申请贷款，获得贷款后按约定偿还本息

资料来源：网贷之家、盈灿咨询。

5.1.3 2017 年 P2P 网贷行业的车贷业务成交量 TOP50

表 5-2 2017 年 P2P 网贷行业车贷业务成交量 TOP 50 平台运营数据

序号	平台名	省市	车贷业务成交量（亿元）	平台成交量（亿元）	车贷业务成交量占比（%）	车贷业务综合收益率（%）	车贷业务平均借款期限（月）
1	微贷网	浙江	745.6	871.39	85.56	7.89	3.43
2	投哪网	广东	205.31	213.64	96.10	8.98	9.41
3	人人聚财	广东	70.41	71.65	98.27	9.88	9.52
4	拓道金服	浙江	45.86	45.86	100.00	10.98	4.30
5	爱钱帮	北京	45.62	87.13	52.36	9.33	1.93
6	新升贷	浙江	43.31	43.31	100.00	12.41	2.96
7	搜易贷	北京	40.33	81.17	49.69	6.67	2.36
8	生菜金融	上海	37.76	68.78	54.90	8.38	1.15
9	融金所	广东	37.5	87.57	42.82	11.17	8.23
10	宜聚网	广东	33.04	33.04	100.00	11.53	3.97
11	迷你贷	广东	32.31	32.31	100.00	11.00	1.60
12	图腾贷	四川	31.35	31.35	100.00	13.19	5.64
13	积木盒子	北京	30.43	190.53	15.97	7.50	1.97
14	祺天优贷	浙江	30.23	34.6	87.37	9.93	1.80
15	e 融所	广东	27.06	27.9	96.99	10.03	5.10
16	泰然金融	浙江	25.75	186.09	13.84	9.06	2.79
17	百金贷	北京	22.98	23.06	99.65	9.49	2.26
18	聚车金融	浙江	22.67	22.67	100.00	11.66	0.96
19	连资贷	浙江	22.3	30.78	72.45	8.03	0.88
20	多多理财	浙江	20.26	30.79	65.80	12.16	5.12
21	恒信易贷	广东	20.09	20.09	100.00	12.43	5.46
22	小九金服	浙江	19.58	23.76	82.41	9.98	2.28
23	白菜金融	北京	18.35	18.56	98.87	10.54	14.97
24	丁丁金服	山东	18.25	18.89	96.61	13.01	3.87

续表

序号	平台名	省市	车贷业务成交量（亿元）	平台成交量（亿元）	车贷业务成交量占比（%）	车贷业务综合收益率（%）	车贷业务平均借款期限（月）
25	易港金融	浙江	17.7	17.75	99.72	10.38	3.59
26	玖融网	湖北	16.55	16.58	99.82	11.61	8.77
27	互惠理财网	浙江	15.78	15.78	100.00	12.41	2.28
28	一起好	湖北	15.27	32.52	46.96	13.33	12.22
29	365 易贷	江苏	15.06	49.71	30.30	11.29	4.83
30	融贝网	北京	14.52	22.87	63.49	9.24	8.00
31	点融网	上海	14.09	220.54	6.39	8.57	8.75
32	智富贷	上海	13.25	13.25	100.00	7.49	6.44
33	你我贷	上海	13.24	343.59	3.85	12.21	23.35
34	钱吧	山东	13.14	13.14	100.00	9.70	7.91
35	聚优财	浙江	12.68	38.94	32.56	6.93	1.08
36	百思贷	江苏	11.76	11.76	100.00	11.72	3.75
37	金桥梁	四川	11.34	15.32	74.02	13.41	2.27
38	沪商财富	上海	11.3	11.3	100.00	14.44	6.15
39	宜贷网	四川	10.94	527.3	2.07	10.66	10.83
40	短融网	北京	10.14	23.99	42.27	9.79	5.69
41	小微时贷	福建	9.89	9.89	100.00	15.26	7.76
42	果树财富	广东	9.61	10.03	95.81	12.15	6.69
43	后河财富	广东	9.55	9.84	97.05	12.47	10.91
44	菠萝理财	北京	9.5	9.5	100.00	9.86	2.34
45	网利宝	北京	9.16	85.98	10.65	9.72	6.62
46	168 理财	福建	9.08	14.21	63.90	9.88	5.58
47	黄河金融	浙江	8.99	14.18	63.40	8.13	1.09
48	沃时贷	江苏	8.68	8.68	100.00	13.58	6.62
49	果儿金融	安徽	8.45	9.43	89.61	9.46	2.38
50	团贷网	广东	8.3	607.93	1.37	9.93	7.76

资料来源：网贷之家。

5.2 消费金融

5.2.1 消费金融的定义及发展

1. 消费金融的定义

消费金融有狭义和广义之分。狭义消费金融，是指消费金融公司向各阶层消费者提供以消费为目的的贷款的金融服务方式。广义概念则包含商业银行发放的消费贷款、信用卡透支、消费金融公司产品和互联网消费金融产品等。在广义消费金融领域，商业银行、消费金融公司、分期平台、互联网电商和汽车金融公司等共同参与竞争。

本节所讨论的消费金融是广义消费金融。

2. 消费金融的发展

2017 年，中国国内生产总值近 82.71 万亿元，以 6.9% 的增速水平实现了 2011 年以来的首次增长提速。① 作为拉动 GDP 增长的“三驾马车”之一，消费是其中非常重要的一环。2017 年我国社会消费品零售总额为 36.63 万亿元，同比增长 10.2%，其中，限额以上单位消费品零售额 160 613 亿元，增长 8.1%。② 我国社会消费品零售总额近五年来，一直保持着高速增长，并且随着我国民间财富的增长，人均可支配收入的增加，以及国家对消费的刺激政策，我国居民的消费意愿逐年增高，消费结构也开始发生变化。

首先，居民可支配收入逐年增加，社会消费品零售总额持续增长。

我国社会消费品零售总额已经从 2013 年的 24.28 万亿元，逐年上升至 2017 年的 36.63 万亿元，并且每年的增长率都保持在 10% 以上，增长趋势明

① 国家统计局 . 2017 年经济运行稳中向好、好于预期 . 2018-01-18，http://www.stats.gov.cn/tjsj/zxfb/201801/t20180118_1574917.html.

② 国家统计局 . 2017 年 12 月份社会消费品零售总额增长 9.4%. 2018-01-18，http://www.stats.gov.cn/tjsj/zxfb/201801/t20180118_1574935.html.

显，如图 5-5 所示。

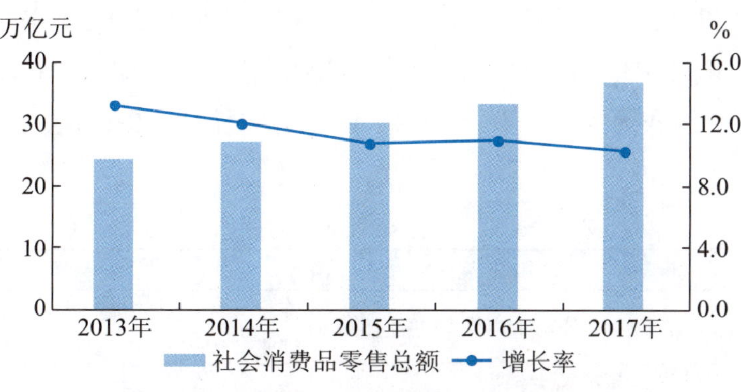

图 5-5　近五年我国社会消费品零售总额

资料来源：国家统计局、网贷之家。

如图 5-6 所示，近五年来，我国居民人均可支配收入逐年上升，从 2013 年的 18 311 元，上升至 2017 年的 25 974 元。[①] 同时，随着国内居民的消费观念发生变化，我国居民消费结构正从生存型消费向教育、旅游等发展型和品质型消费过渡。提前消费、信用消费的观念开始取代传统消费观念并逐步获得消费者认可，消费信贷占信贷比重也将有所增加。

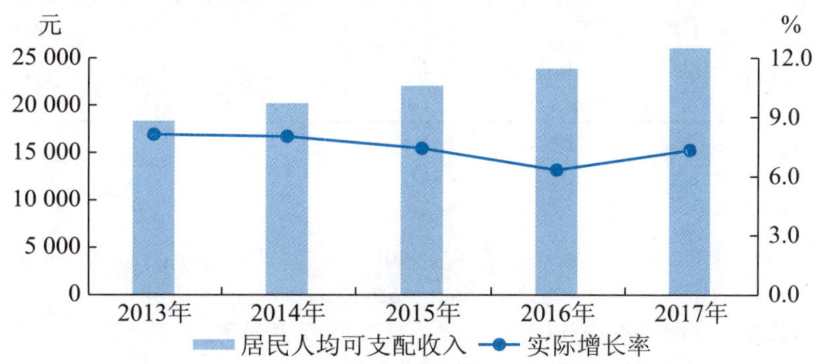

图 5-6　近五年居民人均可支配收入

资料来源：国家统计局、网贷之家。

与日益增长的社会消费品零售总额和居民人均可支配收入相比，我国居民消费杠杆率仍较低，个人消费信贷市场仍有巨大空间有待挖掘，未来消费金融市场仍然有巨大的提升空间。

① 国家统计局 . 2017 年居民收入和消费支出情况 . 2018-01-18，http://www.stats.gov.cn/tjsj/zxfb/201801/t20180118_1574931.html.

其次，各部门频发利好政策，消费金融顺势高速发展。

2009 年以来，国务院各部委出台多项政策，促进消费升级，鼓励消费金融发展，详见表 5-3。在经济结构调整、产业转型的大背景下，拉动内需刺激消费已经成为我国经济发展的重中之重。消费金融在政策的扶持下，已经初现规模。

表 5-3 消费金融相关政策法规

时　　间	政策法规	主要内容
2009 年 8 月	《消费金融公司试点管理办法》①	首批 4 家消费金融公司成立，填补行业空白
2013 年 11 月	银监会宣布扩大消费金融试点城市范围	新成立 7 家消费金融公司
2015 年 6 月	国务院放开市场准入，消费金融公司审批权下放到省②	鼓励包括互联网企业在内的各类机构发起和设立消费金融公司
2015 年 7 月	《关于促进互联网金融健康发展的指导意见》③	支持有条件金融机构开展网络消费金融业务
2015 年 11 月	《中共中央关于制定第十三个五年规划的建议》④	明确将互联网金融写入五年规划
2015 年 11 月	《关于积极发挥新消费引领作用加快培育形成新供给动力的指导意见》⑤	提出优化消费环境，发展消费信贷
2016 年 3 月	《关于加大对新消费领域金融支持的指导意见》⑥	推动专业化消费金融组织发展，加快推进消费信贷管理模式和产品创新
2017 年 10 月	《互联网金融 信息披露 互联网消费金融》⑦	规范广大消费金融机构信息披露行为

资料来源：公开资料整理、网贷之家。

① 银监会．消费金融公司试点管理办法．2013-11-22，http://www.cbrc.gov.cn/chinese/home/docDOC_ReadView/93BDC11D2846408CAB26E6FD615DEE4B.html.

② 中国政府网．消费金融公司试点扩至全国，鼓励民资、互联网企业发起设立．2015-06-11，http://www.gov.cn/zhengce/2015-06/11/content_2878014.htm.

③ 中国人民银行等十部门．关于促进互联网金融健康发展的指导意见．2015-07-18，http://www.gov.cn/xinwen/2015-07/18/content_2899360.htm.

④ 新华社．关于制定国民经济和社会发展第十三个五年规划的建议．2015-11-03，http://news.xinhuanet.com/fortune/2015-11/03/c_1117027676_3.htm.

⑤ 国务院．关于积极发挥新消费引领作用加快培育形成新供给新动力的指导意见．2015-11-23，http://www.gov.cn/zhengce/content/2015-11/23/content_10340.htm.

⑥ 中国人民银行、银监会．关于加大对新消费领域金融支持的指导意见．2016-03-30，http://www.cbrc.gov.cn/chinese/home/docView/FB21DA0230164DC680DE56502CB573DD.html.

⑦ 中国互联网金融协会．互联网金融 信息披露 互联网消费金融（T/NIFA 2—2017）团体标准.2017-10-17，http://www.nifa.org.cn/nifa/2955675/2955761/2968250/index.html.

5.2.2　互联网消费金融市场情况

1. 网络购物用户规模上升

随着消费者购物习惯的改变，网络购物用户规模在 2013 年至 2017 年不断上升，手机网购用户规模上升显得尤为突出。截至 2017 年 6 月，网络购物用户的规模已达到 5.14 亿人，手机网络用户规模为 4.80 亿人，如图 5-7 所示。[①] 庞大的网络购物用户数量和不断上升的趋势，使得网络消费金融市场体量不断扩大。

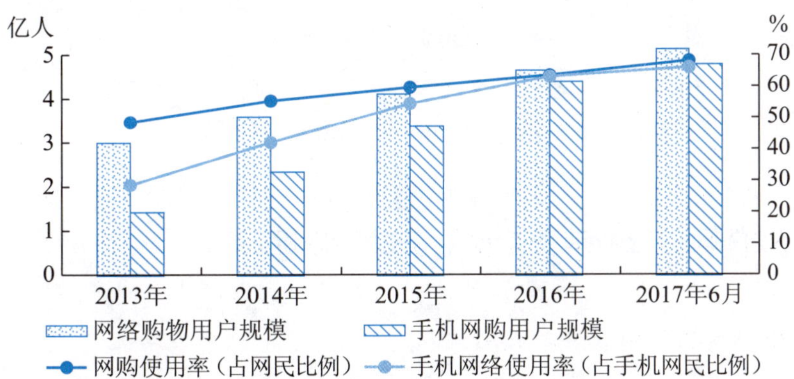

图 5-7　2013—2017 年上半年网络购物 / 手机网络购物用户规模及使用率

资料来源：CNNIC、网贷之家。

2. 网络购物用户规模上升

与网络购物用户规模呈现类似态势，用户的网购总额也呈现出上升的态势。如图 5-8 所示，根据国家统计局数据，2017 年全年社会消费品零售总额 366 262 亿元，比上年增长 10.2%。其中，限额以上单位消费品零售额 160 613 亿元，增长 8.1%。2017 年全年，全国网上零售额 71 751 亿元，比上年增长 32.2%。其中，实物商品网上零售额 54 806 亿元，增长 28.0%，占社会消费品零售总额的比重为 15.0%。[②]

① 中国互联网络信息中心 . 第 40 次《中国互联网络发展状况统计报告》. 2017-08-04，http://www.cnnic.net.cn/hlwfzyj/hlwxzbg/hlwtjbg/201708/t20170803_69444.htm.

② 国家统计局 . 2017 年 12 月份社会消费品零售总额增长 9.4%. 2018-01-18，http://www.stats.gov.cn/tjsj/zxfb/201801/t20180118_1574935.html.

数十万亿元的社会消费品零售总额和数万亿的网上零售额，以及消费者超前消费意识的加强，催生出了庞大的网络消费金融市场。

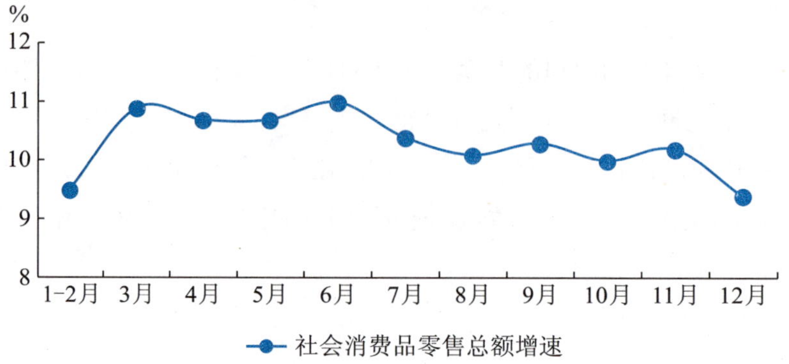

图 5-8　2017 年全国社会消费零售品零售总额分月增速情况

资料来源：国家统计局、网贷之家。

5.2.3　P2P 网贷行业消费金融业务发展概况

1. P2P 网贷行业消费金融成交量

2017 年 P2P 网贷行业消费金融业务的成交量为 2 935.54 亿元，占同期 P2P 网贷行业成交量的比例约为 10.47%，比 2016 年上升了 4.51 个百分点，如图 5-9 所示。可见，从 2013 年开始，P2P 网贷行业消费金融业务规模占比逐年攀升，也反映了 P2P 网贷行业资产业务类型由此带来的变化。

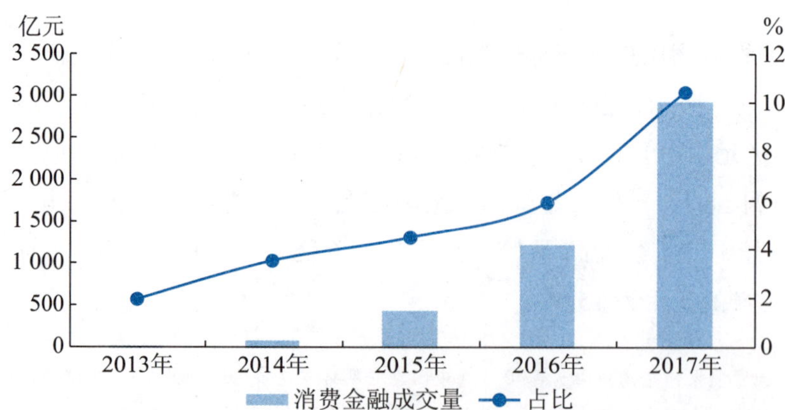

图 5-9　近五年 P2P 网贷行业消费金融业务成交量、占比走势

资料来源：网贷之家。

从 2016 年、2017 年各月的消费金融业务成交量走势看，2016 年 8 月后，消费金融业务成交量占比总体呈现上升趋势。其中，2017 年 11 月达到了 13.90% 的顶峰，单月消费金融成交量规模达 316.70 亿元。此后，由于“现金贷”监管落地，对部分不合规的消费金融业务产生了影响。2017 年 12 月，P2P 网贷行业消费金融规模及占比有所回落，成交量为 283.17 亿元，如图 5-10 所示。

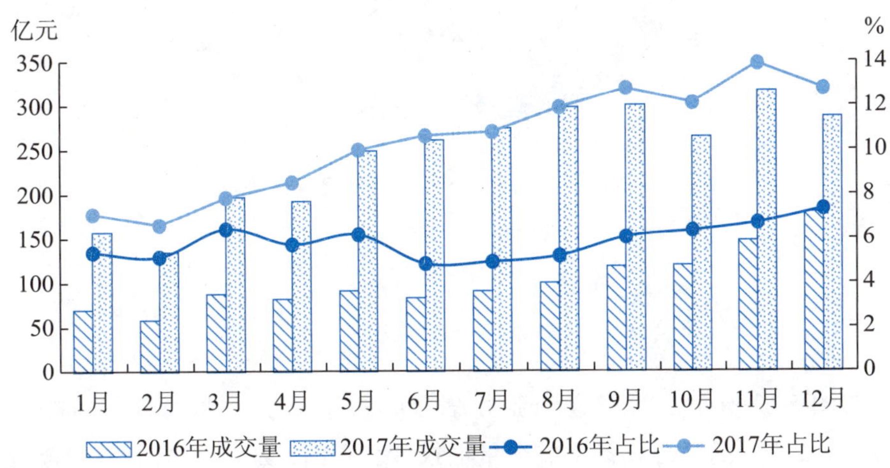

图 5-10　近两年 P2P 网贷行业消费金融业务成交量、占比走势

资料来源：网贷之家。

2. P2P 网贷行业消费金融成交量的地区分布

2017 年 P2P 网贷行业共有 565 家平台发布过消费金融业务标的，这 565 家平台分布在全国 27 个省市。按省市区域分布，对这 565 家平台的所在地进行分类汇总。

数据统计结果显示，上海 2017 年消费金融业务成交量规模最高，达到了 827.59 亿元，北京以 800.84 亿元的成交量成为另外一个成交量过 800 亿元大关的省市。P2P 网贷重镇广东、浙江分别以 698.12 亿元、485.88 亿元紧随上海、北京之后排名第三、第四位。四大省市消费金融业务成交量占同期行业消费金融成交量的比例高达 95.81%，略高于行业区域成交量占比（四大省市成交量占行业成交量的比例约为 89%），可见 2017 年 P2P 网贷行业消费金融业务主要分布在这四个省市。具体地区消费金融业务成交量分布如图 5-11 所示。

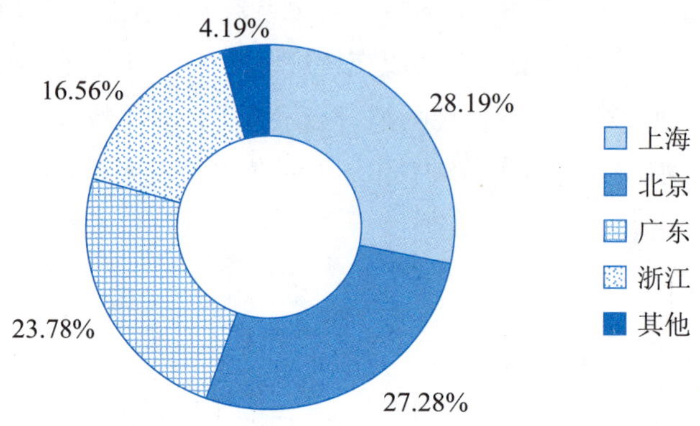

图 5-11　P2P 网贷行业消费金融业务成交量地区分布

资料来源：网贷之家。

3. P2P 网贷行业消费金融业务综合收益率

如图 5-12 所示，消费金融业务综合收益率高于行业综合收益率，按 2017 年 12 个月的综合收益率成交量加权计算得出，2017 年行业消费金融综合收益率为 10.31%，同期行业综合收益率为 9.45%。但消费金融业务综合收益率由于受几家规模较大的平台影响，导致部分月份波动较大。其中 2017 年 8 月、9 月、12 月三个月与同期行业综合收益率走势相背离。

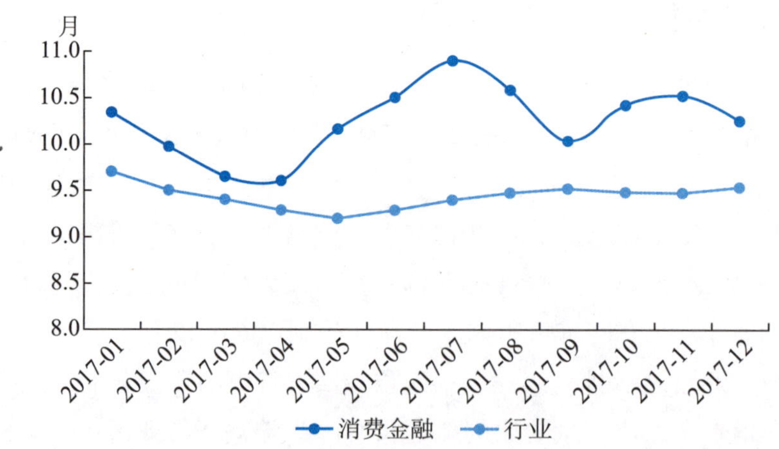

图 5-12　P2P 网贷行业消费金融业务、行业综合收益率走势对比

资料来源：网贷之家。

4. P2P 网贷消费金融业务借款用途

以 2017 年有消费金融业务标的 P2P 网贷平台为分析样本，对能够区分借款用途的借款标的进行分类汇总，主要分为装修、车贷[①]、3C、培训、旅游、家电、租房、其他[②]八大类。根据统计分析发现，2017 年全年数据统计结果显示，装修业务占比最高，达到了 32.00%，这也可以理解为房产抵押这类大额资产因为借款限额的原因，平台转做装修业务的比例上升，同时装修业务消费金额高于一般消费金融业务，因此导致占比规模相对较大。紧随装修业务的借款用途为车贷、3C 消费，占比分别达到了 9.28% 和 6.46%。购车及 3C 消费的普及，使得相应业务的需求量迅速提升，诸如手机线下场景消费后，进行分期还款的产品也较为普及。具体分布如图 5-13 所示。

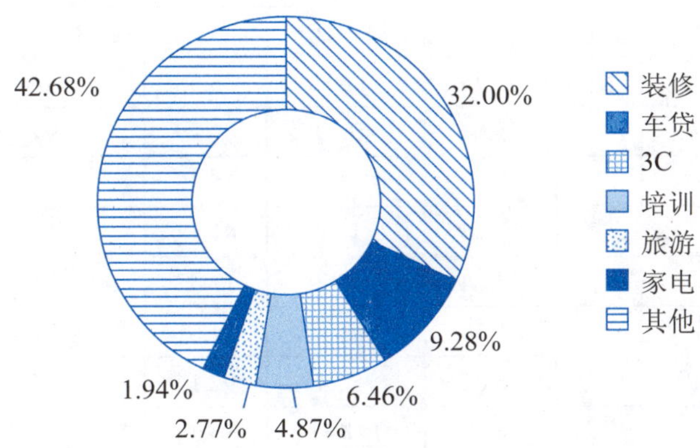

图 5-13　P2P 网贷行业消费金融业务借款用途资金分布

资料来源：网贷之家。

5. P2P 网贷行业消费金融业务成交量 TOP 30 平台

以 2017 年全年涉及消费金融业务的 565 家正常运营平台为对象，分别对消费金融业务平台的成交量作降序处理，展示了 2017 年 P2P 网贷行业消费金融业务成交量 TOP 30 平台排行榜，如表 5-4 所示。

---

① 此处的车贷特指购车分期、购车垫资等业务。

② 其他指没有标注明确的消费金融用途方向的消费金融。

表 5-4　2017 年度 P2P 网贷行业消费金融业务成交量 TOP 30 平台

序号	平 台 名	省市	消费金融成交量（亿元）	平台成交量（亿元）	占比（%）	消费金融业务综合收益率（%）	消费金融平均借款期限（月）
1	拍拍贷	上海	536.11	646.1	82.98	16.43	10.79
2	51 人品	浙江	336	336	100.00	6.78	8.76
3	小赢网金	广东	239.86	265.21	90.44	7.27	8.6
4	PPmoney 网贷	广东	217.07	268.9	80.73	9.27	5.27
5	积木盒子	北京	165.64	190.53	86.94	8.19	7.72
6	你我贷	上海	164.3	343.59	47.82	9.99	7.56
7	爱钱进	北京	153.61	673.87	22.80	11.04	30.94
8	人人贷	北京	87.1	220.63	39.48	9.9	33.82
9	宜人贷	北京	86.67	386.03	22.45	12	36.1
10	团贷网	广东	74.62	607.93	12.27	11.16	29
11	恒易融	北京	59.54	123.2	48.33	12.12	32.84
12	信用宝	北京	43.73	112.18	38.98	11.68	24.44
13	分利宝	广东	35.54	40.39	87.99	7.94	0.87
14	点融网	上海	33.88	220.54	15.36	10.13	20.92
15	搜易贷	北京	33.74	81.17	41.57	8.12	12.11
16	泰然金融	浙江	32.24	186.09	17.32	8.74	5.38
17	理财范	北京	31.56	42.3	74.61	9.77	5.7
18	合众 e 贷	广东	26.02	28.24	92.14	10.07	0.91
19	民贷天下	广东	24.22	147.41	16.43	8.67	4.36
20	麦子金服财富	上海	24.11	106.75	22.59	12.18	22.93
21	百金贷	北京	22.86	23.06	99.13	9.47	2.15
22	有融网	浙江	22.37	57.45	38.94	10.35	1.98
23	爱钱帮	北京	22.18	87.13	25.46	9.53	2.85
24	连资贷	浙江	20.49	30.78	66.57	8.04	0.88
25	财富中国	广东	19.59	124.99	15.67	10.72	18.77
26	E 都市钱包	浙江	16.47	19.22	85.69	9.71	1.85
27	一起好	湖北	15.88	32.52	48.83	11.73	3.41
28	好又贷	广东	14.53	14.98	97.00	11.77	6.54
29	善林财富	上海	13.62	40.59	33.56	8.84	8.7
30	永利宝	上海	13.06	15.03	86.89	8.79	9.66

资料来源：网贷之家。

5.2.4　互联网消费金融的两种主流业务模式

互联网消费金融有两种主流业务模式：无场景消费金融和有场景消费金融。

无场景消费金融是指借款人没有明确的消费场景，只是对整体消费有借款需求，资金真实流向未知的产品。有场景消费金融则指依托一定的消费场景，对相应场景有资金需求的借款人提供专供该场景使用的消费资金的金融方式。

1. 无场景消费金融

无场景消费金融存在的基础是共性消费情况下的差异性消费内容。由于消费金融不能渗入所有的消费场景，故无场景消费金融也是消费金融中的组成部分。无场景消费金融主要有“线上 + 线下”和纯线上（含移动端）两种模式。“线上 + 线下”模式存在历史较久，通常根据姓名、身份证、性别、最高学历、婚姻状况、房产状况（是否有房、是否有房贷）、工作行业、年收入等给予借款人是否通过及通过额度的审批结果。借款额度一般在 50 万元以下，跨度很大，期限较长。

2017 年，另一种移动端借款模式主打小额、短期、应急、高息类产品人气居高不下，被称作为“现金贷”。2017 年赴美上市的互金平台，例如拍拍贷、信而富等知名平台，不同程度地存在“现金贷”业务。其资金来源可分为自有资金、第三方机构资金、P2P 网贷出借人资金等。

但“现金贷”由于涉及暴力催收、超法定高息等各类违规因素，2017 年下半年在业内掀起舆论风暴，以央行、银监会为首的监管部门先后开展“现金贷”的整顿工作。2017 年涉及“现金贷”业务的四份相关重磅文件，整理如表 5-5 所示。

表 5-5　“现金贷”相关政策法规

时　间	政策法规	主要内容
2017 年 4 月	《中国银监会关于银行业风险防控工作的指导意见》	首次提及“现金贷”，要求 P2P 网贷机构做好“现金贷”业务的清理整顿工作
2017 年 4 月	《关于开展“现金贷”业务活动清理整顿工作的通知》	要求各地全面摸清“现金贷”风险底数，实施分类整治及宣传引导
2017 年 12 月	《关于规范整顿“现金贷”业务的通知》	加强小贷公司资金来源审慎管理，禁止通过 P2P 网贷机构融入资金
2017 年 12 月	《关于做好 P2P 网络借贷风险专项整治整改验收工作的通知》	要求 P2P 网贷机构依监管要求，对撮合违规“现金贷”业务的不予备案登记

资料来源：网贷之家。

2017 年 4 月，银监会下发《中国银监会关于银行业风险防控工作的指导意见》，首次提及“现金贷”三个字，要求网络借贷信息中介机构做好“现金贷”业务活动的清理整顿工作。同月，P2P 网络借贷风险专项整治工作领导小组办公室下发《关于开展“现金贷”业务活动清理整顿工作的通知》及《关于开展“现金贷”业务活动清理整顿工作的补充说明》，要求各地全面摸清“现金贷”风险底数，实施分类整治及宣传引导。2017 年 12 月，互联网金融风险专项整治、P2P 网络借贷风险专项整治工作领导小组办公室重磅出台了《关于规范整顿“现金贷”业务的通知》，并作出如下内容的规定。

（1）暂停发放无特定场景依托、无指定用途的网络小额贷款，逐步压缩存量业务，限期完成整改；未依法取得经营放贷业务资质，任何组织和个人不得经营放贷业务。

（2）加强小额贷款公司资金来源审慎管理，禁止通过网络借贷信息中介机构融入资金。要进一步规范银行业金融机构参与“现金贷”业务。

（3）禁止 P2P 平台从借贷本金中先行扣除利息、手续费、管理费、保证金以及设定高额逾期利息、滞纳金、罚息等，不得撮合银行业金融机构资金参与 P2P 网络借贷。

2017 年 12 月 8 日，P2P 网络借贷风险专项整治工作领导小组办公室下发《关于做好 P2P 网络借贷风险专项整治整改验收工作的通知》，要求各地应在 2018 年 4 月底前完成辖内主要 P2P 网贷机构的备案登记工作、6 月底之前全部完成。2018 年作为 P2P 网贷行业的合规备案元年，其违规“现金贷”业务将在监管重压之下被大幅压缩清理。

2. 有场景消费金融

有场景消费金融，起源于 3C 数码产品的分期购买。随着消费金融公司规模的不断扩大，消费金融场景也得到了丰富和拓展。目前，一些专注于家装、旅游、租房等垂直领域的消费分期产品逐渐步入正轨。对现阶段有场景消费金融的主要分类，整理如表 5-6 所示。

根据报告前文分析，在 P2P 网贷平台有场景消费金融中，目前业务占比最多的是装修，其次为车贷、3C 消费。伴随着无场景消费金融业务的监管趋严，未来，有场景消费金融将再次成为 P2P 网贷平台关注的对象。

表 5-6　有场景消费金融常见分类及主要内容

有场种类	主要内容
装修	为装修需求者提供装修人工费用贷款，或装修材料购买资金贷款
汽车	为汽车购买者提供的消费金融产品，包括纯信用贷款、抵质押贷款和融资租赁贷款三种模式
3C	为 3C 产品购买者提供分期消费，多为电商平台与 P2P 网贷合作提供
教育培训	为教育机构整合导流，或与教育机构合作提供学费贷款
旅游	为旅游出行的个人提供贷款产品或为旅行社企业提供贷款产品
家电	为家电购买者提供消费金融产品
其他	如婚庆、医美、购物、租房等

资料来源：网贷之家。

当前，与 P2P 网贷平台有场景消费金融业务产生竞争关系的主要有电商购物平台和分期购物平台，其中分期购物平台又以其消费者群体差异和产品价格优势，在分期领域异军突起。较为知名的分期平台有分期乐、趣分期（白领消费是来分期）、优分期等。2017 年 10 月和 12 月，趣分期母公司趣店与分期乐母公司乐信分别在纽交所以及纳斯达克上市。二者都以校园贷起家，并拥有部分无场景“现金贷”产品。由于监管政策原因，双方均表示将开启战略转型，未来将更加注重开发具有消费场景的、面向社会白领的消费金融产品。

5.3　供应链金融

金融与实体经济良性发展，是国家金融稳定和经济可持续发展的基础，因此近年来，国家大力推出供给侧改革并加大了金融监管的力度，旨在推动资金“脱虚向实”。以 P2P 网贷为代表的互联网金融作为普惠金融的重要形式，可以为服务实体经济扮演重要的角色。其中，最为常见的模式为 P2P 网贷与供应链金融相结合的模式。

5.3.1 P2P 网贷供应链金融业务规模

据不完全统计，2017 年全年至少有 207 家 P2P 网贷平台发布过涉及供应链金融业务的借款标的，若以 2017 年 12 月底 P2P 网贷行业正常运营平台数量为 1931 家计算，平台数量占比为 10.72%。

2017 年 P2P 网贷供应链金融业务累计成交量达到了 964.15 亿元，占同期 P2P 网贷行业累计成交量的 3.44%。从月度的成交量走势及占比走势可以发现，如图 5-14 所示，P2P 网贷供应链金融业务单月成交量约为 80 亿元，其中年末的成交量占比数值相比年初有所上升，达到了全年最高，年末的数值相比年初约上升了 0.82 个百分点。这也反映出部分 P2P 网贷平台已经开始发力拓展供应链金融业务。

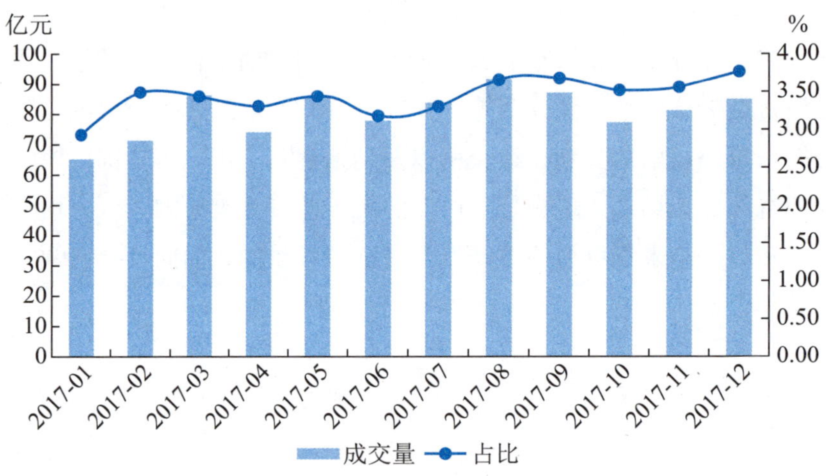

图 5-14 2017 年各月 P2P 网贷供应链金融业务成交量情况

资料来源：网贷之家。

5.3.2 平台地区分布

对 2017 年涉及供应链金融的 P2P 网贷平台进行地区分类汇总，发现平台分布仍以广东、北京、上海、浙江四地为主，分别为 60 家、38 家、24 家、23 家，占比达到了 70.05%。该区域分布也反映出供应链金融业务的 P2P

网贷平台仍然以东部沿海地区为主，尤其是广东地区的平台数量最多，或许与大量供应链企业坐落在广东省有一定关系。如图 5-15 所示。

图 5-15　2017 年涉及供应链金融业务平台分布

资料来源：网贷之家。

5.3.3　平台背景分布

2017 年，207 家涉及供应链金融业务的 P2P 网贷平台中，有 21 家平台涉及供应链金融业务的成交量均超过 10 亿元，这些平台累计成交量占供应链金融累计成交量的比例达到 74.76%。对这 21 家平台背景进行分析后发现，其中 15 家属于国资、上市、风投系平台，占比达到了 71.43%。如图 5-16 所示。

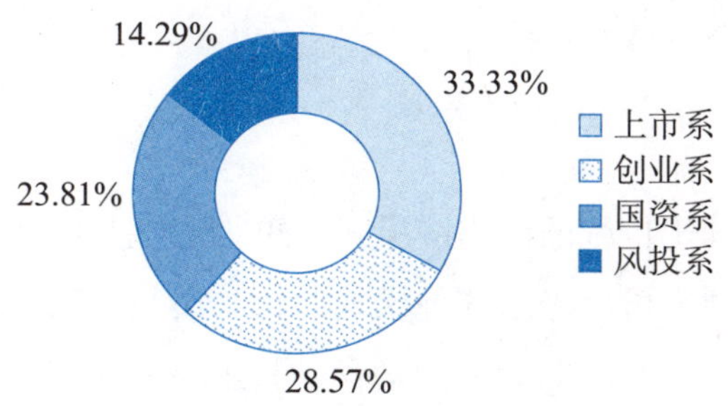

图 5-16　供应链金融平台背景分布

资料来源：网贷之家。

5.3.4 P2P 网贷切入供应链金融三种模式

1. 围绕核心企业

P2P 网贷平台与供应链核心企业的合作，为上游企业应收账款融资和下游企业信用贷款。

由于产业链竞争加剧及核心企业的强势，赊销在供应链结算中占有相当大的比重。上游供应商向核心公司输出产品或服务，通常资金结算都有一段账期，而在账期内，供应商仍然需要正常运营生产，于是就会出现资金短缺的问题，而这部分短缺的资金又较难从银行等传统金融机构获得，因此就产生了应收账款融资的需求。对于下游企业而言，P2P 网贷平台通过获取核心企业下游经销商的销售数据来完成定价、风控等措施，主要为信用贷款。

2. 引入商业保理

商业保理是供应链金融体系中十分关键的一环。P2P 网贷平台参与商业保理，当供应商产生应收账款时，将其转让给商业保理公司，由保理公司向其提供融资服务，保理公司再将应收账款的受益权转让给 P2P 网贷平台，到期后商业保理从供应商处收回本息并支付给 P2P 网贷平台。这一过程中，P2P 网贷平台可以通过保理公司回购、引入担保或保险、设置风险准备金等方式来保障出借人资金安全。

3. 掌握核心数据

这种模式不同于传统的供应链模式，更带有互联网特性，其特点是数据占据主导地位。通常可以采用这种模式的，一类是电商平台，另一类是软件公司。由软件公司控股的 P2P 网贷平台，其主要的模式是围绕使用同种软件的企业提供相应的金融服务，通常是基于企业运行管理需要的 ERP 或各类数据软件，利用这些软件上的历史数据寻找融资项目。

5.3.5　P2P 网贷平台供应链金融优势

1. 政策优势

2017 年 10 月 13 日，国务院办公厅印发《关于积极推进供应链创新与应用的指导意见》，提出以提高质量和效率为目标，以整合资源为手段，实现产品设计、采购、生产、销售、服务等全过程高效协同的组织形态，实现推动供应链金融服务实体经济的重要任务。有第三方机构表示，目前供应链金融的规模已经超过 10 万亿元，预测 2020 年将达到近 15 万亿元的市场规模。政策对于供应链金融发展的大力支持，对于 P2P 网贷平台开拓资产端无疑是一大利好，这也使不少 P2P 网贷平台已经开拓这片新的蓝海。

2. 解决中小企业融资难

供应链金融与 P2P 网贷行业的结合方便供应链上下游的中小客户拓宽融资渠道，降低融资成本，更快获得贷款，以解决它们的融资难题。

相比于银行，对于资金需求比较急迫和融资期限更短的企业，走银行渠道可能无法及时得到金融服务，P2P 网贷平台可帮助中小企业迅速筹集到其迫切需要的资金。

3. 深耕产业

互联网金融业务创新，加速 P2P 网贷平台切入供应链金融并向上下游延伸。目前，P2P 网贷供应链金融已渗透入多种行业，如汽车供应链金融、“三农”供应链金融、医疗供应链金融、大宗商品（包括农（副）产品、化工产品、有色金属及能源等）供应链金融等。

对接了供应链金融之后，P2P 网贷平台除了可以给核心企业进行融资服务外，还能通过该核心企业与其上下游客户逐渐建立长久的合作关系，最终形成对整条供应链群体进行金融服务的经营模式。

5.4 “三农”金融

2017 年 2 月，《中共中央、国务院关于深入推进农业供给侧结构性改革加快培育农业农村发展新动能的若干意见》指出，当下经济下行压力较大，以财政资金为引、撬动金融和社会资本更多投向农业农村是加大对“三农”支持力度的重要举措之一。中共中央连续 14 年发文聚焦“三农”，凸显出“三农”关乎国计民生的重要地位。

据《中国“三农”互联网金融发展报告（2016）》统计测算显示，2014 年中国“三农”领域的贷款投资需求约 8.45 万亿元，减去实际农户贷款余额 5.4 万亿元，缺口达 3.05 万亿元。到 2020 年，“三农”互联网金融总体规模预计将达 3 200 亿元，成为“三农”金融缺口的有效补充，而以 P2P 网贷为代表的互联网金融将成为缓解“三农”领域资金供给短缺的重要途径。

截至 2017 年底，我国 P2P 网贷行业“三农”业务累计成交量高达 1 107.44 亿元，且一直保持单边高速增长，详见图 5-17。此数据充分反映了我国 P2P 网贷行业对实体经济发展的支持力度，以及对普惠金融的落实。

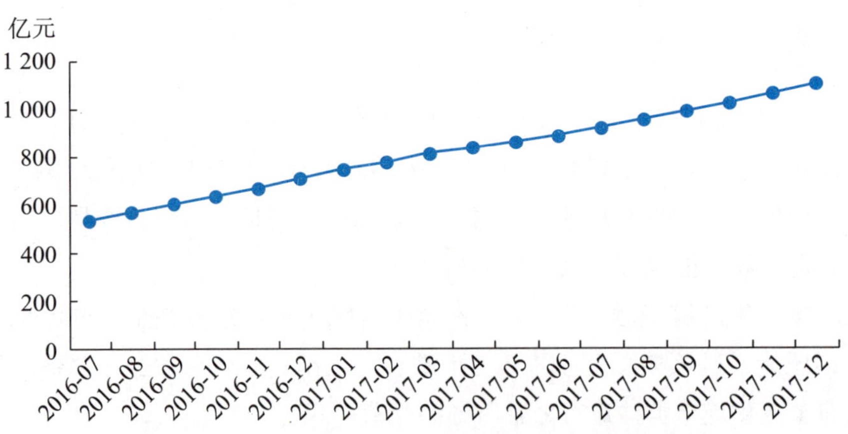

图 5-17 P2P 网贷行业“三农”业务累计成交量走势

资料来源：网贷之家。

5.4.1　2017 年 P2P 网贷行业“三农”业务发展概况

2017 年我国 P2P 网贷行业“三农”业务成交量整体呈现上升趋势，涉及“三农”业务的 P2P 网贷平台数量已逐步稳定。如图 5-18 所示，2017 年 11 月成交量达到最高点为 40.64 亿元，或受接近年关，资金面紧张影响，12 月成交量稍有下降为 39.84 亿元；从各月“三农”平台数量来看，2017 年上半年受行业存量淘汰或部分平台业务转型影响，平台数量呈现缓慢下降趋势，但随着行业监管趋势日渐明朗，平台整改已步入正轨，“三农”平台数量趋于稳定。

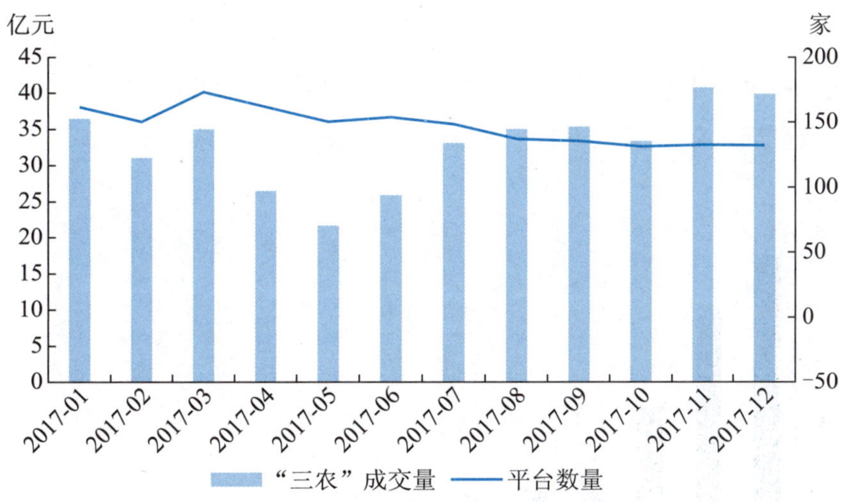

图 5-18　2017 年 P2P 网贷行业各月“三农”业务成交量及平台数量

资料来源：网贷之家。

以 2017 年每月“三农”业务成交量 TOP 3 平台作为样本，计算 P2P 网贷行业“三农”业务集中度。如图 5-19 所示，2017 年 1—10 月“三农”业务集中度呈现下降走势，最低仅为 60.97%，但 11 月和 12 月小幅上升。这主要因为随着 P2P 网贷平台整改进程的逐步加速，再加上部分地区限制规模增长的因素，大平台业务成交量增长受阻，而小平台成交量在缓慢上升，导致集中度一再下降；11 月和 12 月集中度出现回升，受 TOP 3 平台业务成交量有所回升所致，预计未来“三农”业务集中度将维持稳定，不会大幅上升。

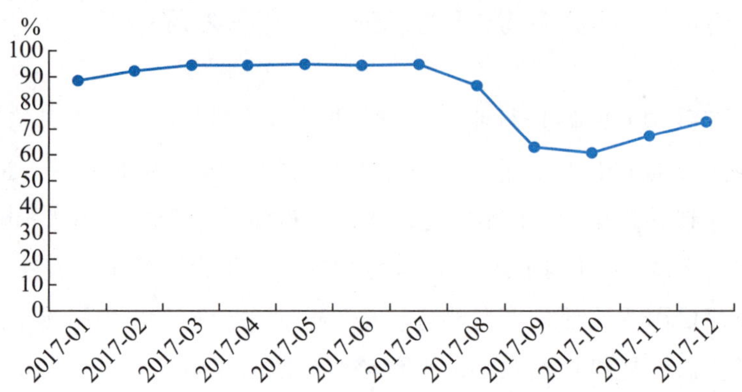

图 5-19　2017 年 P2P 网贷行业各月“三农”业务成交量集中度走势

资料来源：网贷之家。

从“三农”业务平台的地区分布来看，主要集中在北上广地区。其中北京平台数量最多有 74 家，其次广东 58 家，上海 35 家，详见图 5-20。

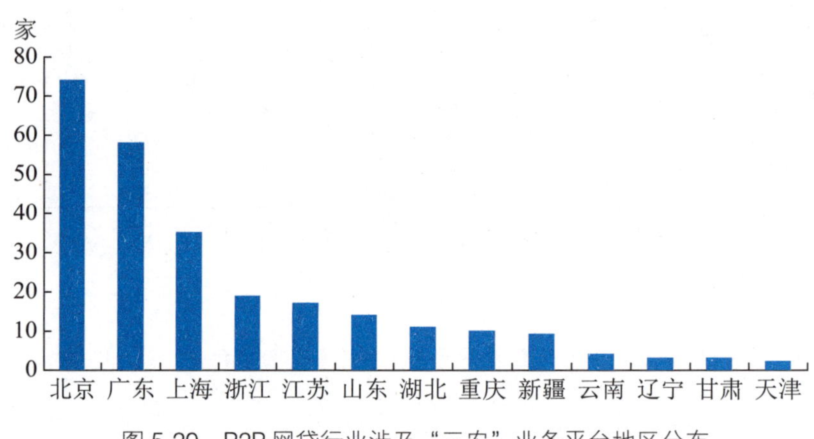

图 5-20　P2P 网贷行业涉及“三农”业务平台地区分布

资料来源：网贷之家。

以翼龙贷和理财农场的项目数据或运营报告作为样本，统计出与“三农”相关的借款企业或农民的所属地区，以此分析“三农”融资缺口地区分布。如图 5-21 所示，样本平台“三农”借款企业或农民主要来自于广西、云南、海南地区。这三个地区 2017 年前三季度 GDP 总量排名靠后，经济发展速度相对较慢，因此融资缺口较大。

从借款企业或农民的所属地区来看，该平台涵盖了我国各个省份区域，切实做到了普惠金融，尤其是弥补了我国经济发展相对不发达区域的部分融资缺口，对当地借款难的企业或农民提供了便利的借款途径，解决了部分融资需求，使得企业或农民有了持续发展的经济资本，同时带动当地经济发展。

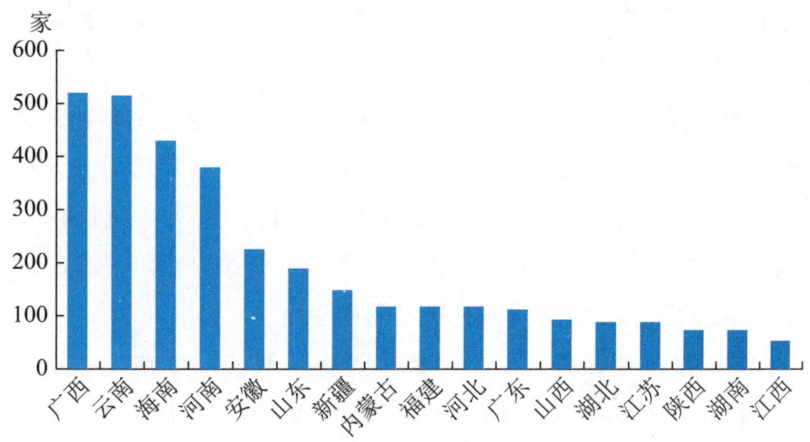

图 5-21　样本平台借款企业或农民所属地区分布

资料来源：网贷之家。

我国作为农业大国，农业的生产结构包括种植业、林业、畜牧业、渔业和副业，其中种植业在我国农业占主要地位。根据企业或农民的借款用途进一步细分，如图 5-22 所示，44.5% 的企业或农民借款用于粮食作物生产，一般用来扩大种植规模，包括租种土地、购买种子化肥等；22.1% 用于牲畜饲养，购买现代化设备、扩建养殖场地等。

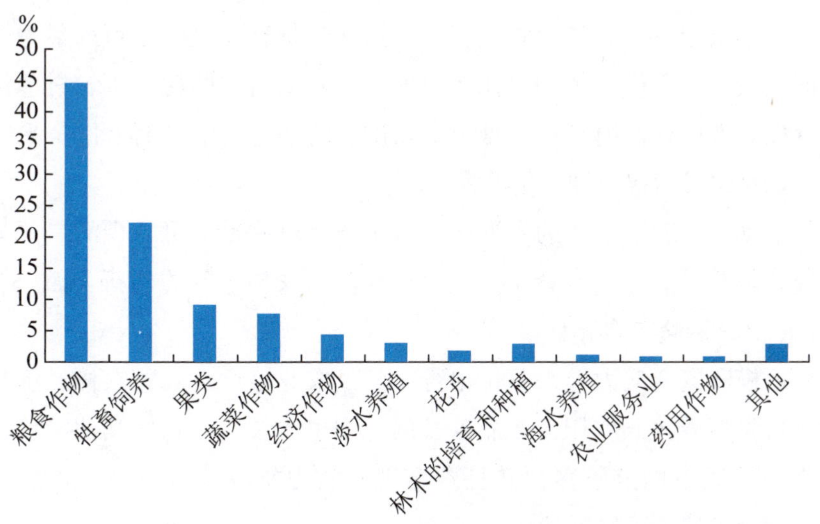

图 5-22　样本平台“三农”借款用途分布

资料来源：网贷之家。

5.4.2 “三农”金融业务布局者

我国“三农”金融市场广阔，再加上政策的支持，各路资本纷纷布局“三农”金融市场。目前中国银行、中国农业银行、中国工商银行、中国建设银行、中国交通银行五大国有商业银行均设立了普惠金融事业部，未来商业银行对“三农”金融领域的扶持力度肯定会加大。传统银行业对“三农”互联网金融的布局也在不断推进，如农业银行将互联网金融服务作为 2017 年“三农”金融服务工作的一号工程，“农银 e 管家”已经基本完成“产业链”和“惠农圈”两大类融资产品模型的构建。

除了传统银行业以外，阿里、京东等互联网公司也在进一步拓展“三农”金融市场。从 2016 年开始，蚂蚁金服先后与易果生鲜、蒙羊集团、正邦集团、益客集团、内蒙古科尔沁牛业等数家农业龙头企业达成农业供应链金融合作关系；京东金融的农业产业链信贷产品“京农贷”、短期赊销服务“乡村白条”都是“三农”金融服务产品，2017 年 7 月，京东金融还与广东省农村信用社联合社达成战略合作关系，在京东云、资产管理、农村金融及电商物流等领域合作。在农村供应链金融模式上，蚂蚁金融和京东金融都选择引入保险公司，为借款人（养殖户、种植户等）提供保险服务。

P2P 网贷平台切入“三农”金融的运营模式比较多样，基本涵盖了当前主流的模式，如担保、抵质押贷款、供应链金融、融资租赁，等等。当前，“三农”金融市场主要的模式是担保、抵质押贷款，这也是目前最为简单、有效的方式，业务模式也相对比较成熟。随着农村“两权”（农村承包土地的经营权和农民住房财产权）抵押贷款试点的推进，不少 P2P 网贷平台还推出了土地承包经营权质押的贷款模式。

在推动“三农”金融的发展中，传统金融机构是不可缺少的，但其服务产品模式较为单一，受监管压力较大，在“三农”金融的创新上无法与互联网公司、P2P 网贷平台相比。

从规模和资金实力上来看，银行尤其是农业银行在我国农村经济和农村金融领域发挥着主导作用，产品涉及的范围也比较广。相比其他的参与者，银行在农村线下网点较多，并且资金规模实力雄厚，目前银行仍然是“三农”金融服务的主要提供者。

从征信信息渠道来看，互联网公司尤其是电子商务平台有大量的用户数据以及涉农商户的交易数据、商铺信用数据等，对这些数据进行分析，再结合第三方数据，则能准确衡量涉农商户的信用等级。目前阿里、京东提供的“三农”服务，大部分都是基于电商平台在开展，如京东金融推出的“乡村白条”，就是为京东的乡村代理员提供的贷款服务，授信的依据是乡村代理员的佣金业绩；蚂蚁金服为蒙羊集团养殖户提供的旺农贷，贷款定向用于养殖户在农村淘宝平台上购买蒙羊集团指定的品质饲料，同时农村淘宝平台会将养殖户饲料购买信息同步反馈给蒙羊集团。

从覆盖范围来看，阿里、京东服务“三农”金融服务更多地依赖其电商平台，银行则受线下物理网点的限制，可开展的业务范围有限。P2P 网贷平台开展“三农”金融可选择的模式比较多，同时可选择的合作机构也比较多，如小贷公司、融资租赁公司、担保公司、典当行，等等，这些都无形之中扩大了“三农”金融的服务范围。

在当前农户征信体系不完善的情况下，通过供应链金融切入“三农”金融服务成为银行、互联网公司、P2P 网贷平台等诸多机构的选择。在涉农核心企业的选择上，京东金融和蚂蚁金服依托电子商务平台可选择的范围更加广泛。P2P 网贷平台则因为平台数量较多，资金端来源广泛等原因，备受核心企业的青睐，其中也不乏有些涉农核心企业自建 P2P 网贷平台，如新希望旗下的希望金融。

5.4.3　典型案例：前海惠农

前海惠农，是深圳汇通财富互联网金融服务有限公司旗下互联网金融平台，成立于 2014 年 12 月 31 日，注册资金人民币 5000 万元（实缴），其控股股东为山东汇通前海资本管理有限公司，成立于 2007 年 3 月，占股 51%。

2017 年 7 月，前海惠农获大型国资企业——国本（上海）国际物流有限公司战略入股，占股 20%。此次国资入股，战略方向上与前海惠农形成了取长补短、优势互补的效应。一方面，国本物流将为前海惠农提供优质的“三农”资产，将极大地丰富前海惠农的资产端。另一方面，前海惠农也将凭借在互联网金融领域的积累，实现出借方、融资方、平台及股东等多方共赢。

前海惠农资产端提供方为山东汇通前海资本管理有限公司，简称汇通财富，在山东当地从事资产开发已有10年。风控方面，前海惠农实行与汇通财富风控合规人员联合审查，前海惠农派专人常驻资产合格资产合作端公司，并负责对借款人进行尽调、实地考察、贷后管理、发标资料录入操作及发标实质审核。

除此之外，为满足“三农”市场的金融需求，前海惠农还与山东数家养殖、种植合作社达成了战略合作，创新性地采用“互联网金融＋供应链＋‘三农’”一体化模式，农户或农企委托合作社通过前海惠农线上平台募集资金，由合作社对项目进行评估担保，审核通过后交由前海惠农资产端进行二次风控。

募集的资金通过合作社发放给农户或农企用于生产，产出的产品通过合作社完善的供应链体系进行销售，其收入将作为主要还款来源。良好的运作体系形成了完美的生态闭环，为农户提供销路的同时直接解决了“三农”金融风控难题。

在国家“三农”政策的鼓励和支持下，前海惠农自上线以来，成交量及人气均稳步上升，截至2017年底，累计成交量达13.6亿元，注册人数逼近9万大关。此外，为响应监管要求，平台还上线了华兴银行的资金存管系统，成为首批实现银行资金存管的平台之一。

第 6 章
资本市场与融资

6.1 行业风投情况

随着监管政策逐步加紧，P2P 网贷行业洗牌加剧，马太效应显现，整个行业的风投融资情况也出现了一些新的趋势。

截至 2017 年年底，P2P 网贷行业总融资金额约 430 亿元（美元兑人民币汇率按各月平均汇率计算。平台未公告融资规模的不纳入规模统计，规模为“数千万元”的以 2 000 万元估算，其他类同，此数据包含陆金所的融资），2012—2016 年一直保持增长的趋势，但增长速度有所放缓。如图 6-1 所示，2016 年融资金额最高，约 181.78 亿元，2017 年融资金额明显下降，仅 88.56 亿元，环比下降 51.28%。

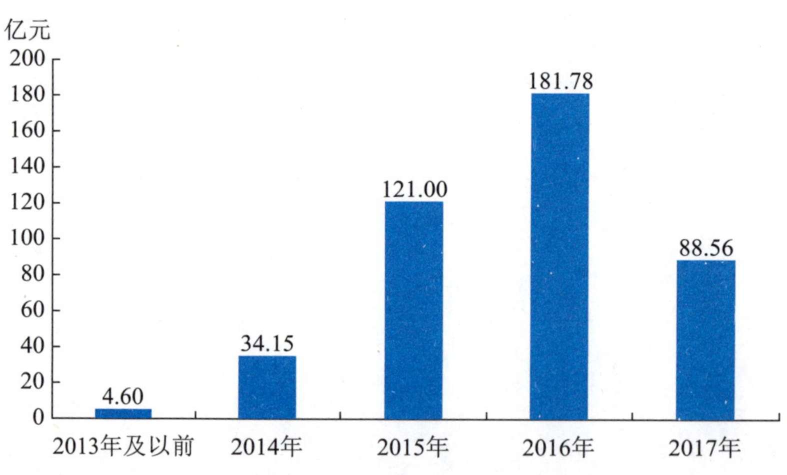

图 6-1　各年发生的融资金额分布

资料来源：网贷之家。

如图 6-2 所示，截至 2017 年年底，P2P 网贷行业共发生 216 例融资，2012—2016 年融资案例数量一直加速增长，但 2017 年开始下调。2014 年、2015 年、2016 年是 P2P 网贷行业高速发展时期，吸引大量资本机构积极入资，其中 2016 年融资案例数量达到峰值，发生了 75 例融资。

2017 年 P2P 网贷平台均处于整改进程中，行业政策逐步发布，各地区监管政策也相继出台。此形势使得资本市场放缓了进入 P2P 网贷行业的速度，大都处于观望状态，2017 年共发生 40 例融资，融资金额约 88.56 亿元。

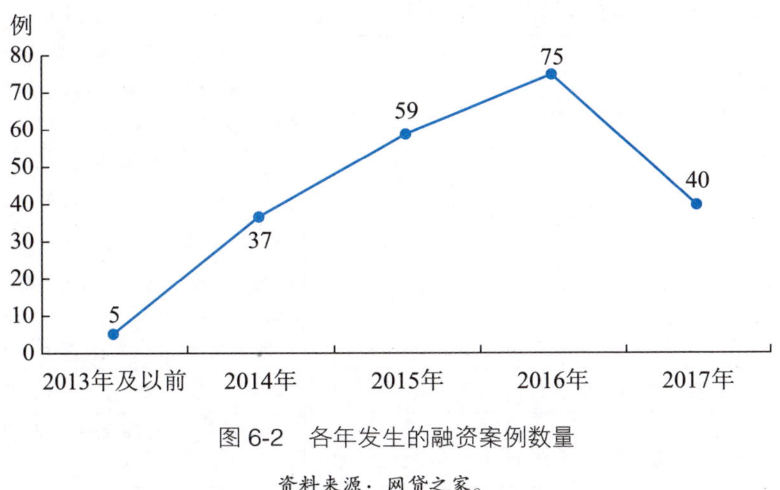

图 6-2　各年发生的融资案例数量

资料来源：网贷之家。

如图 6-3 所示，2017 年各月融资变化波动较大，4 月和 10 月均没有发生融资案例。8 月融资金额达到峰值为 20.13 亿元，融资案例数量为 7 例；1 月融资案例数量高达 9 例，但各例融资金额较小，总融资金额仅为 4.85 亿元。

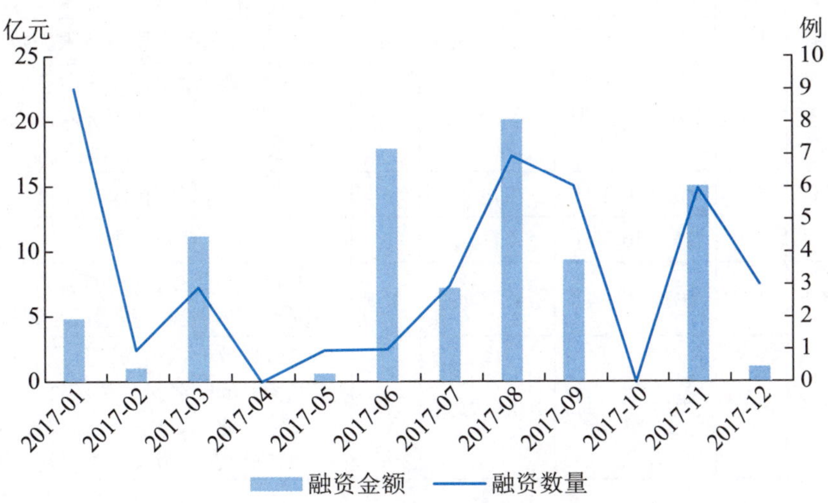

图 6-3　2017 年各月融资金额与融资案例数量走势

资料来源：网贷之家。

如表6-1所示，2017年P2P网贷行业融资金额最大的是团贷网集团获得的由民生资本投资管理有限公司领投的18亿元D轮融资；其次是点融网获得的新加坡政府投资公司2.2亿美元D轮融资。

表6-1　2017年P2P网贷行业融资金额TOP 20

平　台	地区	获得风投时间	融资金额	轮次	风投机构
团贷网	广东	2017年6月	18亿元	D	民生资本投资管理有限公司领投，北京盈生创新科技有限责任公司、黄山海慧科技投资有限公司、北海宏泰投资有限公司跟投
点融网	上海	2017年8月	2.2亿美元	D	新加坡政府投资公司等
小赢科技	广东	2017年3月	10亿元	B	唐越、朱保国、苏州金螳螂企业（集团）、金科娱乐旗下产业基金、上海城市地产控股有限公司以及柏年康成健康管理集团旗下投资企业
爱钱帮	北京	2017年7月	5亿元	B	凯瑞德董事长张培峰
民生易贷	广东	2017年8月	4亿元	A	复朴投资、远洋集团旗下投资基金等机构
投哪网[①]	广东	2017年9月	3亿元	—	巨人网络
海融易	山东	2017年7月	2亿元	A	青岛融海金融控股有限公司
合盘贷	上海	2017年9月	2亿元	B	众鼎集团
抓钱猫	浙江	2017年9月	2亿元	B	大连鼎晟
牛板金	浙江	2017年9月	2亿元	A	春晓天泽
星月创投	山东	2017年1月	1.2亿元	B	中汇宝通融资租赁有限公司
道口贷	北京	2017年12月	超1亿元	A	北京文投集团旗下文化中心基金（BCCF）领投，印尼金光集团（Sinar Mas）、真如投资等机构跟投
草根投资	浙江	2017年2月	1亿元	C	华闻传媒
聚财猫	上海	2017年3月	1亿元	A	春晓资本
什马金融	上海	2017年1月	近亿元	B+	信中利资本领投，顺为资本、峰瑞资本、华创资本等老股东跟投
拓道金服	浙江	2017年1月	8 000万元	A	杭州市财政、西湖房产集团、济民资本参股的知名机构帮实资本、虫二文化产业基金领投，蓝山资本、宏桥资本、透视资本等跟投

① 投哪网融资指的是其母公司深圳旺金金融信息服务有限公司获得的巨人网络控股孙公司增资的3亿元。

续表

平　台	地区	获得风投时间	融资金额	轮次	风投机构
君融贷	北京	2017 年 1 月	8 000 万元	A+	天泽信息产业股份有限公司参与的产业互联基金领投，春晓资本跟投
礼德财富	广东	2017 年 11 月	7 500 万元	B	深圳前海互兴资产管理有限公司
百金贷	北京	2017 年 8 月	1 000 万美元	A	星達（新加坡）集团控股有限公司
旺财谷	北京	2017 年 5 月	6 000 万元	A+	达泰资本及其他投资方联合投资

资料来源：网贷之家。

6.2　平台上市

2017 年 P2P 网贷行业监管政策不断出台，“裸贷”“现金贷”等负面消息也不断出现，但信而富、和信贷及拍拍贷的相继上市为行业带来巨大利好，一方面表明随着行业监管体系的全面形成，资本市场看好 P2P 网贷行业广阔的发展前景；另一方面增强出借人对行业发展的信心。

宜人贷作为第一家上市的中国 P2P 网贷平台，2017 年 12 月 29 日收盘价格相比 IPO 价格增长 375.80%，市值高达 28.45 亿美元；和信贷收盘价格相比 IPO 价格有小幅度上升；拍拍贷和信而富收盘价格相比 IPO 价格都有一定幅度下降，拍拍贷下降幅度高达 45.31%，但其市值仅次于宜人贷，高达 21.33 亿美元，详见表 6-2。

表 6-2　股权上市的 P2P 网贷平台（市值和收盘价格为 2017 年 12 月 29 日数据）

平　台	上市时间	交易所	市值（亿美元）	收盘价格（美元）	IPO 发行价（美元）	相比 IPO 价格变化（%）
宜人贷	2015 年 12 月	纽交所	28.45	47.58	10	375.80
信而富	2017 年 4 月	纽交所	3.54	5.72	6	–4.67
和信贷	2017 年 11 月	纳斯达克	5.30	11.05	10	10.50
拍拍贷	2017 年 11 月	纽交所	21.33	7.11	13	–45.31

资料来源：网贷之家。

从四家直接上市的 P2P 网贷平台 2017 年第三季度的净收入来看，宜人贷作为我国第一家上市的 P2P 网贷平台，净收入最高，为 15.14 亿元；其次是我国第一家 P2P 网贷平台拍拍贷，12.47 亿元。

拍拍贷的净利润位居首位，高达 5.41 亿元，净利润率为 43.42%，宜人贷次之。信而富目前还处于亏损状态，第三季度亏损 0.29 亿元。和信贷规模体量较小，但净利润率最高，为 59.70%，第三季度净利润为 0.84 亿元，详见表 6-3。

表 6-3 上市 P2P 网贷平台 2017 年第三季度盈利情况①

平 台	促成贷款量(亿元)	净收入(亿元)	净利润(亿元)	净利润率(%)
宜人贷	121.85	15.14	3.03	20.00
信而富	10.3	1.8	–0.29	—
和信贷	17.71	1.4	0.84	59.70
拍拍贷	210	12.47	5.41	43.42

资料来源：网贷之家、上市公司公告。

6.3 兼并与收购

2017 年 12 月 8 日，P2P 网络借贷风险专项整治工作领导小组办公室下发《关于做好 P2P 网络借贷风险专项整治整改验收工作的通知》（下简称《通知》）。《通知》中提及那些积极配合整改验收工作但最终没有通过的机构，可以根据其具体情况，或引导其逐步清退业务、退出市场，或整合相关部门及资源，采取市场化方式，进行并购重组。可以看出监管方对 P2P 网贷行业并购重组的积极支持态度。

企业并购重组系兼并与收购的统称，是一种通过转移公司所有权或控制权的方式实现企业资本扩张和业务发展的经营手段，是企业资本运作的重要方式。其中兼并通常是指一家企业以现金、证券或其他形式取得其他企业的

① 汇率按照 1 美元 =6.6 元人民币计算。

产权，并使其丧失法人资格或改变法人实体的行为；收购是指企业用现金、债券、股权或者股票购买另一家企业的部分或全部资产或股权，以获得企业的控制权。

P2P 网贷行业的并购重组主要以平台间并购重组以及资本市场收购两种模式为主。其中平台间并购重组一般指的是大平台通过并购规模相对较小但在资产端或资金端有一定优势的平台，大平台一方面可拓宽自身的资产端和资金端，实现业务的多方面发展；另一方面实现资源整合，强化自身技术体系，最终可以更低的运营成本、更高的运营效率，推动业务持续增长。

资本市场的收购主要是指资本机构一般以现金、股票等方式购买平台部分或全部股权，并获得控制权。资本市场运作目的有的是为拓展业务多元化，实现向金融科技领域发展的转型，有的是从整合自身供应链的角度出发，构建供应链金融体系。

表 6-4 展示的是 2017 年 P2P 网贷行业发生的部分并购重组案例，其中点融网收购夸客信贷工场是 P2P 网贷行业平台间的并购，另外 2 例是资本市场的并购行为。

表 6-4　2017 年 P2P 网贷行业部分并购重组案例

日　期	平　台	并 购 方	并 购 方 式
2017 年 5 月	好贷宝	奥马电器	以 78 400 万元收购好贷宝剩余 49% 的股权，全资控股好贷宝
2017 年 7 月	夸客信贷工场	点融网	—
2017 年 10 月	你我金融	新丝路文旅	以发行股票方式，作价 12 亿元人民币，收购全部股权

资料来源：网贷之家、上市公司公告、平台公告。

P2P 网贷平台作为撮合资产端和资金端的信息中介，随着 P2P 网贷行业监管体系的全面形成，平台整改逐步收官，平台间优质资产的争夺必定越来越激烈。对于大平台来说，通过并购整合可获取更多的业务场景，拓宽资产端，进一步巩固平台在资产生产上的业务能力，在未来发展中取得先机优势。而对于可能无法通过备案的中小平台，合并重组无疑也是在这种强竞争格局下生存下来的另一种方式，预计未来一年内，行业中平台间的并购重组将明显加速。

第 7 章

技术创新与赋能实体产业案例

7.1 ChinaLedger——分布式总账技术

7.1.1 相关概念及其应用

近年来，技术创新不断推动着金融服务业业态持续的革新升级。金融科技（FinTech）的概念获得了来自社会各界的广泛关注。其中，分布式总账技术（distributed ledger technology，DLT）凭借其在未来金融行业的广阔应用前景成为目前 IT 和金融行业的跨界研究热点之一。从概念上看，分布式总账必须具备多边共治的技术手段（共识机制和防伪机制）和以价值为背景的数据内容，区块链（block chain）就是其中最典型的一种。在区块链上，可以以多边共治的方式，依靠密码学原理保证不可更改地记录价值的产生和转移行为，以可编程的方式实现与价值有关的业务逻辑。

围绕着分布式总账技术，相关应用已经从最初的比特币账本延伸到了金融交易、医疗、审计、支付清算等多个领域。其服务类型从货币服务、价值服务，逐步向外递进扩大到了信用服务层面。如图 7-1 所示，仅货币服务所构成的领域为“资金端”；除货币服务外的其他价值服务所构成的领域为“资产端”；除价值服务外的其他信用服务所构成的领域，我们称之为“非金融端”。

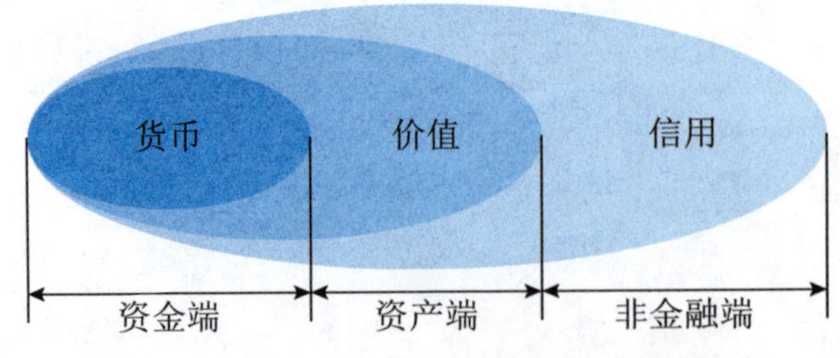

图 7-1　分布式总账技术所支撑的应用服务领域

资料来源：ChinaLedger、盈灿咨询。

具体到“资产端”，它包括一切具有价值属性的非货币的财产，大致可以分为四类。

（1）有价证券类：股票、债券、基金、期货、期权、资产证券化产品、结构化理财产品、非标私募产品等。

（2）大宗资产类：土地（地契）、房屋（房契）、大宗商品（仓单）、贵重奢侈品、艺术品等。

（3）权益类：矿业权、碳排放权、数字版权等。

（4）积分类：各种奖励积分、折扣抵用券等。

分布式总账技术体系如图 7-2 所示。目前世界上有一定影响力的分布式总账技术体系包括比特币、Ripple、比特股、以太坊、HyperLedger 和 Corda。

<table>
<tr><td rowspan="15">分布式总账技术体系</td><td>领域适用性</td><td colspan="2">支持多种标的资产共处和交易</td></tr>
<tr><td rowspan="3">场景适用性</td><td>私有链</td><td>写入权限仅在一个组织手里，读取权限有不同程度的限制</td></tr>
<tr><td>联盟链</td><td>多边共同治理的业务生态，适合在金融行业的应用</td></tr>
<tr><td>公有链</td><td>具有复杂性和高度对抗性，安全要求高</td></tr>
<tr><td>计算能力完备性</td><td colspan="2">价值可编程，利用内置脚本能将业务逻辑完整表达</td></tr>
<tr><td rowspan="3">架构分层合理性</td><td>节点</td><td>记账端、验证端、客户端</td></tr>
<tr><td>协议栈层</td><td>网络通信、基础账本、共识、智能合约、应用</td></tr>
<tr><td>管理要素</td><td>身份、策略、数据、过程</td></tr>
<tr><td rowspan="3">共识达成机制</td><td>工作量证明机制</td><td>完全去中心化，节点自由进出；但消耗资源大，共识达成周期长</td></tr>
<tr><td>权益证明机制</td><td>产生区块的难度与对应节点在网络里所占权益成反比；缩短了达成共识的时间</td></tr>
<tr><td>瑞波共识机制</td><td>特殊节点列表中的节点才是验证者；写入即有效，无需等待确认，效率高</td></tr>
<tr><td rowspan="2">计算与存储效率</td><td>账本快照</td><td>全量历史记录回退到云化甚至中心化存储</td></tr>
<tr><td>分片处理</td><td>处于解决计算性能问题的考虑，每个节点只处理一部分交易</td></tr>
</table>

图 7-2　分布式总账技术体系

资料来源：ChinaLedger、盈灿咨询。

其中，前四个技术体系是平台、货币、社区三位一体的，后两个是纯平台的。从技术特点看，Ripple、比特股、以太坊和 HyperLedger 技术体系都能够满足为多类资产同时登记转移服务的要求。在适用场景上，以区块链为例，根据参与方加入应用场景是否需要获得许可，可以将分布式账本分为私有链、联盟链和公有链。另外，利用智能合约或者内置脚本，平台能够对业务逻辑做出表达。以太坊和 HyperLedger 在计算能力的完备性方面均支持智能合约且达到了“图灵完备”程度。

7.1.2 ChinaLedger 的实践

中国分布式总账基础协议联盟（China Ledger）[①] 成立于 2016 年 4 月，由万向区块链实验室牵头，并由中国证券业协会互联网证券委员会担任项目顾问。该联盟主要致力于分布式总账技术在中国金融业的应用研究。联盟成员包括浙江股权交易中心、上海股权托管交易中心、通联支付网络服务股份有限公司、中钞智能卡研究院等 11 家机构或企业，详见表 7-1。另外，ChinaLedger 邀请了以太坊创始人 Vitalik Buterin、比特币核心开发者 Jeff Garzik 等多位资深的区块链行业专家作为其海外技术顾问。除了发起成员，为了更好地促进分布式总账技术及区块链应用的行业协作，ChinaLedger 还建立了观察员机制，面向对象主要包括各类金融机构及相关高校和科研院所。例如，2016 年 11 月，微众银行正式获得了 ChinaLedger 的观察员资质。在成为观察员之后，微众银行可列席 ChinaLedger 的各类会议，参加 ChinaLedger 组织的技术交流、培训、论坛等各项活动。

作为国内最早的区块链和分布式总账技术联盟，ChinaLedger 的任务是深入理解分布式总账技术，开发中国的区块链底层技术，并在此基础上进行多种业务逻辑的技术方案可行性试验。具体内容包括：研究和了解全球区块链技术的最新动态；深入探索区块链技术多种技术路线的变化，特别是对于加密算法、私有链、联盟链、侧链技术以及闪电网络技术等进行深入的研究和分析；与全球专业的团队合作，充分了解各类技术的优劣；与国内高校展开合作，在零知识证明和同态加密算法上谋求获得在区块链应

① ChinaLedger. www.chinaledger.com.

用上的突破；开发符合中国国情的区块链底层技术；根据联盟成员的不同情况，量身定制不同的技术方案，并且组织专业团队来进行多种技术的路线试验等。

表 7-1　ChinaLedger 联盟发起成员

类　型	成员企业和机构
金融交易机构	浙江股权交易中心
	上海股权托管交易中心
	深圳招银前海金融资产交易中心
	厦门国际金融资产交易中心
	中证机构间报价系统股份有限公司
金融科技企业	上海钜真金融信息服务有限公司
	乐视金融
	深圳瀚德创客金融投资有限公司
	通联支付网络服务股份有限公司
研究机构	万向区块链实验室
	中钞智能卡研究院
其他	大连飞创信息技术有限公司

资料来源：ChinaLedger、盈灿咨询。

2016 年 10 月，ChinaLedger 对外发布了其首版白皮书——《面向中国资本市场应用的分布式总账白皮书》（下文简称《白皮书》）。[①]《白皮书》再一次强调了 ChinaLedger 的目标是聚焦资产端的分布式总账应用，兼顾货币端和非金融端应用，从精选的应用场景中提取出若干具有普遍性的金融服务模式，分别通过基础账本的协议 / 架构层面和应用层面的技术实现对相应业务提供完整支撑。

此外，《白皮书》还提出了在中国资本市场应用分布式总账技术的“四步走”战略：场外业务→场内业务的交易后业务处理→业务沙箱→国际化业务。

① ChinaLedger. 面向中国资本市场应用的分布式总账白皮书．2016-10，https://wenku.baidu.com/view/78ad8bd4ac51f01dc281e53a580216fc700a5389.html.

7.1.3 分布式总账在 P2P 网贷行业的应用前景

基于分布式总账技术开展 P2P 网贷业务，将有以下几类功能。

（1）充值和提现：这是一个发生在出借人、P2P 网贷平台与存管银行（不考虑第三方支付机构）之间的过程。在充值过程中，出借人发出资金划转指令，并通过存管银行在链下开设的资金通道完成实际转账过程。存管银行在核对了转账信息和资金划转指令的签名信息相匹配后，发出转账成功指令。P2P 网贷平台验证资金划转指令与转账成功指令在资金信息、身份信息上的一致性之后，向出借人在链上开设的虚拟资金账户增加相应的账户余额，并进行记账管理。提现过程也有类似操作，存管银行根据出借人的提现指令，验证其提现金额信息及虚拟资金账户余额信息是否一致，如果一致，则通过链下通道完成资金转账。

（2）投标和债转：投标和债转的过程涉及虚拟账户资金和资产的双向流动，且都在链上进行。本质上，这是一个债权产生和转移的过程。虚拟账户资金和数字资产均通过分布式总账平台进行。出借人在分布式总账平台上向 P2P 网贷平台发出投标或者债转指令，平台核实其资金资产账户余额后，做出相应的虚拟交割行为。考虑到交易完整性的需要，资金与资产之间的双向流动要求同时完成。

（3）信息公开和市场监管：P2P 网贷行业的良好发展离不开市场监管。而 P2P 网贷平台向监管机构提供的运营数据是监管层实施有效监管最直接的依据。目前，双方之间的数据传输形式大多以 CSV 文件或者 JSON 文件通过 API 接口等方式传递。这一方式综合成本高，数据格式不规范，而且篡改数据不易被发现。利用分布式总账技术，所有的交易完成之后都需经过出借人、P2P 网贷平台及其他交易关联方的数字签名，并向记账端添加相应信息。由于分布式总账本质上是一个数据库，市场监管主体可以以一种更加高效、准确、及时的方式获取所需的数据，以辅助平台风险监控。

综合来看，因为本身性质特点的对立，分布式总账在 P2P 网贷中的应用面临着重重困境，特别是在兼顾高安全性、强表达力和高效率的前提下引入“特权”机制和“隐私”机制。如果分布式总账技术在 P2P 网贷业务中得以实践，就能够让更多的分步业务流程并发进行，让相关数据统一管理。这对于人力成本控制和时间效率提升都有重要价值。

7.2 阿里云——云计算

云计算（cloud computing）概念最早由 Google 在 2006 年搜索引擎战略大会上提出，是分布式计算、虚拟化计算、并行计算、效用计算、网络存储、负载均衡等多项计算机和网络技术发展相互融合的产物。ISO/IEC 17788: 2014《信息科技 云计算 概述与词汇》定义云计算是一种可伸缩、弹性、共享的物理和虚拟资源池以按需自服务的方式供应和管理，并提供网络访问的模式[①]。我国工信部认为云服务即互联网资源协作服务[②]，利用架设在数据中心之上的设备和资源，通过互联网或其他网络以随时获取、按需使用、随时扩展、协作共享等方式，为用户提供数据存储、互联网应用开发环境、互联网应用部署和运行管理等服务[③]。

云计算主要有五大特点：弹性服务，指云计算资源是无限的，能够自动适应用户需求量的动态变化，而资源的供应只与服务协议约定的内容有关；按需服务，云端按照用户的实际需求自动分配资源，用户不需要与云服务提供商有太多的交互；泛网络接入，用户能够在任何有网络的地方通过客户端访问物理和虚拟资源池；资源池化，物理资源经过虚拟化后统一存放在共享资源池，可供多个租户使用；量化计费，云服务提供商通过监控对用户资源使用量进行测量，并依据测量结果计费。

7.2.1 云计算基础架构

2015 年 11 月工业和信息化部发布《云计算综合标准化体系建设指南》，

① 国际标准化组织（ISO）. ISO/IEC 17788:2014 Information technology–Cloud computing–Overview and vocabulary. 2014-10-15，https://www.iso.org/obp/ui/#iso:std:iso-iec:17788:ed-1:v1:en.

② 工业和信息化部 . 意见征集：《关于规范云服务市场经营行为的通知》. 2016-11-24，http://www.miit.gov.cn/n1146295/n1652858/n1653100/n3767755/c5381367/content.html.

③ 工业和信息化部 . 关于发布《电信业务分类目录（2015 年版）》的通告 . 2015-12-28. http://www.miit.gov.cn/n1146285/n1146352/n3054355/n3057709/n3057714/c4564270/content.html.

从云基准、云资源、云服务和云安全四个方面构建云计算综合标准化体系框架，详见图 7-3，其中技术和产品部分生态图对云计算架构进行了简单描述[①]。总体来说，云计算架构可以分为物理资源层、虚拟化层、数据层、中间件层和服务层。物理资源层指搭建、部署云基础架构所需的物理设备和配套环境，包括服务器、存储设备、网络设备、融合一体机及其他相关硬件设备。虚拟化层将物理资源层的网络、计算、存储和数据库等转化成虚拟化软

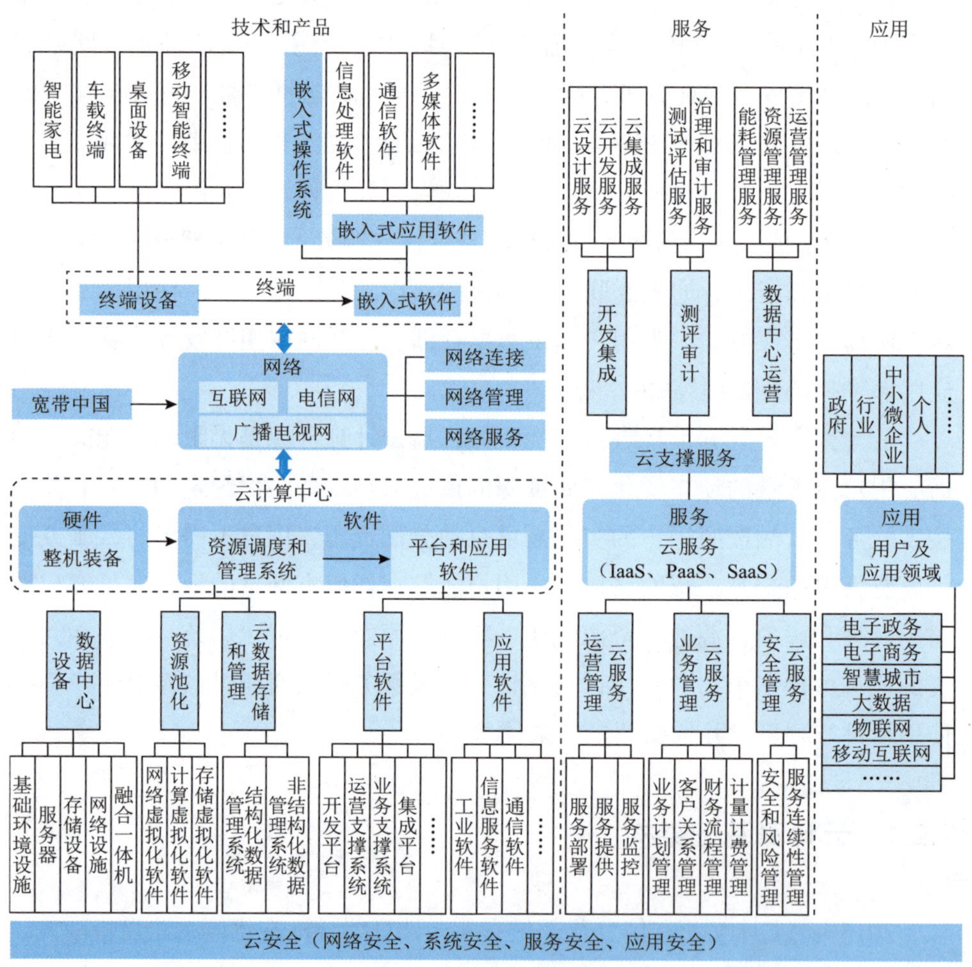

图 7-3　云计算生态系统

资料来源：工信部、盈灿咨询。

① 工业和信息化部 . 云计算综合标准化体系建设指南 . 2015-11-9. http://www.miit.gov.cn/ n1146295/ n1652858/n1652930/n3757022/c4414407/content.html.

件，形成不同类型的虚拟资源池。数据层主要对结构化数据和非结构化数据进行存储、处理和管理。中间件层是承接物理资源层、虚拟化层、数据层和服务层的桥梁，包括用户管理、任务管理、资源管理和安全管理，主要是对前三层资源进行监控，依据实际负载情况对资源进行管理和调度，同时按照服务层用户对资源的需求进行快速部署。服务层是云计算各类应用调用和存储资源的接口及用户使用云计算服务的交互界面。

7.2.2　云计算服务形式及部署模式

1. 云计算服务形式

云计算的服务形式以基础设施即服务（Infrastructure as a Service，IaaS）、平台即服务（Platform as a Service，PaaS）和软件即服务（Software as a Service，SaaS）为主。IaaS 提供主机、存储、网络、负载管理、安全备份等经过虚拟化的基础资源，用户在此基础上部署和运行软件，国内 IaaS 服务的主要用户群为视频、游戏、移动互联网等领域的中小企业，购买的产品以云主机、云存储为主。PaaS 是提供软件开发的平台，为用户提供数据库、编程模型、操作系统、web 服务器等中间件，用户通过 API、SDK 的方式接入，在平台上部署和运行自己的应用，服务内容涵盖数据库服务、即时通信、信息推送、登录验证和智能识别等。SaaS 提供运行在云端的应用软件，用户仅需向云服务提供商租用软件而不需要购买该软件，初期产品以单一用途为主，如 CRM、OA、IM、文档级协同、ERP、HRM、企业网盘等，随后钉钉、企微云等融合了上述 2 种及以上应用的协同办公应用开始出现，产品多用于销售属性较强的公司。目前国内云计算服务以 IaaS 和 SaaS 为主，PaaS 发展相对较缓。

2. 云计算部署模式

云计算按照应用部署模式可以分为公有云、私有云和混合云。公有云指由云计算服务商提供的可直接使用的云，这种模式的优点在于用户无须配置基础设施，减少在这方面的采购和维护费用，且在基础设施方面能有较高的弹性；缺点是平台提供的往往是一套标准化的服务产品，定制化程度较低，同时数据存储在平台并由平台进行管理和提供安全保障，安全性一般。私有云是由企业自有技术团队或云计算服务商依据企业需求构建的，此模式下数据存储在本地，安全性更高，而且体系搭建完全基于企业真实需求，与业务的耦合度较高；但企业需配置机房、服务器、存储设备等基础资源，成本较高且后续扩展性较差。混合云指云和云、云和传统 IT 系统或云和虚拟化技术的组合，应用场景涵盖数据备份、应用负载扩充、应用部署和灾难恢复等，目前主要形式为私有云和公有云的组合。混合云模式综合了公有云和私有云的特点，在定制能力、扩展能力、运维成本等方面为企业提供更灵活的选择空间。

随着网络化程度的快速提升和数据量爆发式增长，以及不同领域用户对云服务安全、计算、数据存储及分析、容灾等方面的差异化需求，衍生出行业云部署模式，即将云计算与行业相结合的模式，行业内各企业 / 组织通过在基础设施领域的合作实现资源共享，并最终形成基础设施、接口、应用等一系列公共服务。这种模式在帮助企业减少在云计算部署上的支出成本的同时也在一定程度上推动行业内数据的整合与共享。在金融领域，阿里云、兴业数金、华为云等云计算服务商已纷纷推出金融云产品。

7.2.3 阿里微金融专区

阿里云[①]现已推出针对金融领域的阿里金融云服务，阿里金融云是采用独立的机房集群提供的满足一行三会监管要求的云计算产品，主要采用公有云或私有云部署模式，与公有云进行物理隔离。在金融云的基础上还提出了专门针对 P2P 网贷、小贷、众筹和消费金融等互联网金融企业的微金融专区。微金融专区云产品从后台、前端、自动投标、业务 DB 和支付征信五个方面着手设计技术架构，如图 7-4 所示，能够根据系统特点采用同城容灾架构，且前端接入阿里云高防集群，提升平台抗攻击能力。在扩展性方面，通过 SLB 和 DRDS 实现应用和数据库的弹性扩展，提高系统的灵活性。现已推出的产品包括前台应用服务器 ECS、静态资源服务器 ECS、定时任务服务器 ECS、后台管理服务器 ECS 和关系型数据库 RDS。目前红岭创投、微贷网等 P2P 网贷平台已接入阿里云微金融服务，对平台原有系统进行改造。

① 阿里云 . https://www.aliyun.com/.

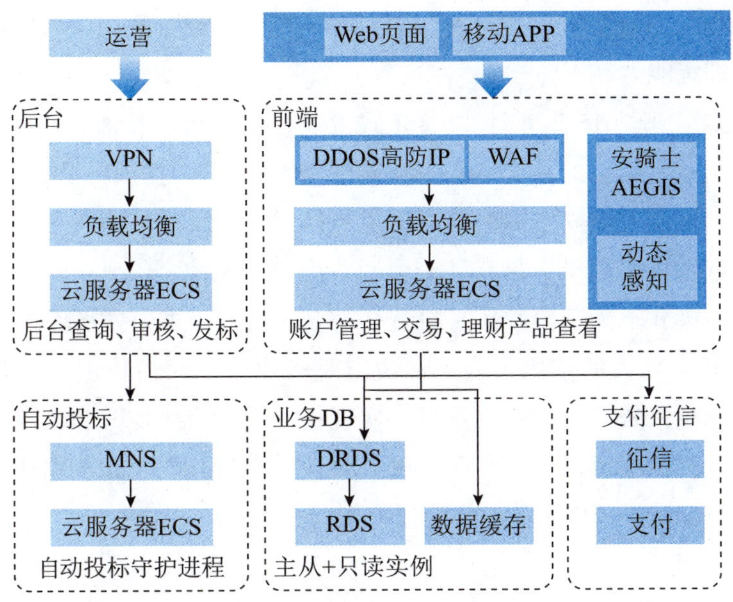

图 7-4　阿里金融云互联网金融解决方案技术架构

资料来源：阿里云官网、盈灿咨询整理。

基于云计算在数据存储、互联网应用开发环境、互联网应用部署和运行管理等方面的应用，其在 P2P 网贷行业也有极大的发展前景。首先，可以为 P2P 网贷平台提供便捷弹性的系统架构，快速搭建符合行业监管要求的平台；其次，可以实现全链条监控并依据用户流量动态扩容，确保业务正常开展；再次，混合云部署模式为平台数据存储安全性提供保障，平台可以按照数据保密登记选择将其存在公有云或私有云上，结合云计算数据备份、容灾等技术，保障数据安全。

7.3　借贷宝——智能风控

随着 P2P 网贷业务的快速发展和金融环境的日益复杂，互联网金融面对的人群覆盖面和数据维度覆盖面更广，用户间的差异性也将进一步凸显，因而行业对风控模型的智能化和自动化产生了更强烈的需求。各 P2P 网贷平台在智能风控上的竞争将愈发激烈，而智能风控的核心竞争在于风控模型的自我学习和训练能力。

借贷宝[①]于2015年6月22日正式上线，是九鼎控股旗下人人行科技股份有限公司开发运营的社交型网络直接借贷平台。通过互联网人与人之间的连接机制，借贷宝建立单向匿名熟人借贷模式，投资人可通过平台向实名发起借款的好友匿名出借，具有社交属性、用户自风控、信息中介、小额分散等特性。该模式下无论借款还是投资，都基于平台上的好友关系发生，投资人自行判断借款人的信用风险，并决定是否出借，而借贷宝不为其提供担保，也不承担借贷项目的违约责任，实现投资人“自风控”和风险自担。同时为了有效控制项目风险，平台提供人脸识别身份验真、大数据征信建模、智能反欺诈等智能风控服务，辅助投资人自主决策。

7.3.1 人脸识别身份验真

在用户准入环节，采用多重身份验真机制，对所有借款人手机号、姓名、身份证号、肖像和银行卡五要素信息进行鉴权。

肖像认证核心技术包含活体检测和人像比对两部分，借款人在完成点头、摇头、眨眼、张嘴等动作的过程中，系统根据深度学习算法判断用户为活体而非静态图片，并将用户认证过程中的视频流传回，与用户身份证照片进行人证比对、人人比对，确保用户肖像、姓名和身份证信息匹配，且为本人使用。

借贷宝APP中的人脸识别技术由控股子公司Linkface提供，Linkface于2014年发表自主研发的人脸识别算法DeepID。DeepID3在非受控网络图片数据库LFW（Label Faces in the Wild）上达到99.5%以上的准确率。在此基础上，Linkface进一步完善了人脸识别的多种技术算法，包括人脸检测跟踪和关键点定位、人脸检索、活体检测/真人检测等。

7.3.2 大数据征信建模

在构建评估借款人信用状况方面，借贷宝依据外部数据、社交关系、平

① 借贷宝. http://www.jiedaibao.com/.

台履约能力等维度，建立独特的信用评分模型，对借款人进行综合评估，将其信用风险等级量化。

在注册用户中，平台严格控制用户的总借款额度和净借款额度，确保交易呈现小额、分散的特点，防范借贷交易资金过大、集中度过高的风险。目前绝大部分用户的初始可用额度适用最低限额规则。

在征信数据方面，为加强对用户还款能力的评估，接入外部数据服务提供商，持续强化用户分级体系，对用户进行分级管理。目前已接入身份类（如实名认证、肖像认证、银行卡认证、运营商认证、乘机认证、教育背景）、社交关系类（如脉脉认证、微博认证），陆续接入资产状况类（社保、公积金认证）、征信类认证（如央行征信），后续还计划接入车辆、学历等认证项。

基于接入的外部数据，并结合平台沉淀的履约历史等各方面数据，建立包含基础属性、信用历史、交易属性、社交属性和不良属性五个维度的用户信用评分模型。该模型对平台上每个用户输出相应分值，并根据用户一段时间的行为，对模型进行调整和优化，实现以此分值为指导的用户风险额度设置。在一定范围内，通过系统可判断 90% 的账户为高风险用户或低风险用户，另外 10% 为暂时难以明确区分的灰色用户群。目前借贷宝信用评分模型主要在风控部门内部使用，包含风控部的个人信用报告、投资人与借款人适当性方案等。

7.3.3　智能反欺诈

借贷宝在社交网络上构建实时用户行为监控系统——鹰眼监控系统，通过对用户的社群聚类分析，可以有效识别风险用户、团伙欺骗等，以防止身份冒用和盗刷行为。如图 7-5 所示，系统中的借贷两端适当性管理模型是基于人工智能、平台自有数据及外部数据建立的投资人和借款人评价体系。

1. 欺诈网络定位

借贷宝运用社区发现算法 Fast-unfolding 定位欺诈社区，其具体机制是根据用户提交的通讯录、使用设备等信息，构建用户关系网，计算两名用户之间的熟悉程度和关系距离，之后再应用于反欺诈方面。这是一种机器学习算法，能够结合平台积累的命中欺诈规则的用户，针对用户的欺诈属性，定位潜在的欺诈用户和欺诈社区。

对于预防信用风险，一些有团伙性质的风险用户，通过社区发现算法提取出的结果加上目前风控已经识别出的风险用户，帮助定位高逾期风险群体、资金掮客的长链条，从而及时打断可能造成逾期及传播逾期的交易。

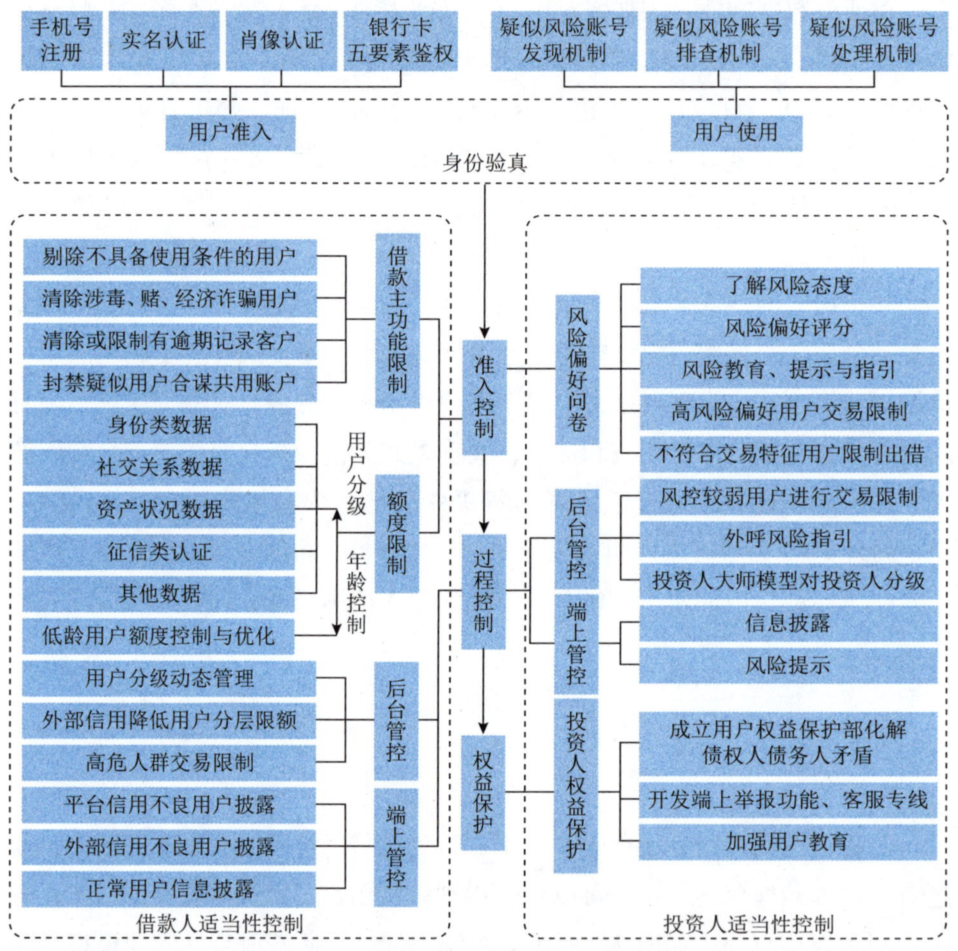

图 7-5 借贷宝借贷两端适当性管理模型

资料来源：借贷宝、盈灿咨询。

2. 反欺诈模型

借贷宝运用 IForest 算法基于用户的欺诈相关特征进行异常检测，定位操作行为异常的用户，对其进行必要的鉴权。IForest 是一个基于 Ensemble 的快速异常监测的非监督学习方法，具有线性时间复杂度和高精准度，是符合大数据处理要求的 state-of-the-art 算法，不用定义数学模型也不需要有标记的训练。可以用于网络安全中的攻击检测、金融交易欺诈监测、疾病侦测和噪声数据过滤等。

7.4　百金贷——以租代购模式风控

风控是 P2P 网贷平台运营的重中之重，运营团队风险管理能力的高低直接影响平台资产的质量，继而影响客户资金安全和平台收益、商誉等。P2P 网贷平台风险管理基本上从贷前、贷中、贷后三个环节入手，管理对象以借款项目本身为主，而不同业务模式在风控体系上往往也存在一定的差异。近年来受政策环境和市场竞争等因素影响，陆续有平台选择与外部机构开展资产端业务合作，因而对外部合作机构的风险管理也逐步被纳入 P2P 网贷平台的风控体系。

百金贷[①] 成立于 2014 年 12 月，系北京荣盛信联信息技术有限公司旗下的一家专注于汽车领域的互联网金融平台，于 2017 年 8 月获海外资本“星达（新加坡）集团控股有限公司”1 000 万美元战略投资。平台核心业务以汽车“以租代购”为基础，2017 年全年该业务成交量达 23.08 亿元，主要通过与国内汽车服务公司、汽车租赁公司、汽车厂商开展战略合作，运用金融科技手段，通过互联网平台将有借款需求的购车人与有理财需求的出借人进行匹配，并在实践中逐步完善该业务的风控体系。

7.4.1　产品准入

百金贷“以租代购”产品的资产主要通过外部渠道获得，目前已与国内

① 百金贷 . https://www.baijindai.com/.

大型汽车服务商妙优车达成战略合作。借款人按照购买意愿确定首付比例及以租代购还款方案后向汽车服务商提交申请，由汽车服务商风控部门对其资料的真实性及完整性进行第一道审核，审核通过后将项目推荐至百金贷平台，再由平台风控团队对借款人信用风险及还款能力进行评估审核，审核通过后在百金贷网站上发布借款项目，详见图 7-6。在该模式下，汽车服务商负责全款购车并拥有车辆所有权，同时在车上安装 GPS 定位系统对车辆进行实时监控；而借款人以承租方式获得车辆使用权并按月支付租金，合同期满后汽车服务商将车辆过户给借款人。“以租代购”借款项目是基于借款人真实需求产生的，在很大程度上确保借款人专款专用，降低资金用途上存在的风险。

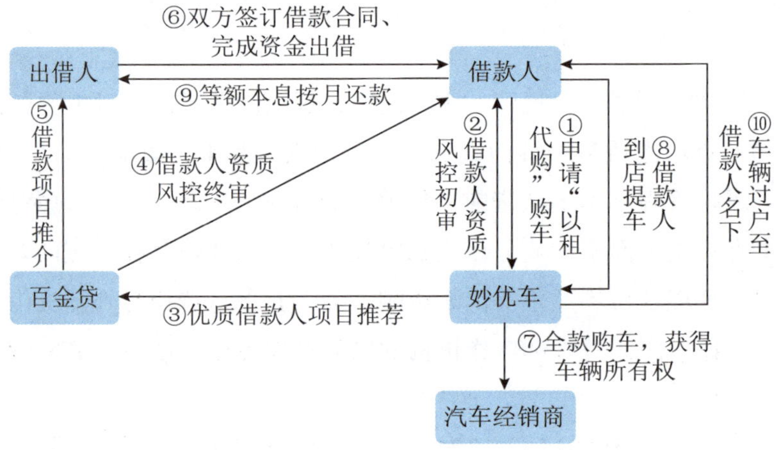

图 7-6　百金贷“以租代购”业务模式

资料来源：百金贷、盈灿咨询。

7.4.2　风控体系

基于平台“以租代购”业务特点，百金贷风控模式设置了五大流程（包括甄选合作机构、业务政策与培训、借款人审核、发布项目募集资金与贷后管理）和 29 道审核程序，如图 7-7 所示。

1. 甄选合作机构

意向合作机构提交《业务合作申请表》后，平台风控团队将从经营范围、成立年限、行业地位、税务信息、董监高背景等多个维度信息对其进行初步评估，形成初步尽调评估报告，提交风控委员会立项评估审核，初审通过项目正式立项，风控团队将对合作机构进行实地尽调，分别从法务、财务、业务三个维度展开尽职调查，并给出《尽职调查报告》，再由总裁室、风控部门、财务部门三部门负责人组成的评委小组做出项目最终结论，项目通过层层审核后，双方签订合作协议，正式开展资产端业务合作。合作期间，平台按季度对合作机构回访，收集其上一季度财务报表等相关资料，确保合作机构正常运营。

2. 业务政策与培训

合作初期，由平台金融产品负责人对合作机构进行金融产品借款标准培训，指导其业务按照平台标准开展；风控负责人对合作机构的风控部和业务部进行贷前业务辅导。

3. 借款人审核

借款人发起借款申请时，需同步提供身份证正反面复印件、央行征信报告、驾驶证、婚姻状况证明、征信查询授权书等相关资料。合作机构收到申请后对项目进行初审，派遣风控和业务人员开展实地尽调，并依据平台借款标准审核借款人资料，将符合准入要求的项目推荐至平台。

平台终审环节主要是对借款项目风险、反欺诈、信息真实性及偿债能力进行综合评估。项目风险和反欺诈分析环节，通过中华人民共和国最高人民法院被执行人和失信被执行人查询入口核实借款人被执行情况；接入鹏元征信、安融征信等第三方征信机构数据，获得借款人信用分、风险评分结果，判断风险等级，核实借款人手机号码及状态时长，利用“羊毛党”名单、欺诈风险名单、高风险名单、信贷逾期名单用多维度黑名单数据库层层筛查触黑用户，有效拦截劣质借款人。此外平台还将电话核实借款人资料真实性，结合多方面资料评估借款人还款能力及还款意愿。审核通过后由借款人与第三方机构签署担保函。

4. 发布项目募集资金

平台在理财端官网发布借款项目，募资满标即由出借人存管账户直接将资金划扣至借款人账户，通过授权划拨协议划转至合作公司账户，确保专款专用。

5. 贷后管理

贷后平台风控人员会不定期对借款人进行电话抽查，了解借款人情况，评估其是否具备持续还款能力。每个还款日前 3 天向借款人发送还款提醒短信。一旦客户逾期，百金贷立即指配相关风控人员、催收人员进行催收，并启动机构代偿机制，由合作机构依据担保函规定的条款履行代偿义务。

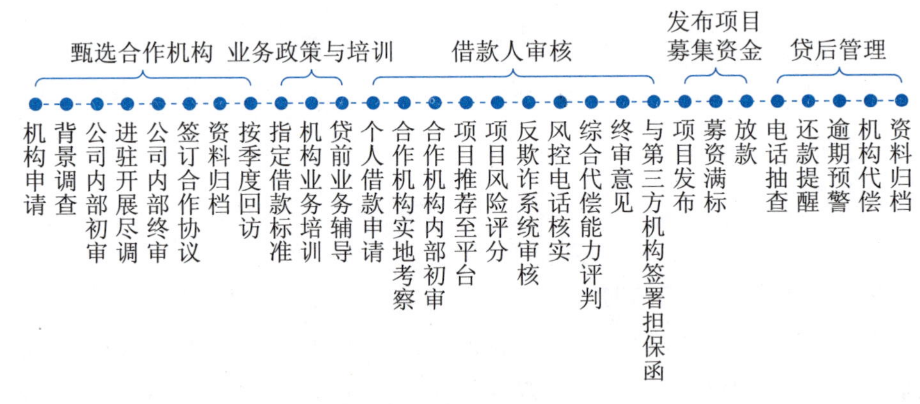

图 7-7　百金贷风控流程

资料来源：百金贷、盈灿咨询。

7.5　今金贷——赋能实体

今金贷[①] 由甘肃金畅实业投资集团有限公司和甘肃省工矿集团共同出资设立，总部位于兰州。平台于 2015 年 5 月 16 日上线，资产标的以企业贷和农牧贷为主，待收余额中超过 90% 来自甘肃、宁夏和青海等西北省份的农牧企业，产业类型涵盖种植、养殖和新型农业等。截至 2017 年年底，今金贷已

① 今金贷 . https://www.91jinjindai.com/.

经为西北地区、“一带一路”沿线小微企业、“三农”群体提供超过 13.3 亿元资金撮合服务，服务区域覆盖全国 100 多个城市。

7.5.1　资产标的设置

今金贷结合西北地区产业特色、平台优势及政策要求，设置了三类资产类型：企业贷、农牧贷和个人薪资贷。

企业贷面向生产加工类、商贸类、批发零售业和服务业等现金流较好、资产较大的实体产业，以及农牧企业和餐饮、旅游、农家乐等新型“三农”产业。

农牧贷主要针对“三农”群体，结合当地市场环境，为拥有实体经济、“三农”项目属于当地扶持项目、种植养殖项目变现能力强、经营前景好的“三农”项目提供资金撮合服务，业务覆盖经济作物种植、牧业、渔业及当地特色养殖行业。

个人薪资贷为传统的企事业单位和公务员提供的金融服务，借款用途以提升生活质量和个人发展为主。

7.5.2　创新“三农”金融

农业是西北地区特色、支柱性产业，在特色区位优势、市场环境和近年来“一带一路”倡议的推动下，西北农业得到了快速发展。伴随着农业规模化效应渐显，西北地区农业的组织形式也发生了改变，多地政府牵头，整合资源，将当地同行业参与者结合成合作社，并为其提供政策引导和物料资助，有效提高行业抗风险能力，推动上下游产业的发展。此外，甘肃省农业发展还出现了经济发展公司组织模式，参与主体除“三农”企业外，还囊括了上下游经营企业，如种植、养殖、渔业，及旅游、文化等新兴农业。在这种新型组织模式下，甘肃地区的“三农”产业形成了较为完善的经济发展体系。

在借款企业的资金需求解决环节，往往由合作社或者经济发展公司为借款企业提供借款担保，或牵头为借款企业进行资金筹集。如图 7-8 所示，目前，今金贷为西北地区农业产业提供的金融服务主要通过这些合作社和经济发展公司的模式开展，个体农户借款人占比不到1%。

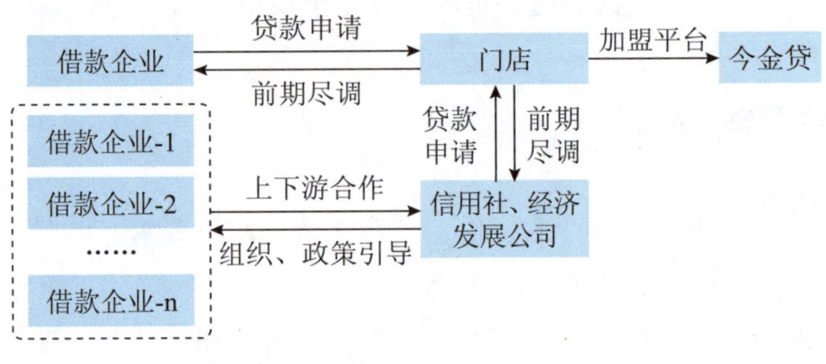

图 7-8　今金贷业务模式

资料来源：今金贷、盈灿咨询。

7.5.3　资产端发展模式

P2P 网贷平台的扩张方式可以分为直营和加盟两种。今金贷通过资产端加盟模式扩张，目前资产端今金普惠已在兰州、白银、酒泉、武威等“一带一路”沿线城市设立约 30 个金融服务中心。

在加盟商选择方面，以对当地信息充分了解、便于开展借款企业调查的本地加盟商为对象，由意向加盟商提交申请材料，平台通过资质审查、市场调查等方式对加盟商进行严格审核，审核通过后设立门店，通过门店开展前期获客和借款用户尽调等工作。在经营中，门店需缴纳一定比例保证金，并由总部派遣外审人员和风控人员进驻门店，开展业务指导及风控等工作；同时今金贷还采取实时全景视频监控、定期集合抽检标的、部分标的总部二次走访、坏账共担等方式对加盟商风险进行管理。

7.5.4　风控体系

P2P 网贷的风控重点环节包括平台人才队伍建设和借款项目风险管理。

在人才队伍建设方面，目前今金贷已汇集了一批资深的投融资、项目管理、风险管控、网络运营等方面专业人才，通过创新运用金融科技布局风控、获客、资产交易等重要环节，为中小微企业和“三农”经济项目搭建高效运作、合理配置、稳健运营、业务合规的网络借贷信息中介机构。

项目风险管理整体由总部负责。借款人提交贷款申请后，先由门店对项目进行初步审核，审核通过的项目联同审核报告一并提交平台总部；总部风控部门结合借款人企业资质、工作信息、资产信息、信用信息、财务流水等近千个维度的信息，通过大数据风控、信贷反欺诈审核、IPC 尽调、FICO 信用评估等金融科技手段，对借款企业进行现金流、稳定性、还款意愿、发展前景、资产负债状况、欺诈风险、权益交叉检验等方面尽调，并生成详尽的风控报表，上报审贷会，由审贷会进行综合风险把控。贷后平台稽查团队通过电话核实、实地拜访、经营监督等方式，不定期对借款人经营状况进行监督稽查。此外，为更好地解决中小微企业和“三农”群体融资困境，实现“让金融更简单、让资金更安全”的目标，今金贷围绕流程化、标准化、合规化和参数化打造小微信用评估服务网络平台。

7.6　博金贷——县域经济

县域经济是统筹城乡经济的纽带、国民经济运行的重要基础，其根本目标是解决县域人口尤其是农村人口的民生问题，然而当前普遍存在的县域金融服务环节薄弱或缺失问题已成为制约其发展的重要因素。为提高县域金融服务水平，尤其是针对中小微企业、“三农”和城镇低收入人员等群体的金融服务，各级政府不断探索普惠金融践行模式。

博金贷[①]是江西省博汇九洲金融服务有限公司旗下国资系互联网金融平台，由博能集团联合江西际洲建设工程集团有限公司、江西大成国有资产经营管理有限责任公司、江西南冶资产管理有限公司、联同江西理想投资有限公司、南昌市小额贷款公司等共同出资设立。平台以互联网理财、网络借贷、“三农”金融、县域经济发展为核心业务，依托金融科技拓展“万年模式”，联合县域政府及地方金融机构搭建综合金融服务平台，构建高效的县

① 博金贷 . https://www.bjdp2p.com/.

域经济金融生态服务体系。

截至2017年12月底，博金贷已与江西省的万年县、都昌县、永修县政府签订全面战略合作协议，与11个地县的金融机构合作开展县域经济互联网金融模式；企业信用卡、征信贷与保荐贷等产品在江西省内近50个县进行推广，覆盖率超过60%，为千余家中小微企业提供金融服务，累计撮合资金超过160亿元。

7.6.1 “万年模式”定义

“万年模式”是博金贷创新的互联网金融全方位支持县域经济发展的模式，由平台牵手县域政府、金融机构及泛金融机构，利用互联网无时空限制的特点，结合金融科技在大数据、云风控等方面的技术力量，搭建一个低成本、高效率、广覆盖的地方综合性金融服务平台。通过博金贷品牌形成的价值洼地，创新金融产品衔接县域内的企业和个人，引流资金助推县域经济发展；依托博能集团等股东力量，连接现代科技金融产业园业务、投资业务、资产管理业务、财富管理业务以及大数据业务进驻平台体系拓宽服务范围；借力政府资源，快速整合县域金融资源，与地方各类相关机构建立良好的合作关系，实现金融产品在县域内的高效推广。因该模式首先在江西省万年县推广运用而得名“万年模式”。

7.6.2 “万年模式”设立流程

“万年模式”的推广以县为单位，详见图7-9。线下，博金贷与政府合作成立县域金融服务中心，引入包括银行、小贷公司、担保公司等相关机构建立合作关系，借助合作机构的线下业务营销管理能力、担保能力及舆情监测能力，推广博金贷的政府转贷、征信贷、保荐贷及企业信用卡等信贷产品，完善平台金融服务体系，撮合县域资产与资金的需求对接；线上，由博金贷牵头开通县域金融服务中心网站，打通县与县之间的信息通道，实现全省乃至全国范围内的金融服务供需撮合，为县域经济发展引入省内外资金，形成互联网金融服务平台O2O发展模式。

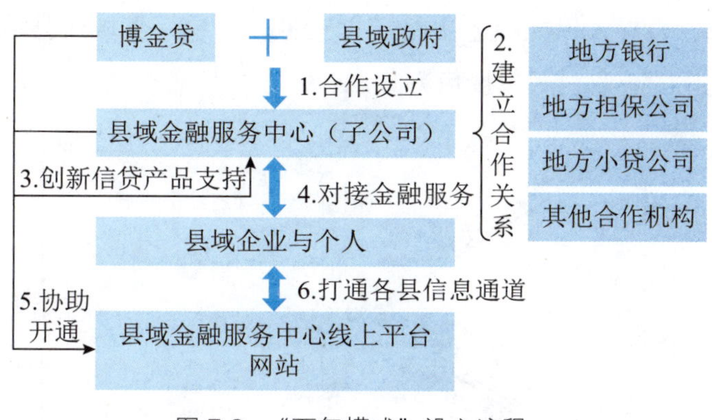

图 7-9 “万年模式”设立流程

资料来源：博金贷、盈灿咨询。

7.6.3 “万年模式”产品体系

“万年模式”的设立契机是县域内转贷市场对阳光化金融支持的迫切需求及县域政府对该类业务的特殊重视。依托博金贷平台现有信贷产品体系，“万年模式”因地制宜优化产品结构和流程，针对不同的需求设计差异化的准入门槛和风控维度，为县域企业及个人提供便捷适用的金融服务，现已推出四类金融服务产品。

（1）政府转贷产品。借款主体为地方实体企业或个人。如图 7-10 所示，借款人在银行贷款到期日前向贷款银行提出转贷申请，由贷款银行推荐至地方政府审核，审核通过后由博金贷提供资金撮合服务。在项目过程中，政府、银行、借款企业和博金贷签署转贷四方协议，建立四方共赢的合作关系：地方政府负责监督银行落实续贷发放，保障还款来源稳定；银行与博金贷地方子公司共同监管资金账户，实现多道审核、全程监控的风控模式。

（2）征信贷产品。以县域内中小微企业为目标群体，以拥有银行贷款存量为准入门槛，为借款企业提供 100 万元以内的信用类贷款服务。

（3）保荐贷产品。在前期尽调授信后，与县域内的担保公司、小贷公司合作，由合作机构为县域内的企业或个人提供担保，为“三农”等相关企业提供贷款服务。

（4）企业信用卡产品。依托线下采集的税务、员工社保、水电费及银行贷款情况对县域内企业进行初批准入，通过大数据系统收集企业异常情况进行二道筛选，再导入风控模型出具审批意见，对单一县域或县域内的特殊行业实现批量化的企业白名单授信方式。

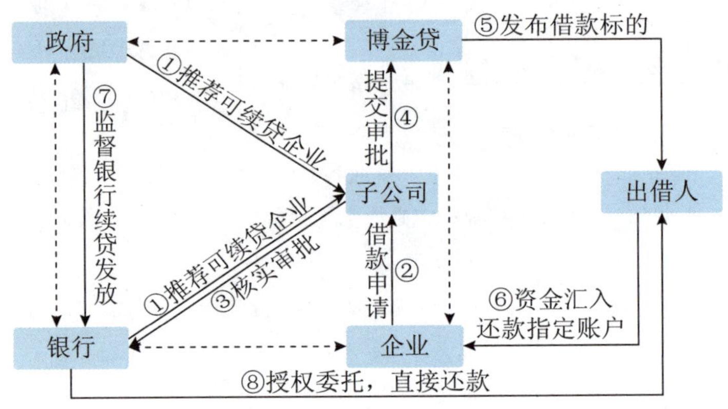

图 7-10　政府转贷产品业务模式

资料来源：博金贷、盈灿咨询。

7.6.4　CRE 业务管理系统

博金贷旗下子公司泽诺科技为县域综合平台提供自主研发的 Credit Risk Eye 系统服务（以下简称 CRE），基于大数据采集的丰富信息，一方面，直接在县域内筛选目标客户并对其建立初期画像，依托线上信贷管理平台的风控模型二道准入把控项目风险，并在贷后设立舆情监测系统实时掌握客户最新异常情况；另一方面，平台线上开通的县域金融服务中心网站能够将各个县域进行链接，实现共享平台理念。如图 7-11 所示。CRE 系统为博金贷独立营销推广方式、项目风控方式以及县域交互方式的实现提供了保障。

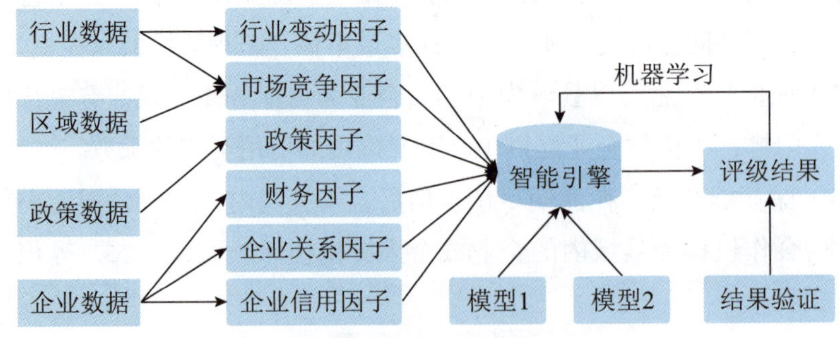

图 7-11　CRE 系统项目授信评级过程

资料来源：博金贷、盈灿咨询。

第 8 章

网络借贷发展前瞻

2017 年 P2P 网贷行业重磅监管文件陆续出台，我国正在逐步完善 P2P 网贷行业各环节的监管机制，行业将迎来发展新时期。随着技术的进步，金融改革的深化，客户群体的变化，P2P 网贷在推动普惠金融发展、扩大投融资渠道、促进实业发展等方面发挥了积极作用，展现出了巨大的市场空间和发展潜力。可以看到，P2P 网贷行业已经正式向野蛮生长的时代告别，未来行业的发展将进一步健康化和规范化。预计 2018 年，P2P 网贷行业将出现以下几种发展趋势。

1. 合规整改加速　备案成第一要务

2016 年 11 月，银监会联合工信部、工商总局发布《网络借贷信息中介机构备案登记管理指引》，以及银监会在 2017 年 2 月和 8 月分别下发的《网络借贷资金存管业务指引》和《网络借贷信息中介机构业务活动信息披露指引》，标志着 P2P 网贷行业在银行备案、存管、信息披露三大主要方面合规政策已悉数落地，并与 2016 年 8 月 24 日发布的《网络借贷信息中介机构业务活动管理暂行办法》共同组成 P2P 网贷行业“1+3”制度体系。

P2P 网贷行业合规性在 2017 年得到了明显的改善，如借款余额限额执行效果显著，上线银行存管的平台数量骤增。随着《关于做好 P2P 网络借贷风险专项整治整改验收工作的通知》和《关于开展网络借贷资金存管测评工作的通知》等文件的下发，明确了各地区应在 2018 年 4 月底前完成辖内主要 P2P 机构的备案登记工作、6 月底之前全部完成的工作时间表。因此，P2P 网贷平台整改加速，备案成为平台 2018 年的首要任务。

2. 行业洗牌　平台发展面临分水岭

随着监管的持续加码，以及备案工作的开展，行业正式进入洗牌期。整改到期后，没有获得备案的 P2P 网贷平台将要面临退出市场的可能，因此未来运营平台数量将会出现明显下降，预计截至 2018 年年底，P2P 网贷平台数量将维持在 800 家左右。此外，2017 年 P2P 网贷行业退出平台的数量相比 2016 年同期明显下降，并且更多的退出平台以停业、转型等良性退出为主。未来，在政策引导下，停业、转型等良性退出将仍是平台主要退出方式。同时，P2P 网贷行业集中度将继续提升，马太效应加剧。

另一方面，P2P 网贷平台完成备案等合规手续后，行业将迎来新一轮增长。首先，一些资本大鳄或加速布局 P2P 网贷行业，提高行业进入的隐形门槛；对出借人来说也是利好，行业投资环境将明显改善。因此，随着 P2P 网贷行业各项基本制度的建立，备案的基本完成，出借人的信心将获得提升，并将在 2018 年加速进入行业。

3. 去担保趋势下　第三方担保成主要保障方式

《关于做好 P2P 网络借贷风险专项整治整改验收工作的通知》指出，风险备付金与 P2P 的信息中介定位不符，应当禁止继续提取、新增风险备付金，对于存量则需逐步消化、压缩备付金规模。同时严格禁止 P2P 网贷以此进行宣传，要求各地应当积极引导 P2P 网贷机构采取引入第三方担保等方式对出借人进行保障。

“去刚兑”其实不仅仅是 P2P 网贷行业的一个趋势，2017 年 11 月发布的《关于规范金融机构资产管理业务的指导意见（征求意见稿）》也明确提出要打破刚性兑付的监管要求，金融机构不得以任何形式垫资兑付，由此可见“去刚兑”是整个金融市场发展的趋势。但仍需注意到，在短时间内 P2P 网贷行业去除刚兑较为困难，未来一年，P2P 网贷平台将会积极寻求第三方担保的方式来保障出借人的利益。在 P2P 网贷行业备案之后，保险公司、担保机构等第三方机构的态度也将转为积极，从而成为 P2P 网贷平台保障出借人的主流模式。

4. 上市热持续　香港资本市场受关注

互联网金融企业在 2017 年掀起了一波境外上市潮。美国 IPO 市场由于排队时间短，上市相对可操作性强，并且已经有宜人贷成功上市的先例，受到国内 P2P 网贷平台青睐。2017 年包括信而富、和信贷、拍拍贷在内的 P2P 网贷平台均成功登陆美国资本市场。

由于国内互联网金融的专项整治还未结束，A 股市场直接上市在 2018 年仍难开闸。在国内上市受阻、境外成功上市接连不断的背景下，预计未来会有更多的 P2P 网贷平台谋求境外上市以拓宽融资渠道。但资本市场对同类公司的容量相对有限，加之 2017 年年末不断出现“黑天鹅”事件，在美国资本市场上市存在较大的不确定性，中国香港将有望成为继美国之后 P2P 网贷平台第二大 IPO 发行地。预计在 2018 年 6 月，P2P 网贷行业完成初步备案工作、合规程度大幅提升后，将有更多 P2P 网贷平台或者拥有 P2P 网贷业务的金融集团谋求上市机会，特别是经过多轮融资、净利润较好的头部平台，以获得先发优势。

5. 兼并收购迎窗口期　行业集中度进一步提升

根据《关于做好 P2P 网络借贷风险专项整治整改验收工作的通知》，对于未通过备案登记的 P2P 网贷平台，监管部门也给予了退路，通知提及对于积极配合整改验收工作但最终没有通过的机构，可以根据其具体情况，或引导其逐步清退业务、退出市场，或整合相关部门及资源，采取市场化方式，进行并购重组。可以看出监管部门对于行业的并购重组是持鼓励和支持的态度。

P2P 网贷平台作为撮合资产端和资金端的信息中介，在随着行业进入监管后时代以及合规化收官，资产端的发展将显得尤为重要。对于大平台来说，通过并购整合可获取更多的业务场景，拓宽资产端，进一步巩固平台在资产生产上的业务能力，在未来发展中取得先机优势；而对于可能无法通过备案的中小平台，合并重组无疑也是在这种强竞争格局下生存下来的另一种方式。预计未来一年内，行业的并购重组将明显加速。

6. 产融结合　赋能实体经济

2017 年，随着各项监管政策的密集出台和落地，P2P 网贷平台的资产端范围进一步收窄，诸如“校园贷”、金交所业务相继被禁，“现金贷”业务受到整顿，大额超标业务要进行清理，否则无法通过整改验收并取得备案。未来，P2P 网贷资产端“小额分散”的定位愈加明晰，传统热门的消费金融、车贷仍将稳定发展，“三农”资产、供应链金融等产融结合模式将成为业务发展新重点。

金融的“脱虚向实”一直是全社会关注的焦点，并被纳入国家经济发展战略体系。越来越多的 P2P 网贷平台以特定产业为切入口，探索差异化的经营模式，并以此为基础进一步实现资产端多元化，服务于实体经济。赋能实体经济是 P2P 网贷行业的下一站，越来越多的平台参与其中，探索金融服务实体经济的创新机制。

7. 模式及技术出海　境外合作加强

随着国内 P2P 网贷平台的商业模式和技术越来越成熟，部分平台为了寻求新的利润增长点开始选择出海，开拓境外资产管理市场，将成熟的业务模式和技术理念输出。

从目前已进军海外市场的平台布局来看，东南亚由于人口基数大，存在人口红利，而且目前关于 P2P 网贷乃至整个互联网金融行业的监管政策还处于起步阶段，并且东南亚金融基础设施落后，金融覆盖率较低，不少平台将目光投向了东南亚市场。随着国内监管环境趋严以及市场竞争越发激烈，2018 年 P2P 网贷平台或将加快海外布局，加强与境外合作，尤其是东南亚地区。

8. 金融科技大势　创新不止

2016 年年初，国务院在《推进普惠金融发展规划（2016—2020 年）》中提出“鼓励金融机构运用大数据、云计算等新兴信息技术，打造互联网金融服务平台”。未来，包括 P2P 网贷平台在内的部分互联网金融企业将走向金融科技领域，互联网与金融属性不断融合。

随着信息科技在金融领域的覆盖广度和应用深度的不断提升，包括生物识别、区块链、人工智能等在内的一大批新型信息科技正逐渐被应用到互联网金融或 P2P 网贷领域中去。例如，区块链技术可提高贷款发放及贷款服务的效率，改善银行的清算职能等。目前，我国已成立了一些区块链联盟，主要探索区块链在金融方面的应用，包括将区块链技术嵌入电子存证和电子签名服务等。而智能投顾基于客户自身的理财需要、资产状况、风险承受能力、风险偏好等因素，运用现代投资组合理论，通过搭建数据模型、应用机器学习技术为用户定制投资组合并提供投资顾问服务。

另外，大数据的发展降低了信息不对称性，推动了数据统计模型的完善，有利于征信、授信及风控的创新。在互联网金融新的发展阶段里，P2P

网贷平台风控体系中的大数据运用尚处于探索之中，由于缺乏充分有效的数据基础并且征信体系的覆盖广度和深度有限，尤其是个人用户的信用评估相对简单，真实性很难考证，并且不同平台的数据口径以及评估指标体系的选取和权重也存在较大差异，因此，大数据运用暂时还不能完全取代传统征信。目前，P2P 网贷平台正在尝试通过对不同来源的数据进行交叉验证，以提升数据的准确性。在科技的驱动下，未来数据的处理能力和风控能力将成为 P2P 网贷乃至互联网金融行业竞争的核心能力，拥有雄厚技术实力的平台能够在这片新蓝海中抢占先机。

后 记

《2017 中国网络借贷行业蓝皮书》由北京大学汇丰商学院中小企业研究中心、纽约市立大学的王家卓教授，网贷之家创始人、盈灿集团董事长兼总裁徐红伟，网贷之家的于百程、陈晓俊、王海梅、刘美茹、苏筱芮，盈灿咨询的马骏、张叶霞、高丽秀、袁鑫强、陈燕玲策划、研究和写作。具体分工如下：

主　编：王家卓　徐红伟
副主编：马　骏　张叶霞
前　言：王家卓
第 1 章：徐红伟　张叶霞　高丽秀　袁鑫强
第 2 章：王海梅　陈晓俊　苏筱芮
第 3 章：刘美茹　陈晓俊　苏筱芮
第 4 章：陈晓俊
第 5 章：刘美茹　陈晓俊　苏筱芮
第 6 章：刘美茹
第 7 章：张叶霞　陈燕玲　袁鑫强
第 8 章：张叶霞　王海梅　苏筱芮

王家卓、马骏、于百程和张叶霞对全书做了修改和校稿。